2012年度中国行政体制改革研究会行政改革研究基金课题成果

XINGZHENG TIZHI GAIGE XINGUANCHA

行政体制改革
新观察

中国行政体制改革研究会研究部　编

国家行政学院出版社

图书在版编目(CIP)数据

行政体制改革新观察/中国行政体制改革研究会研究部编．—北京：国家行政学院出版社，2014.6

ISBN 978-7-5150-1180-6

Ⅰ.①行… Ⅱ.①中… Ⅲ.①行政管理-政治体制改革-研究-中国 Ⅳ.①D63

中国版本图书馆 CIP 数据核字(2014)第 102462 号

书　　名 行政体制改革新观察
作　　者 中国行政体制改革研究会研究部　编
责任编辑 陈　科
出版发行 国家行政学院出版社
(北京市海淀区长春桥路 6 号　100089)
(010)68920640　68929037
http://cbs.nsa.gov.cn
编 辑 部 (010)68928764
经　　销 新华书店
印　　刷 虎彩印艺股份有限公司
版　　次 2014 年 6 月北京第 1 版
印　　次 2014 年 6 月北京第 1 次印刷
开　　本 787 毫米×1092 毫米　16 开
印　　张 17
字　　数 280 千字
书　　号 ISBN 978-7-5150-1180-6
定　　价 53.00 元

出版说明

为发挥社会力量的作用，共同服务于我国行政体制改革事业，2011 年，经民政部批准，在有关单位和企业的大力支持下，中国行政体制改革研究会设立了行政改革研究基金，用以支持行政改革理论和实践重点难点问题研究。

自设立以来，中国行政体制改革研究会行政改革研究基金每年支持开展一批重大课题研究。为使这些课题研究成果得到更好的利用，我们将成果的核心内容汇编成书公开出版。2012 年，我们汇编 2011 年度"行政改革研究基金"资助的 8 个课题研究成果，出版了《行政体制改革新探索》一书。这本《行政体制改革新观察》则反映了"行政改革研究基金"2012 年度资助的 10 个课题的成果。这些课题围绕当前我国行政体制改革中的热点难点问题开展了研究，其中部分成果此前曾以专著形式出版，产生了良好的社会反响。希望本书可为关注行政体制改革的理论和实际工作者提供有益的参考。

目录

行政体制改革：成就与挑战*

* 出自2012—2013年度中国行政体制改革研究会行政体制改革研究基金资助课题“新形势下深入推进行政体制改革研究”，该课题已出版《中国行政体制改革报告(2012)No.2》一书，本文已收录于该书。课题组负责人：魏礼群，中国行政体制改革研究会会长；汪玉凯，中国行政体制改革研究会副会长、国家行政学院教授。执笔人：汪玉凯。

一、党政领导干部调查问卷分析

（一）问卷样本的设置及被调查对象的基本情况

研究中问卷调查的范围，主要选取了在北京不同类型的培训班上课的局处级党政官员以及部分事业单位、国有企业领导。具体而言，主要选择了国家行政学院青年干部班，中央机关处长任职培训班，厦门市党政局级领导干部培训班，北京大学云南省省级直属机关党政处级干部公共管理高级研修班，全国各地政府、企业领导干部混合培训班以及北京市海淀区区委党校党政处级领导培训班等。上述班次学员的构成有很强的代表性：既有在中央层面任职的党政处级领导干部，也有在地方省级、区县级甚至乡镇级任职的党政领导干部；既有在党政机关任职的党政领导干部，也有在企事业单位任职的领导干部；既有行政层面比较高的局级领导干部，也有处级、少量科级领导干部；既有经济发达地区如厦门经济特区的领导干部，也有经济相对欠发达地区如云南的领导干部。具体来说，本次问卷调查共发放问卷 229 份，回收有效问卷 232 份。其中党政机关、事业单位局级领导干部共 44 人，处级领导干部共 159 人，其他职务领导干部共 19 人。从被调查对象的学历来看，几乎都在本科以上，有少一半的人拥有硕士或博士学位。从被调查对象的年龄来看，绝大多数的年龄在 30—50 岁，属于年富力强、事业正处于上升阶段的人。总体上，本次被调查对象的显著特点是：学历高、年纪轻、事业心强且以党政领导干部为主。

本次调查问卷共设计了 28 个问题，大体可以分为三大类：第一类是对本届政府行政体制改革的总体评价，主要包括对本届政府（2008 年以来）推进行政体制改革情况的总体评价、行政体制改革取得的成绩等。第二类是根据行政体制改革的不同内容，分别对相关重点领域的改革进行评价，特别是存在的问题。主要包括大部制改革、转变政府职能、省直管县改革、服务型政府建设、法治政府建设等。第三类是政府自身改革，主要包括行政问责制、官员财产申报公开制度、政府的“三公消费”、反腐倡廉、政府绩效管理、政府公信力、事业单位改革、微博问政等。另外是与行政体制改革相关的政治体制改革以及未来行政体制改革的发展趋势等。应该说，通过问卷设计的内容以及在不同类型党政领导干部、企事业单位领导人员中的调查，基本上可以反映目前我国体制内的党政中下层领导干部以及企事业单位领导干部对这些年来行政体制改革的基本看法和评价，有较高的可信度。

（二）党政领导干部对目前我国行政体制改革的总体评价

2008 年这一届政府组建以来，中央在行政体制改革方面采取的一个重大举措，就是以中央名义出台了深化行政管理体制改革的若干意见，提出到 2020 年要建成有中国特色社会主义行政管理体制的大目标，并对转变政府职能、推进大部制改革、提高政府的社会管理和公共服务能力、有条件的地方进行省直管县改革、建立和完善政府绩效评价体系、加强对公权力的有效约束、建设服务型政府、法治政府以及政务信息公开等强化政府自身改革和建设方面的内容都作出了明确的规定。过去五年的行政体制改革正是在这一方针指引下展开的。

对于这五年的行政体制改革的总体评价，参与问卷调研的党政领导干部、企业事业单位领导人，从各自的视角做了评价和判断。总的来看，评价是比较谨慎的。如在“您对我国本届政府（2008 年以来）推进行政体制改革情况的总体评价”中，回答“好”和“较好”的人员共有 107 人，占参与被调查总人数的 48％，不到一半，其中回答“好”的只有 7 人，占 3％；而回答“一般，变化不大”的人数高达 68 人，占 30.6％；回答“比较差”的人数共 57 人，占 25.7％。有的在注释中明确指出，本届政府在行政体制改革方面做了大量工作，但与群众期望还有较大差距，如机构设置调整不统一、行政职能交叉、隶属关系混乱。

值得注意的是，在对本届政府行政体制改革的总体评价中，不同类型的领导干部的回答的差异也比较大。对行政体制改革总体评价最高的是国家行政学院第九期青年干部班（处级）和中央机关处长培训班，认为本届政府行政体制改革好和比较好的分别占 62.8％和 58.3％；而对本届政府行政体制改革总体评价比较低的是厦门市局级领导干部班和北京大学举办的云南省省直机关党政机关处级领导干部班，认为比较差的分别高达 32.5％和 37.9％，在这两个班的 98 名被调查学员中，竟然没有一人给出“好”的回答。这说明，对于行政体制改革的总体评价，中央国家机关的处级干部高于地方的干部，行政级别低的领导干部高于行政级别较高的领导干部。

但在问及“您认为近年来行政体制改革取得的突出成绩有哪些”时，被调查的人员都给出了非常正面的评价。56.3％的人选择“政府公共服务水平有了很大提高，门难进、脸难看等现象明显减少”，53.6％的人选择“行政审批制度改革成效很大，一站式服务让广大百姓受益很多”，43.6％的人选择“更加注重社会管理和社会创新”，38.7%的人选择“政务公开水平进一步提高”，33.7%的人选择“行政监督力度明显增强，反腐倡廉力度很大”，31%的人选择“用人制度有了新突破，公务员考试制度、竞争上岗等更加体现公平和公正”。这说明，绝大多数被调查对象对本届政府在公共服务、行政审批制度改革、社会管理等方面都给予了充分肯定，而对于公权力的监督、用人制度等关键问题担忧较多。比如有的被调查对象在“其他”选项中明确指出，“应更加注重反腐倡廉查办案件的社会效益、公众反映”“竞争上岗要更加注重公平和公正”等。

对于五年来行政体制改革取得成绩的总体评价方面，不同类型的党政领导干部显示出明显差异。比如，处在中央层面的党政处级领导干部对行政体制改革评价排在前三位的是：“行政审批制度改革成效很大，一站式服务让广大百姓受益很多”“更加注重社会管理和社会创新”“政务公开水平进一步提高”，处在地方层面的局级官员对行政体制改革评价排在前三位的是：“政府公共服务水平有了很大提高，门难进、脸难看等现象明显减少”“更加注重社会管理和社会创新”“行政审批制度改革成效很大，一站式服务让广大百姓受益很多”，处在地方层面的处级干部给出的前三位是：“行政审批制度改革成效很大，一站式服务让广大百姓受益很多”“政府公共服务水平有了很大提高，门难进、脸难看等现象明显减少”“行政监督力度明显增强，反腐倡廉力度很大”。

以上结果说明，地方党政领导干部因为其履行的职责更接近民众、更接近基层，所以对公共服务的改善、社会管理的创新认知度较高，而处在上层的党政领导干部则对行政审批制度改革的进展满意度较高。但有一个现象，不管中央层面还是地方层面的党政领导干部，在前三项选择中都有行政审批制度改革这一项，这说明，本届政府在深化行政审批制度改革方面力度确实比较大，得到了普遍认可。

（三）对五年来政府行政体制重点领域改革的评价

本次问卷调查除了注重对本届政府行政体制改革的总体评价外，特别关注近五年来本届政府推进的一些重点领域的改革。本次问卷主要设计了三大类问题，除了这三大类之外，问卷还特别设计了两个关键问题：一是目前我国行政体制改革遇到的困难和问题的原因；二是未来行政体制改革的趋势，特别是突出了与政治体制改革的关系等。这样的设计思路，在一定意义上可以比较完整地了解党政领导干部对我国行政体制改革多角度的观察和思考。

1. 关于优化政府结构与转变政府职能

优化政府结构与转变政府职能一直是本届政府行政体制改革的重点。2008 年新一届政府组建以来，从启动大部制改革，到确立转变职能、理顺关系、优化结构、提高效能的方针，都集中反映了本届政府在这方面改革的决心。按照我们的理解，优化政府结构、转变政府职能主要包括三方面内容：一是通过大部制改革优化政府的组织结构；二是归并政府职能，明确部门职责，突出理顺关系；三是探索省直管县改革，理顺中央与地方关系，优化纵向行政层级结构。对于上述三方面改革，绝大多数被调查的党政领导干部给予了积极的评价，同时也指出了存在的问题。

比较而言，在此次问卷调查中，不管是中央层面还是地方层面的领导干部，对大部制改革的评价总体都不是很高。如在回答“您是如何看待 2008 年以来的大部制改革”的问题时，选择最多的三项是：39.6％的人选择“没有真正改革到位，合并的有些部门仍然是貌合神离、相互独立”，35.5％的人选择“不在于如何改革，关键在于制度规范化、权力透明化、决策科学化”，32.4％的人选择“目前大部制改革成效不明显，没有让人耳目一新的感觉”。上述现象说明，尽管 2008 年以来我国在大部制改革方面迈出了重要一步，中央推出若干大部，一些地方在这方面也进行了改革探索，如广东顺德的大部制改革、杭州富阳的专委会制度改革等，但由于此项改革刚刚起步，与党政领导干部的期望还有较大距离。

对于转变政府职能这个老问题，绝大多数被调查的领导干部认为，转变政府职能这些年来之所以成效不明显，最大的难点在于部门利益作祟、政绩考核过于注重 GDP 指标、行政审批和行政许可过多、过滥以及政府职责不清等四个方面。在这个多选项中，选择上述四项的分别达到 75.7％、55.4％、45.9％、43.7％。从这个结果可以看出，政府官员对政府职能转变难点问题的判断与广大民众的判断基本上是一致的。

对于省直管县改革，有 45.9％的人持赞成态度，16.2％的人持反对态度，但更多的人持担心态度。在回答“有担心，搞‘一刀切’可能会产生新问题”时，有 56.7％的人选择此项，并有 41.4％的人希望先进行试点，经验成熟再推广。与省直管县改革相比，被调查的党政领导干部对中央与地方的关系担忧更加明显。比如在回答“中央政府与地方政府之间的关系最突出的问题在哪里”这个问题时，73％的人选择“中央财政转移支付制度不规范，‘跑部钱进’问题突出”，

67.6%的人选择“中央与地方财权和事权方面的矛盾”，41%的人选择“中央集权太多，地方权力太小”。在对中央政府与地方政府关系方面突出问题的判断上，处在中央层面的处级干部与处在地方层面的处级干部表现出明显差异：从中央层面看，对于选项“中央财政转移支付不规范，‘跑部钱进’问题突出”，有66.7%选择此项；而在地方层面，选择此项的以县长为主体的国家行政学院第九期青年干部班的比例高达82.9%，北京大学云南省级机关党政干部公共管理课程高级研修班的学员也高达79.3%。这种差异，反映出处在不同层级干部对同一问题的理解是不一样的。

2. 关于建设服务型政府与法治政府

建设服务型政府、法治政府、责任政府和廉洁政府，是本届政府在行政体制改革方面提出的重要改革目标。责任政府和廉洁政府在问卷设计中主要放在政府自身改革内容之中，对于服务型政府和法治政府建设，都是重点调查的内容。通过问卷调查，总体上大家的反映较好，对于这些年来政府在推进服务型政府建设和法治政府建设方面取得的成绩给予了充分肯定。以国家行政学院青年干部班(以地方县长为主)为例，认为服务型政府取得明显成效的人达到54.2%，特别是对行政审批、政务公开以及公共基础设施建设等方面给予了较高评价。对法治政府建设认为满意和基本满意的人达到69%。

同时，绝大多数被调查的党政领导干部也指出我国在服务型政府和法治政府建设方面存在的突出问题。在服务型政府建设方面，认为最主要的问题：一是在教育、住房、医疗卫生、食品安全、道路交通等领域存在很多不足(74.8%)；二是门好进、脸好看，但事还是难办，“中梗阻”现象普遍存在(53.6%)；三是贪污腐败现象严重，权力寻租问题依然存在(50.4%)；四是缺乏科学合理的政务评价体系(50.4%)。在法治政府建设方面，认为存在的主要问题也有四点：一是“权干涉法、权大于法”的现象普遍存在(84.2%)，二是政府自身不能以身作则、率先守法(55%)，三是执法力度不坚决(52.7%)，四是法律体系不健全(33.8%)。

这个结果说明，虽然绝大多数党政领导干部对我国这些年来的服务型政府建设和法治政府建设取得的成就给予了充分肯定，但由于社会经济的发展以及社会公众对政府的要求越来越高，给政府的压力也在上升。这从另一个角度说明，对涉及普通民众的医疗、教育、社会保障、就业服务等基本公共服务均等化的服务型政府建设，我们需要进一步加大力度，提升民众对基本公共服务的满意度；对以约束公权力为主要内容的法治政府建设，政府同样更应该从自身做起。

3. 关于政府自身改革与强化对公权力的监督

政府自身改革一直是行政体制改革中公众最为关注的一个领域。原因很简单，因为政府自身改革的阻力最大、难度也最大，而公众的期望值往往又很高。所以，在行政体制改革中，政府能不能自我革命，成为观察整个行政体制改革成败的重要指标。政府自身改革的内容很多，本次问卷中主要涉及行政问责、官员财产申报公开制度、"三公消费"、对公权力的制约、反腐败、政府诚信、微博问政以及政府绩效管理等。总体来看，党政领导干部对政府自身改革虽然给予了充分的肯定，但同时也表现出较大的担忧。比如在回答"您怎么看待当前的'三公消费'"(多选)这一问题时，只有 11.7%的人选择"政府控制'三公消费'措施得力，产生了明显成效"，而选择"政府控制'三公消费'措施不力"的人占 66.2%，选择"'三公消费'透明度低，是一个黑洞"的占 64.9%，选择"公众在'三公消费'中的监督作用没有得到很好发挥"的占 55.9%。这充分说明，绝大多数党政领导干部对"三公消费"也是很不满意的。

对于反腐败问题，绝大多数党政领导干部认为这是"关系到党和国家生死存亡的问题，必须坚决开展反腐败工作"，占 85.1%；而认为反腐败"成效明显、腐败现象得到有效遏制"的只占 9%；认为"成效不明显，腐败问题依然大量存在"的占 56.8%；认为"要完善惩防腐败体系和加强舆论监督"的，占 71.6%。这说明绝大多数党政领导干部对目前我国反腐败的严峻形势有清醒的认识。

与反腐败问题直接相关，在回答"您认为当前公权力约束方面还存在哪些问题"时，选择最多的是"'一言堂'、暗箱操作等不良现象依然存在"(69.8%)，其他依次是"执法不严、执法不公"(61.7%)、"公权力约束相关法律规定需要进一步完善"(54.5%)、"滥用权力、滥用法律，不依法办事"(47.3%)。这个结果有点出乎我们意料，这说明在相当一些地区、部门、单位，"一把手"滥用权力、独断专行等问题成为腐败的重要源头，值得我们高度关注。由此我们可以想到，连这些党政处级以上领导干部都有这样强烈的感觉，对于普通公务员以及广大民众而言，就更是如此了。

为了加强对公权力的监督和制约，被调查的党政领导干部也充分表达了他们的看法。比如对于公众最关心的官员财产申报公开制度问题，选择最多的是从"新提拔的领导干部公示开始"，占 44.6%，认为"需要一段时间过渡"的占 28.8%，上述两项加起来高达 73.4%；而认为"不成熟"的占 23.9%。这说明绝大多数党政领导干部是赞成建立领导干部财产公开制度这一改革的。在回答

"建立官员财产申报公开制度的阻力来自何方"这个问题时,选择最多的是"关键在上层"(64.9%),其次是"基层党政官员"(62.2%)。这说明,官员财产申报公开的主要障碍在两头。而这项制度能不能真正确立,主要在上层的决心。

在回答如何评价和改进政府绩效管理工作问题时,有高达73%的人认为"指标体系不科学,以'GDP论英雄'的思维仍然占主导地位",并认为过去政府绩效评估以政府自身评价为主,与公众的感觉距离较大(61%),建议绩效管理改革要与官员选拔等人事制度改革相结合(70.35%)。在绩效管理中,官员问责制是重要内容。对于行政问责制度实施中存在的问题,选择最多的是"问责法制不完善,问责主体缺失及问责课题模糊"(68.9%)、"问责程序不够完善,救济制度不够健全"(64%)两项。对于如何改进和完善行政问责制,选择最多的四项依次是:"推进政务公开,建立多渠道、高效率的投诉体系"(64.9%)、"整合问责主体,明确问责对象,严格问责程序"(64.4%)、"完善行政问责的法律法规体系,建立健全政府问责体系"(56.3%)、"积极探索公平的行政问责机制"(55.9%)。上述现象足以说明,对于政府绩效管理有切身感受的党政领导干部,不仅对这个问题的判断有较高的共识,而且对如何改进和完善这方面的工作,也提出了一些有价值的建议。

在问卷调查中,特别设立了有关政府公信力、政务公开以及微博问政等内容。调查结果显示,在互联网时代,政府的公信力与新媒体时代的到来、微博问政等有直接关系,公众对政府信息的公开的诉求也与知情权、参与权、表达权、监督权意识的进一步增强有关。比如在回答"你如何看待政府公信力"的问题时,选择最多的两项是:"政府要让社会诚信,自身首先要诚信;政府自身诚信度低,是政府公信力下降的主要原因"(81.1%)、"政府公信力不高,公信力在下降"(63.1%)。这表明党政领导干部对政府公信力下降的担忧,认为"政府自身诚信问题已经成为社会关注的焦点"(74.8%)。

在回答与政府诚信问题息息相关的政务公开问题时,只有11.7%的党政领导干部选择"政务公开取得重大进展,社会满意度大大提高",而选择"一般问题能够公开,但关键问题上仍然是暗箱操作"的竟然高达77.5%,有61%的人选择"政务公开说的多,做的少",还有41.9%的人选择"政务公开一般,民众不满意"。还比如,在回答"官员微博为什么受关注"这一问题时,64.9%的党政领导干部认为"这是网络问政的一种形式,可以沟通民意,解决问题",60.8%的人认为"官员的身份特殊,官越大,关注度越高",30.2%的人认为"官员们要放下姿态,与民平等,讲实话,不讲官话"。这一结论再一次提醒我们,在拥有5.5亿网民、3.3亿微博的互联网时代，政务信息的公开度不仅直接影响公众对政府的信任，而且也会对政府形成持续的挑战和压力。作为网络问政的重要形式，微博问政中党政领导干部只有放下架子，敢于直面网络，直面负面信息，才能提高政府的公信力，更好地发挥微博问政的作用。

（四）对深化行政体制改革的期望

对于未来中国行政体制改革的发展，以及行政体制改革遇到的障碍，被调查的党政领导干部都表现出极大的关注，而且看法比较一致。比如，在回答"行政体制改革陷入困境"的原因时，45.4%的人选择"是政治体制改革滞后造成的"，并认为"如果没有政治体制改革的成功，无论是经济体制改革还是行政体制改革都难以成功，甚至还会倒退"；另有38.7%的人基本同意上述看法。这两者加起来高达84.1%，构成了这一看法的主流；而回答"不同意"的人只占11.3%。值得注意的是，在回答这一问题时，不同类型的党政领导干部出现了两种现象：一是厦门局级领导干部班和中央机关处级领导干部班的判断非常接近，前者持"同意"和"基本同意"的人占85%，后者持"同意"和"基本同意"的人占83.3%。二是处在不同层面处级干部的判断则出现了明显的分化，比如处级干部的北京大学云南班，持"同意"和"基本同意"的人竟然高达93.1%，而处在县级层面的县长为主体的国家行政学院青年干部班，持"同意"和"基本同意"的人只占74.3%，两者相差了近20个百分点。这说明，对同一问题，由于党政领导干部所处的领导地位以及工作对象、内容、环境等方面的差异，导致他们在认识和感知方面的差异，这也再一次证明行政体制乃至政治体制改革本身的复杂性和艰巨性。

二、五年来政府行政体制改革的成就、挑战与趋势分析

（一）行政体制改革的主要成就

2008年党的十七届二中全会《关于深化行政管理体制改革的意见》中第一次明确提出到2020年建成有中国特色社会主义行政管理体制的战略目标之后，有关行政体制改革问题就成为政府始终不懈的一个改革重点。经过努力，在以下七个方面取得了明显成效。

一是在应对金融危机中保持宏观经济稳定，用科学发展观引领经济发展，

通过政府改革促进发展方式转变。因此，尽管金融危机对我国的经济造成严重冲击，但在中央保增长、保就业、保稳定的方针下，国务院尽快出台应对金融危机的一系列重大举措，使我国经济在全球危机中率先走出谷底，并保持了宏观经济的基本稳定。在此过程中，通过政府的相关改革，在保增长、保就业、保稳定的同时，加快了经济结构调整和转变发展方式的步伐。比如在金融危机最严重的2009年，中国经济率先见底回升，当年经济保持了9.2%的增长速度，2010年达到10.3%，2011年达到9.9%。2012年，在贯彻“十二五”规划中，我国把转方式、调结构放在更加突出的地位，尽管在美国经济二次探底、欧洲危机挥之不去、经济下行压力明显加大的背景下，仍然突出了科学发展这个主题及转变发展方式这条主线，避免了经济出现大起大落。

专栏1　综合国力显著提升

(1)经济持续较快发展。2003—2011年，国内生产总值年均实际增长10.7%，其中有六年实现了10%以上的增长速度，在受国际金融危机冲击最严重的2009年依然实现了9.2%的增速。这样的年均增速不仅远高于同期世界经济3.9%的年均增速，而且高于改革开放以来9.9%的年均增速。

(2)经济总量连续跨越新台阶。2011年，我国国内生产总值达到47.2万亿元，扣除价格因素，比2002年增长1.5倍。经济总量居世界位次稳步提升。2008年国内生产总值超过德国，居世界第三位；2010年超过日本，居世界第二位，成为仅次于美国的世界第二大经济体。我国经济增长对世界经济的贡献不断提高。特别是国际金融危机爆发以来，在世界主要经济体增长明显放缓甚至面临衰退时，我国经济依然保持了相当高的增速并率先回升，成为带动世界经济复苏的重要引擎。我国经济总量占世界的份额由2002年的4.4%提高到2011年的10%左右，对世界经济增长的贡献率超过20%。

(3)人均国内生产总值快速增加。2011年，我国人均国内生产总值达到35 083元，扣除价格因素，比2002年增长1.4倍，年均增长10.1%。按照平均汇率折算，我国人均国内生产总值由2002年的1 135美元上升至2011年的5 432美元。

(4)国家财政实力明显增强。经济快速增长带来了国家财政收入的稳定增长。2011 年,我国财政收入超过 10 万亿元,达到 103 740 亿元,比 2002 年增长 4.5 倍,年均增长 20.8%。财政收入的快速增长为加大教育、医疗、社保等民生领域投入、增强政府调节收入分配能力等提供了有力的资金保障。

(5)国家外汇储备大幅增加。我国外汇储备 2006 年末突破 1 万亿美元;2009 年末突破 2 万亿美元;2011 年末突破 3 万亿美元,达到 31 811 亿美元,比 2002 年增长 10.1 倍,年均增长 30.7%,外汇储备规模连续六年稳居世界第一位。

资料来源:国家统计局。

二是按照大部制的思路整合政府,优化政府组织结构。从 2008 年开始,本届政府先后在国务院以及地方政府推行了大部制改革。国务院虽然只推出了 5 个大部,但应该说迈出了坚实的一步。而地方的大部制改革有明显的突破,如广东顺德和杭州富阳。特别是顺德的大部制改革试点,将原来党政 41 个机构整合为 16 个,形成了党政统筹的组织架构,决策、执行、监督、相互制约的权力结构以及党政一体的高效运转机制,在社会上产生了很大影响。

三是转变政府职能,理顺关系,在强化政府的社会管理和公共服务职能方面取得了突破性进展。本届政府行政体制改革的一个重要特点,就是按照转变职能、理顺关系、优化结构、提高效能的思路,归并政府的职能,尽量做到一件事情由一个部门管理,避免职能交叉、重叠,遏制政出多门和多头管理。通过改革,在这方面取得了明显成效,使政府的公共服务和社会管理职能得到加强,加快了基本公共服务均等化的步伐,在解决民众普遍关心的医疗、教育、社会保障、就业服务、保障性住房等方面,取得了突破性进展。在这五年中,不管是中央政府还是地方政府,都加大了公共服务方面的投入,初步实现了城乡医疗、养老的全覆盖,使绝大多数普通民众都享受到了改革开放的成果,取得了历史性突破。如,我国已经全面实行免费义务教育,我国基本医保已覆盖 96%的人群,已跨入具有全民医保制度国家行列。再比如,2012 年 9 月 10 日,人力资源和社会保障部副部长胡晓义说,目前中国基本养老保险覆盖人群已超过 7 亿人,目标人群是 10 亿人左右。

专栏2 注重改善民生

党的十六大以来，党中央坚持民生优先，把保障和改善民生作为一切工作的出发点和落脚点，逐步推进分配领域的各项改革，通过大力支持扩大就业、提高劳动工资最低标准、提高退休工资、不断提高对低收入群体的转移支付水平和覆盖面、三次调高个人所得税起征点等政策措施，千方百计拓宽增收渠道，提高居民收入水平。特别是把增加农民收入作为农村工作的中心任务，促进增产增收、优质增收、提价增收、务工增收、补贴增收，农民收入实现了连续多年较快增长。2011年，城镇居民人均可支配收入21 810元，比2002年增长1.8倍，扣除价格因素，年均实际增长9.2%；农村居民人均纯收入6 977元，比2002年增长1.8倍，扣除价格因素，年均实际增长8.1%。城乡居民收入年均增速超过1979—2011年7.4%的年均增速，是历史上增长最快的时期之一。收入持续增长，吃、穿、住、用等均有了很大改善，日子越过越好，主要耐用消费品拥有量大幅增长。2011年底，农村居民家庭平均每百户拥有电冰箱61.5台，增长3.1倍；拥有空调机22.6台，增长8.9倍；拥有移动电话179.7部，增长12.1倍。

党的十六大以来，我国出台了多项社会保障制度，社会保障框架日益健全。城镇居民养老、医疗等各项保障都有所加强，农村居民的各项保障也逐步纳入社会保障体系。2011年末，全国参加城镇基本养老保险人数为28 391万人，比2002年末增加了13 654万人；参加城镇失业保险人数为1 4317万人，比2002年末增加了4 135万人。特别是新型农村社会养老保险制度的建立，是党的十六大以来继免除农业税实行农业补贴和新农村合作医疗之后又一重大政策，是建立覆盖城乡居民社会保障体系的又一重大实践。2011年末，全国27个省、自治区的1 914个县(市、区、旗)和4个直辖市纳入国家新型农村社会养老保险试点，全国27个省、自治区的1 902个县(市、区、旗)和4个直辖市、新疆生产建设兵团纳入国家城镇居民社会养老保险试点，覆盖面约为60%，国家新型农村社会养老保险和城镇居民社会养老保险试点县参保人员达3.3亿人。

资料来源：国家统计局。

转变政府职能方面的另一个重要举措，就是深化行政审批制度改革。几年来，经过数轮行政审批制度改革，国务院和地方政府的行政审批事项大大减少，行政审批和行政许可的规范性、公开性也有了很大提高。特别是全国 2 800 多个行政服务中心的建设有了新的发展，许多行政服务中心集服务、管理、资源整合于一体，大大提高了行政服务中心的综合服务能力。

专栏 3　国务院六次取消行政审批事项

2004 年 5 月，国务院决定国务院部门第三批取消和调整审批项目 495 项，加上前两批已取消和调整的项目，国务院部门先后三批共取消和调整审批项目1 795项，同时对涉及 9 部法律的 11 项审批项目提出了取消和调整的建议。2004 年 8 月 28 日，第十届全国人大常委会第十一次会议通过了这 9 部法律的修正案。至此，国务院部门共取消和调整审批项目 1 806 项，占总数的 50.1%，实现了大幅度减少行政审批事项的目标，在政治、经济和社会各个层面都产生了积极的效应，向社会公布后，国内外普遍反映良好。

2007 年 4 月，国务院决定第四批取消和调整 186 项行政审批项目。其中，取消的行政审批项目 128 项，调整的行政审批项目 58 项（下放管理层级 29 项、改变实施部门 8 项、合并同类事项 21 项）。另有 7 项拟取消或者调整的行政审批项目是由有关法律设立的，国务院依照法定程序提请全国人大常委会审议修订相关法律规定。

2009 年，国务院决定第五批取消和下放管理层级行政审批项目 184 项。其中，取消的行政审批项目 113 项，下放管理层级的行政审批项目 71 项。

2011 年，国务院部门的行政审批项目进行了第六轮集中清理，决定取消和调整 314 项行政审批项目。

资料来源：根据国务院公报整理。

四是提高政府管理的公开性和透明度，加强对公权力的监督。2008 年我国实施了《政府信息公开条例》。随着这一法规的贯彻和实施，我国政府信息公开被提上了重要议程。通过政府门户网站等各种形式，强化政务公开，保障人民群众的知情权、参与权、表达权和监督权。与此同时，在全国的许多地方都加快了"阳光政府"建设步伐，让权力运行在"阳光"之下，伴随网络问政、政务微博的兴起，极大地调动了公众参与公共治理的热情，并在监督公权力方面发挥了重要作用。

五是推进省直管县改革，优化纵向行政层级结构。2008 年以来，本届政府大力推进省直管县改革，在全国近 1 000 个县推行财政的省直管县改革，并选择了一些地方同时进行行政上的省直管县改革试点。通过改革，提高了县级政府的财政能力，加快了县域经济的发展，促进了城乡一体化步伐。

专栏 4　城市化水平和农村公共服务水平提高

城镇化是扩大内需的战略重点，也是社会转型发展的重要标志。党的十六大以来，按照统筹规划、合理布局、完善功能、以大带小的原则，一批城市发展总体规划制定实施，城市体系和功能不断完善，人口和经济的集聚能力不断增强。2011 年，城镇总人口比 2002 年增长了 37.6%，乡村总人口减少了 16.1%。2011 年，我国城镇化率首次突破 50%，达到 51.3%，比 2002 年提高 12.2 个百分点，我国城乡结构发生历史性变化。城镇吸纳就业的能力不断增强。2011 年，城镇就业人员 35 914 万人，比 2002 年增加 10 755 万人，年均增加 1 195 万人。城镇就业人员占全国就业总量的比重为 47.0%，比 2002 年提高 12.7 个百分点。城镇就业岗位的快速增加，带动了乡村劳动力不断向城镇转移。

农村面貌加快改善，城乡经济社会发展一体化新格局逐步形成。党的十六大以来的十年，是我国农业、农村发生历史性巨变、农民得实惠最多的时期之一，是"三农"发展的又一个"黄金期"。自从党中央做出社会主义新农村建设部署以来，党和政府始终坚持把发展农村公共事业作为缩小城乡差距的重要抓手，持续加强农村基础设施建设和公共服务，农村水、电、燃气、通信等基础设施建设进一步加强，农村生产生活环境大大改善。2011 年全国县、乡公路里程达 160 万公里，比 2002 年增加 26 万公里，东部和中部"村村通公路"目标已经实现，西部 98%的行政村通了公路，全面完成国务院确定的"十一五"农村公路建设目标任务。通过实施饮水工程，解决了 3.26 亿农村人口的饮水安全问题。

资料来源：国家统计局。

六是政府绩效管理有了较大的改进。本届政府的一个重要改革举措就是加强政府绩效管理,试图从根本上改变长期形成的"以 GDP 论英雄"的绩效考核方式。其间,不仅建立和完善了政府的绩效考核指标体系,包括基本公共服务方面的指标体系,同时也加大了对公职人员的行政问责的力度,突出责任政府建设。经过不懈的努力,目前我国的政府绩效管理已经发生了较大的变化,绩效管理的规范化、制度化取得了明显成效,在规范政府管理和运作、约束公务员的施政行为方面发挥了重要作用。

七是制定事业单位改革总体方案,并逐步在全国启动事业单位改革。事业单位改革在我国长期处于相对滞后的状态,将成为继党政机构、国有企业改革之后最大规模的一场改革,将涉及 3 000 多万人的切身利益。其中一个重要举措,就是制定了事业单位整体改革方案,并计划在 2015 年完成事业单位分类改革,在此基础上,再推进事业单位内部人事管理制度、收入分配制度、养老保障制度以及法人治理结构改革。从 2009 年起,中央就选择一些地区进行有关事业单位改革的试点,目前分类改革已经全面启动。

(二)行政体制改革面临的突出问题

在充分肯定我国行政体制改革取得成就的同时,我们也应该清醒地看到在这方面存在的突出问题。集中起来,主要有以下六个方面。

一是政府对市场、社会的干预过多,强政府的格局还没有根本改变。这与我国经过三十多年改革开放后建立起来的市场经济体制、机制极不相符。不少地方仍然过多地运用行政权力配置社会资源,使市场配置资源的空间被大大挤压甚至被边缘化。

二是政府结构不合理,政府职能转变滞后,助长了部门利益,行政成本过高。2008 年后虽然我们用大部门制的方式对政府部门进行了整合,但整体上看,成效有限。政府部门设置不合理的问题依然突出,整合的空间依然很大,特别是管理经济、社会等领域的问题尤为突出。政府结构不合理,还包括纵向的行政层级过多,没有使纵向行政层级扁平化,同时,行政区划调整、城市的设置和管理,都不能适应城乡一体化战略的推进和要求。

从政府的职能配置来看,政府的社会管理和公共服务职能依然比较薄弱,与人民群众的要求还有比较大的差距。如何进一步加强政府的公共服务职能,增加公共服务方面的投入,提高政府公共服务能力,以及实行和谐有效的社会管理,仍然是我们面临的一个重大难题。

三是中央和地方的关系特别是财政关系没有理顺，地方的土地财政难以为继。这些年围绕土地征用、拆迁等引发的群体性事件大幅度上升，究其原因，与地方政府过于依赖土地财政有很大关系。而土地财政问题长期解决不了，又与中央和地方不合理的财政关系有关。特别是在基本公共服务均等化被提上重要日程后，中央与地方事权、财力不能合理配置，使这一问题更加突出。

四是公权力的行使没有被有效遏制，政府自身改革明显滞后，法治政府建设中"治官"的作用还没有真正显现出来。尽管这些年来中央反对腐败的力度很大，也取得了很大的成绩，但腐败蔓延的势头并没有得到有效控制。特别是这些年来，围绕公权力的行使形成的"灰色权力""灰色资本""灰色暴力"，在社会上产生了极大的负面影响，并成为改革的最大阻力。另外，公众对"三公消费"的不满、对官员财产公开的期待，都折射出对公权力的治理已经到了十分迫切的地步。

五是政府收入分配杠杆作用没有得到充分体现，国家整体利益格局发生扭曲，出现了严重的不合理现象。这无疑与政府的利益调节功能没有到位有关。再加上目前中国客观上所形成的权贵既得利益集团、垄断既得利益集团以及地产和资源行业既得利益集团控制着大量的社会财富，使中国的官民冲突、劳资冲突、贫富冲突进一步激化，直接影响社会的稳定和发展。

六是政治体制改革有待进一步深化。目前我国行政体制改革的难度越来越大，其中一个重要原因，就是与政治体制高端改革滞后有关。尽管行政体制改革解决了政府管理运行中的很多问题，但是如果没有宪政体制、政党政治、社会主义民主、社会主义法治等政治体制高端改革的推进，仅有行政层面的改革是远远不够的。我国改革目前所处困境再一次说明了这一点。

（三）行政体制改革的发展趋势

按照上面的分析，我们可以肯定地说，在党的十八大后，行政体制改革无疑将成为整个改革结构中的重要组成部分。其核心要解决三大关键问题：一是公共治理的模式转变与政府结构的优化，二是公权力的运行和控制，三是官员选拔过程中党员和公众发挥作用的制度性提升。具体集中在以下六个方面。

一是继续推进大部制改革。按照经济社会发展的要求，对政府的横向部门设置进行更大的整合，使政府部门的设置更加科学合理。特别在党的十八大后，首先要集中精力制定出新一轮大部制推进的整体框架，明确改革的思路和方向，并对国务院的机构设置从组成部委、直属机构到办事机构等，进行一次比较大的整合和重构，把长痛变为短痛，使其保持相对的稳定，最大限度地避免频繁折腾。其重点应解决部门分工过细，市场监管和社会管理过于分散，决策、执行、监督功能不能有效分离等。

二是要大幅度削减政府的权力，转变传统的强政府治理模式。通过理顺、剥离、转移等方式，对政府的微观职能进行大刀阔斧的削减或转移、下放，降低市场的准入门槛，从根本上改变目前强政府的格局，使其回归到一个理性的状态，真正建立起政府、市场、社会组织三者的多元治理结构。

三是要调整中央与地方的关系，特别是财政关系，给地方、基层更大的自主管理权限。改变目前中央与地方事权、财力不匹配、不合理的格局，按照各级政府承担的基本公共服务职责，重新划分中央与地方的权利和义务，通过开辟新的税源，结束已经走到尽头的地方土地财政。要完善财政转移支付制度，从目前的五级财政调整为三级财政，即中央、省、市(县)，实行乡财县管，使之逐步走向法制化轨道，要最大限度地缩小专项财政转移的范围，加大常规性财政转移支付力度，从根本上杜绝“跑部钱进”这一顽疾。

四是要进一步提高政府管理的公开性和透明度，加强对公权力的监督和制约。通过改革，在全国范围内加大“阳光政府”建设的力度，使公权力运行在“阳光”之下，最大限度地保障人民群众的知情权、参与权、表达权和监督权。要采取断然措施，清除和遏制灰色权力地带的蔓延，对灰色权力、灰色资本、灰色暴利进行坚决清除。要启动官员财产申报公开制度的改革，可以先在新提拔的官员中实行这项改革，包括新上任的党和国家领导人，以此接受人民群众的监督。

五是要探索省直管县改革，调整行政区划，改变城市的治理。要把推进省直管县的改革与调整行政区划、大力发展县域经济、加快城乡一体化战略有机结合，实现纵向行政层级扁平化。同时要改变传统的城市设置和管理的模式，强化市的自主管理权，淡化市的行政级别，不断探索城市的设置、管理新模式。

六是加快政府自身改革步伐。首先，进一步加快行政审批制度改革的力度，建立严格的官员问责制，通过法治政府建设，加大“治官”的力度；其次，大幅降低行政成本，将更多的资金用于民生。

社会体制改革：理论研究与实践探索*

* 出自 2012—2013 年度中国行政体制改革研究会行政改革研究基金资助课题“中国社会体制改革蓝皮书(2013)”，该课题已出版《中国社会体制改革报告 No. 1(2013)》。课题负责人：龚维斌，国家行政学院应急管理培训中心主任、教授。执笔人：龚维斌。

一、全面小康社会建设呼唤社会体制改革

社会体制问题是随着中国现代化进程中政府、市场与社会的逐步分离，随着加强社会建设和创新社会管理而提出来的，是对中国特色社会主义现代化建设规律认识的深化。

2004年，中共十六届四中全会提出要"加强社会建设和管理，推进社会管理体制创新""深入研究社会管理规律，完善社会管理体系和法规，整合社会管理资源，建立健全党委领导、政府负责、社会协同、公众参与的社会管理格局"。可见，当时虽然提出了社会建设的概念，但是侧重强调社会管理，并没有对社会建设本身展开论述。对于社会建设的内容，只是论及"健全社会保险、社会救助、社会福利和慈善事业相衔接的社会保障体系"，认为社会建设是社会主义和谐社会建设的重要内容和重要手段，社会建设的主要内容是社会管理。因此，当时对于社会管理讲得多，对于较为宽泛的社会建设讲得少。

2006年10月，中共十六届六中全会通过的《中共中央关于构建社会主义和谐社会若干重大问题的决定》在构建社会主义和谐社会的原则中提出，"适应社会发展要求，推进经济体制、政治体制、文化体制、社会体制改革和创新"。这次会议第一次提出了社会体制改革问题。

2007年10月，中共十七大报告论述了社会建设和社会体制等问题，提出"必须在经济发展的基础上，更加注重社会建设，着力保障和改善民生，推进社会体制改革，扩大公共服务，完善社会管理，促进社会公平正义，努力使全体人民学有所教、劳有所得、病有所医、老有所养、住有所居，推动建设和谐社会"。2008年7月，国务院常务会议审议通过《关于2008年深化经济体制改革工作的意见》，第一次把"社会体制"问题单列出来，要求积极探索社会体制改革的有效途径，破解社会体制改革难点。

由此可见，社会体制总是与社会建设、社会管理紧密相连，而且党和政府对社会体制的认识也在逐步深入，但是，上述文件并没有对社会体制的内涵和外延作清晰的表述和界定，虽为学术界进行深入的理论探索留下了广阔的空间，但不利于实践探索和创新。

二、十八大报告对社会体制理论的新发展

2012年11月,党的十八大报告对社会体制问题作了进一步的阐述和部署,社会体制改革理论有了新的重要发展。

十八大报告第一次对推进社会体制改革进行了系统的阐述,提出了社会管理体制、基本公共服务体系、现代社会组织体制和社会管理机制等一系列既有区别又有联系的范畴,构成了中国特色社会主义社会管理体系的重要内容。这些范畴既有新概念,也有新概括,是对近年来社会管理理论探索成果和改革实践经验的新提炼、新发展,是对社会体制改革理论的重要发展。

报告指出,要加快形成党委领导、政府负责、社会协同、公众参与、法治保障的社会管理体制,在十六届四中全会相关论述的基础上增加了"法治保障",并且将"社会管理格局"更加准确地改为"社会管理体制",使得内涵更加丰富,而且突出了依法进行社会管理的理念。

报告指出,要加快形成政府主导、覆盖城乡、可持续的基本公共服务体系,第一次对基本公共服务体系的责任主体、范围和能力提出了新要求,强调了政府的责任,强调了面向城乡全体居民。基本公共服务体系的新要求,体现在教育、就业、收入分配、社会保障以及医疗卫生等民生事业方面。

报告指出,要加快形成政社分开、权责明确、依法自治的现代社会组织体制,首次提出了现代社会组织和现代社会组织体制这两个概念,也是首次明确了"权责明确、依法自治"的具体要求,为社会组织的规范健康发展指明了改革方向。

报告指出,要加快形成源头治理、动态管理、应急处置相结合的社会管理机制,不仅要有常态管理,还要有应急处置;不仅要有动态管理和应急处置,更要有源头治理,这些环节共同构成了社会管理的新机制,是对社会管理理念和思路的重要发展。与此同时,十八大报告还强调改善和保障民生,把民生保障和改善、公共服务体系建设与社会管理结合起来,更加突出了源头治理。

三、学术界对社会体制理论的积极探索

“社会体制”一直缺乏学术界公认的确切内容，也没有形成大多数人都认可的定义。已有的关于社会建设的大量著述中，大部分将“社会体制”等同于“社会管理”或者语焉不详，缺乏对社会体制的内涵、外延、本质、特征、要求等基本问题的深入分析和研究。但是，也有少数学者开始从不同角度对社会体制进行探索性研究。

现有对社会体制的界定主要有四种：一是从社会事业的角度，把社会体制等同于社会事业体制，包括劳动就业体制、社会保障体制、收入分配体制、教育医疗体制等。二是把社会体制等同于社会管理体制，两者只是表述的不同，内涵没有区别。很多学者有意无意地持这种观点。三是把社会体制界定为公共服务体制加社会管理体制。四是把社会体制界定为社会利益分配和社会参与体制。

例如，宋晓梧把劳动就业体制、收入分配体制、社会保障体制、教育体制、医疗卫生体制以及社会管理体制作为社会体制的重点。当然，他也清醒地指出，这种概括或分类还是初步的。“事实上，也很难毫无交集地界定哪些方面只能归类于经济体制、哪些方面只能归类于社会体制、哪些方面只能归类于政治体制。”从中长期看，社会体制改革的一项十分重要的内容是培育包括社会组织、中介组织等在内的民间组织。①

从政府、市场和社会的角度，李培林认为，政府的宏观调控机制、市场的资源配置机制和社会的利益关系协调机制，是现代社会运行的三种基础机制。社会体制改革，实际上是政府的社会管理体制改革，强化政府的社会管理和公共服务职能，为群众提供方便快捷优质的服务。② 在这里，李培林把社会体制等同于政府的社会管理体制，包括社会管理和公共服务两个方面。2011 年，李培林进一步指出，社会体制改革创新主要涉及民生保障体制、公共产品和公共服务供给体制、社会分配体制三个方面的改革。③

① 宋晓梧主编：《中国社会体制改革 30 年回顾与展望》，人民出版社 2008 年版，第 2、10 页。

② 李培林：《积极稳妥地推进社会体制改革和创新》，《人民日报》2007 年 1 月 15 日第 9 版。

③ 《专家称社会体制改革已成为中国改革事业新重点》，中国新闻网，2011 年 12 月 19 日。

李友梅认为，社会体制就是围绕公共产品配置而进行的一系列制度安排。理想的社会体制应该是围绕公共产品的公平正义分配而建构的不同利益主体之间的交往协商制度，不同的社会主体在协商中能够得到基本的利益满足。社会体制需要把公平正义作为社会建设的目标诉求，把社会主体对公共产品配置的参与和协商作为和谐社会的基本运行逻辑，并努力以此为参照来重组社会生活，否则社会体制就可能被政治体制和经济体制吸纳和吞没。[①]

丁元竹教授认为，社会体制是指为了社会生活而建立的约束个人行为的规范，包括如何最有效最合理地分配财产、如何对社会生活决策，以及如何参与社会生活等。它表现为在一定地区或社会内的社会法、制度和政府行为中的一系列道德、政治和经济原则，决定着人们之间的关系。也就是说，社会体制是指在特定的社会中人们之间社会关系的模式，它以利益格局和参与方式为边界，通过志愿机制配置资源。

四、社会体制理论的研究是社会理论的新发展

我们认为，社会体制是满足社会需求、规范社会行为、协调利益关系的制度体系。

社会体制是中国独特的表述，它与社会建设、社会管理相伴而生，是社会建设的体制保障和主要途径，是中国特色社会主义事业总体布局的重要组成部分。因此，理解社会体制的内涵和外延就不能脱离这一概念产生的特定背景和语境，不能与西方学术话语体系中的某个概念简单地对应，而且也无法对应。在笔者看来，社会体制主要有两个层次：一是与和谐社会建设相联系的广义社会体制；二是与“五位一体”中的社会建设相联系的狭义的社会体制。从社会体制概念的起源看，社会体制更多的是指后者，它与经济体制、政治体制、文化体制等既相联系又相区别，共同为中国特色社会主义事业总体布局中的五大建设提供体制保障。但是，通常情况下，广义和狭义社会体制的边界难以清晰界定和准确区分。

良好的社会体制具有积极的社会功能。从根本上来说，社会体制最终追求的是社会秩序，但是，历史经验和教训反复证明，维护社会秩序的同时还要激发

① 李友梅：《关于社会体制基本问题的若干思考》，《探索与争鸣》2008 年第 8 期。

社会活力,否则社会就会僵化、停滞,社会差距就会扩大,社会矛盾就会激化,甚至可能引发社会冲突和不稳定,达不到维系社会秩序的目的。具体来说,社会体制具有以下一些功能:规定社会成员的权利义务,满足社会成员的社会性需求,激发社会发展的动力,规范社会成员的行为,协调社会成员的利益关系,调节社会矛盾和冲突。

社会体制有不同的层次,即宏观社会体制和基层社区体制之分。文化人类学认为,任何社会都有大传统与小传统,大传统代表着国家与权力、由城镇的知识阶级所掌控的书写的文化传统;小传统则指代表乡村的、由乡民通过口传等方式传承的大众文化传统。因此,一国之内文化传统、社会结构和社会体制既有统一的一面,也有差异的一面。国家层面有统一的社会体制安排,但是,由于各地历史文化、社会习俗以及经济发展水平和社会发展程度、社会结构等存在差异,不同地区的社会体制就会各有差异。社会体制安排的最终落脚点是在城乡社区,因此,基层社区就是社会体制作用的着力点和社会体制特征的集中表现区。

社会体制与社会结构紧密相连,两者既有联系也有区别,社会结构是构成社会的诸要素之间的分布及其关系状态,而社会体制则是构成社会诸要素及其关系被安排和调整的制度体系。在很大程度上,社会结构受制于社会体制,也就是说社会结构受到社会体制的影响,是社会体制的结果。不同的社会体制有不同的社会结构。但是,社会结构的形成和变化,又不是社会体制一种力量作用的结果,它是多种因素和力量综合作用的结果。同时,社会体制又受制于社会结构,特定的社会结构需要特定的社会体制与之相适应。

社会体制与社会管理体制很多时候被人们当作同一个概念来使用,这反映出两者之间内涵和外延的高度重合,也反映出两者无论是在理论层面还是实践层面都难以清晰区别的事实。也有学者努力尝试清晰界定两者之间的不同。陈光金认为,社会体制是关于社会行动主体之间相互关系、相互权利和相互责任(义务)的基本制度与规范的总称。社会管理是规范和协调社会关系、社会组织和社会行为的活动,其本质是对人的管理和服务。社会管理体制是规范和协调社会关系、社会组织和社会行为的一系列制度和机制的总称。[①] 陈光金的研究具有开创性,但是,他对社会体制的界定与社会学意义上的社会结构又难以

① 陈光金:《社会体制改革与社会管理创新》,在"城市化进程中的社会管理暨全国行政学院系统社会管理教研协作会议"上的主题演讲,2012 年 12 月 1 日,上海。

区分。我们认为,社会管理体制是社会体制的主要组成部分,但是又不是社会体制的全部内容,两者不能完全等同。社会体制既包括陈光金所讲的社会管理体制的全部内容,也包括通常意义上的社会事业体制和公共服务体制,是一个积极主动的制度安排体系,体现的是满足需求、激发活力与维系秩序、保持稳定的统一。现代社会的社会管理更多的是社会治理,表现为多元主体、共同参与、合作共治,体现的是服务与管理的统一,逐渐告别自上而下、国家强力推动的社会管控模式。因此,现代社会体制更多强调的是服务、参与、协调和活力,它为现代社会管理体制提供了坚实基础和有力保障。

社会体制与社会政策也有密切的关系。社会政策本身不是社会体制,却是社会体制的重要内容,也是社会体制形成和变化的重要影响因素。从本质上来看,社会政策更多的是关于社会群体特别是弱势群体保护的政策,是为了平衡经济政策过分追求效率、保护社会权利而由国家制定的政策措施。社会政策与其他相关的社会保护、协调利益关系的公共政策、实现这些政策的组织机构共同构成了社会体制,社会体制不仅需要社会政策,还需要伦理道德、法律制度等多种社会规范来建构和维系。

社会体制的本质是围绕社会成员的社会性权利[①]而形成的一套制度体系,体现着一个社会的伦理观、权利观和价值观。一个社会对于社会成员的角色、地位和权利义务的伦理观和政策法律规定着社会体制的模式。在现代社会,政治体制有集权体制、民主体制之分,经济体制有计划经济体制和市场经济体制之分。同样的,社会体制有依附封闭的社会体制与自主开放的社会体制之分。自主意味着个体和社会有独立的存在空间,合理合法的权利得到尊重和保护,群体之间的边界清晰并可流动,社会有竞争、有活力、有秩序,弱者得到保护。

社会体制是以公平正义为价值尺度,追求社会活力与社会秩序的统一,即在一定的社会体制安排下,社会既要充满活力,充满发展的动力和生机,同时又要保持社会的稳定与和谐,要有稳定的社会秩序和社会环境。不同时期、不同群体对公平正义的理解是有差异的,有的甚至是截然相反的。一个人到底拥有哪些权利,在不同的历史时期、不同的社会制度下是有差异的。现代人权观念起源于近代欧美国家,倡导“天赋人权”、人人生而平等。但是,在中国传统社会

① 为了与政治体制、经济体制和文化体制相区别,社会体制不包括社会成员的政治权利和经济文化权利。不过,也很难截然分开,从不同的角度看,一些权利既可以被看作是政治权利,也可以被看成是社会权利或者文化权利。因此,分类只是相对的。

中，儒家伦理提倡的是君君臣臣、父父子子的差等权利观。正是因为在不同的社会里人们的权利观、公平正义观有差别，社会体制的安排以及人们对社会体制的认识就有差异。

从对社会权利保护的角度，社会体制主要包括三个方面内容：第一是满足基本需要的社会体制，即基本公共服务体系，涉及就业、教育、医疗卫生、收入分配、社会保障、住房、公共安全等方面的社会政策；第二是结社制度、利益表达和利益协调制度等；第三是社区服务管理服务。

自进入 21 世纪以来，由于互联网等现代信息技术的发展，使得社会联系和交往方式发生了深刻变革，新型的网络语言、网络规范、网络社区正在形成，而且发展变化速度极快，传统的伦理道德和社会规范受到极大冲击，社会结构越来越趋于扁平化，社会的权力结构和权威结构越来越趋于分散化和网状化。虚拟社会与现实社会互相投射、相互作用。这一切都使得现代社会体制已经并且正在发生深刻的调整和变化。

五、中国社会体制改革取得了重要进展

新世纪以来，特别是最近五年，中国社会体制改革进入新的阶段，取得了显著进展，政府社会管理和公共服务职能得到加强，就业、教育、医疗卫生、社会保障等民生事业得到长足发展，公共安全体系建设不断加强，基层社区服务管理有序推进，应急管理迈上新台阶。

1. 就业难题得到有效破解

近五年来，中国始终坚持就业优先战略和实施更加积极的就业政策，动员社会各方力量，千方百计做好就业工作。一是就业规模持续扩大，就业局势保持稳定。二是就业结构进一步优化，第一产业就业比重明显下降，第二、三产业就业比重继续上升。三是市场就业格局逐步完善，市场机制在人力资源配置中的基础性作用得到更好发挥。四是新一轮青年就业高峰压力有效缓解。

2. 教育改革取得新成果

2008—2010 年，全国财政性教育经费平均年增幅达 18.5%。2012 年，国家财政性教育经费支出占国内生产总值的比重首次达到 4%。具体的改革成果主

要表现在：

教育普及水平持续提升。一是学前教育加快发展；二是义务教育实现历史性跨越；三是高中阶段教育加快普及；四是高等教育大众化水平进一步提高；五是继续教育不断推进。

教育公平迈出重大步伐。一是全面实施城乡免费义务教育，惠及1.6亿学生；二是完善了资助政策体系；建立了从学前教育到研究生阶段完整的家庭经济困难学生资助体系；三是提高了资助标准；四是扩大了资助范围；五是拓展了资助领域；六是更加重视高等教育入学机会公平；七是高度重视保障特殊群体平等受教育权利。

3. 社会保障体系建设取得重大进展

一是制度建设取得突破性进展，实现了由单位和家庭保障向社会保障、由覆盖城镇职工向覆盖城乡居民、由单一保障向多层次保障的根本性转变；二是覆盖范围迅速扩大，保障人数不断增加；三是保障水平稳步提高，养老、医疗、失业、工伤、生育保险待遇明显提高；四是加快解决历史遗留问题，总体上解决了社保领域中经济体制转轨造成的历史遗留问题；五是社会保障公共服务体系初步形成，并逐步向社区、行政村延伸；六是社会救助事业实现新跨越。城乡居民最低生活保障制度、农村五保供养制度实现应保尽保。除此之外，医疗救助快速发展，困难群众医疗负担有所减轻，临时救助稳步推进，救急救难作用初步显现；七是保障性安居工程建设取得明显成效，受益户数约占城镇家庭总户数的12%；八是社会保障法制化建设稳步推进，基本形成了具有中国特色的社会保障法律体系。

4. 医疗卫生体制改革取得阶段性成效

2009年4月新一轮医改全面启动，各项改革措施顺利实施，改革取得了超出预期的阶段性成效，为实现人人享有基本医疗卫生服务打下坚实基础。一是以职工医保、城镇居民医保和新农合三项基本医保为主的全民基本医保制度框架全面建成；二是国家基本药物制度和基层运行新机制逐步定型完善；三是基层医疗卫生服务体系进一步健全；四是基本公共卫生服务均等化水平明显提高。五是公立医院改革试点有序推进。

5. 生产安全和食品安全工作不断加强

一是安全生产法规政策体系进一步完善，为安全生产工作提供了有力的法制保障；二是加强政府安全生产监管工作；三是安全生产工作取得显著成效。

各类事故起数由2007年的50.62万起减少到2012年的33.53万起，下降34%；事故死亡人数由2007年的10.15万人减少到2012年的7.13万人，下降30%；四是制定食品安全重大政策和战略规划，完善食品安全法律法规体系；五是加强监管制度和监管能力建设。

6. 应急管理工作取得重要进展

一是应急管理体制进一步健全，形成了统一领导、综合协调、分类管理、分级负责、属地管理为主的应急管理体制；二是应急管理机制逐步完善。健全完善了隐患排查和监测预警机制、应急处置机制、区域应急联动机制，建立完善了恢复重建保障机制；三是应急预案体系建设得到加强。全国各级各类应急预案总数达到550万件，基本覆盖了各类突发事件；四是应急管理法制建设稳步推进，进一步丰富完善了中国应急管理法律法规体系；五是应急管理队伍建设取得重要进展。最后，应急培训和科普宣教工作深入开展，应急保障能力明显提高。

六、进一步深化社会体制改革

中国社会体制改革虽然取得了积极的成果，但是，改革发展的任务仍然十分艰巨繁重。城乡之间、区域之间、群体之间发展差距较大，基本公共服务体系还不健全；纵向社会流动面临新的困难，公众诉求表达和利益维护机制亟待完善；政府与社会的边界尚不清晰，政府包办社会、干预社会的现象屡屡发生，社会组织发展和管理滞后；社会建设和社会管理的方式和手段滞后于现代化发展需要，社会矛盾和社会冲突时有发生，有些矛盾和冲突严重影响社会和谐稳定。

因此，要按照十八大报告的要求，围绕加快形成党政负责的多元化的社会管理体制、政府主导的基本公共服务体系、政社分开的现代社会组织体制以及重视源头治理的社会管理机制，以民主、法治、公正为原则，以激发活力和维系秩序为目标，在着力保障和改善民生的基础上继续推进相关领域改革，高度重视社会体制改革的总体设计，突出抓好以下几项重点工作。

1. 深化收入分配制度改革

党中央、国务院高度重视收入分配问题。围绕深化收入分配制度改革和增加城乡居民收入，2008年以来，各级政府采取了一系列政策措施，城乡居民收入水平持续快速增长。但是,也要看到,收入分配领域还存在不少突出问题,特别是居民收入差距扩大的趋势没有根本扭转。

当前和今后一个时期,要按照《关于深化收入分配制度改革的若干意见》的要求,抓紧研究制定具体政策,有效解决收入分配领域存在的问题,缩小收入分配差距,使发展成果更多更公平地惠及全体人民。一要从就业政策、工资制度和公共资源分享机制入手,完善初次分配机制;二要以改革财税体制、完善社会保障体系为重点,健全再分配机制;三要加强收入分配领域法律法规和制度建设,整顿和规范收入分配秩序。

收入分配制度改革的立足点和最终目标,是提高城乡居民的收入水平,维护他们正当合法的劳动所得,让他们更好地享受改革发展的成果。

2. 大力发展社会组织

尽管几十年来我国社会组织有了很大的发展,但与经济社会发展要求相比,还存在一些问题。一方面,社会组织培育发展不足。到 2012 年底,我国在民政部门登记注册的社会组织约为 47 万个,相对于人口规模而言低于世界一般水平,与发达国家相比差距更大。另一方面,社会组织规范管理不够。虽然我国在民政部门登记的社会组织只有 47 万个,但还有 100 万个以上没有登记的社会组织在开展活动;一些社会组织行政化倾向严重,存在着"官办、官管、官运作"的现象,管理和运行模式类似于政府机构,有的甚至成为"二政府";一些领域的社会组织存在垄断现象。造成上述问题的原因是多方面的,其中之一就在于相关管理制度不合理、不完善,具体则主要是:对成立社会组织设定的门槛过高,社会组织与行政机关存在依附关系,注重社会组织成立登记环节的审批而轻视对社会组织活动的监管。

十八届二中全会和全国人大十二届一次会议通过的《国务院机构改革和职能转变方案》明确提出改革社会组织管理制度,促进社会组织健康发展。改革的大方向已经明确了,下一步要进一步细化具体措施,例如,有关社会组织的法律、税收减免和优惠问题等,使这次机构改革和职能转变的方案真正落实。

3. 畅通和规范利益表达机制

近年来,各地信访压力居高不下,群体访和越级访较多,对社会和谐稳定造成较大影响。造成这种状况的原因是多方面的,其中一个重要原因是群众的利益诉求表达渠道不畅,一些地方领导对群众正当合理的诉求重视不够。因此,要充分尊重和保护广大群众表达诉求的权利,积极拓宽群众利益表达的渠道,引导群众依法理性表达诉求和维护权益。发挥人大、政协、人民团体、行业协会、社会组织以及大众传媒等的社会利益表达功能。在基层探索建立多种形式的“议事会”,吸纳各方面人士广泛参与。在外来人口较多的社区,要创造条件和平台方便外来人口参与社区事务,表达利益诉求。

改善和完善信访制度,完善信访工作考核体系,坚决防止过度考核引发其他问题,最大限度降低信访工作行政成本、社会成本;进一步完善信访工作程序和信访事项处理标准,坚决纠正一切“拦卡堵截”正常上访群众的错误做法;推进以市县两级为重点的领导干部接访下访工作,到一线和基层实地解决难题;进一步规范群众信访行为,切实维护正常信访秩序;探索建立科学、高效、权威的信访问题解决机制和终结机制。逐步把涉法涉诉信访从普通信访中分离出来,符合条件的导入司法程序。

重视和用好社会媒体的公民参与功能。现代信息技术的快速发展,为公民参与和利益表达提供了新的便利条件。互联网、QQ、微博、微信等社会媒体成为人们互通信息、表达意见、反映诉求、讨论问题,甚至联络沟通的重要载体和有效手段。新技术革命时代的社会媒体不仅扩大了人们的参与渠道,创新了参与方式,也改变了人们的联系方式和沟通方式,使得社会结构和权威结构发生革命性变化。因此,要充分利用好新媒体的参与功能,通过网络等“问计于民、问需于民、问政于民”,创造更多平台和载体,扩大参与空间,方便网民参与。同时,也要引导人们在虚拟社会中理性依法表达意见、反映诉求、维护权益。

4. 加强社会领域法治建设

经过多年的不懈努力,中国特色的社会主义法律体系已经形成。但是,社会主义法律体系还需要不断完善,特别是社会领域的立法、执法和司法还有待加强。

一是要完善社会法立法。社会法一般指的是维护社会公共利益的法律。相对而言,中国的社会法立法起步较晚,虽然制定了一些法律,但是,中国的社会法总体上还处于起步阶段。需要进一步制定系统完善的社会法律,以规范劳动关系、社会保险、社会福利、信息传播、土地征用、房屋搬迁、公民参与和特殊群体权益保障等。①

---

① 贾宇:《社会管理创新与法治保障》,《公民与法》2011 年第 8 期。

二是要坚持依法行政,建设法治政府。严格依法办事,坚持“有法必依、执法必严、违法必究”。要加快解决一些法律法规之间,特别是规章、规范性文件之间不衔接、不协调、适用困难等问题,进一步提高制度建设质量;要加快重大行政决策程序立法,健全决策问责和纠错制度,全面开展行政执法规范化建设,大力规范行政权力运行;加强行政复议和行政调解工作,充分发挥行政机关在化解社会矛盾纠纷中的作用,引导群众通过法定渠道反映诉求、解决纠纷。

三是要公正司法,树立司法权威。坚持“人民法院依照法律独立行使审判权,不受行政机关、社会团体和个人的干涉”“人民检察院依照法律规定独立行使检察权,不受行政机关、社会团体和个人的干涉”,要求司法机关立足正义,树立法律至上的原则,严格按照法律规定,独立作出裁决,维护司法权威。一方面,要求司法人员提高专业素养;另一方面,要求党政机关、社会团体和个人树立法治意识,依法维护群众合法权益、化解社会矛盾,不得干涉司法。

5. 积极培育和践行社会主义核心价值观

现在,中国正处于社会转型期,思想领域日趋多元、多样、多变,各种思潮此起彼伏,各种观念交相杂陈,不同价值取向同时并存,所有这些表现出来的是具体利益、观念观点之争,但折射出来的是价值观的分歧。因此,需要积极培育和践行社会主义核心价值观,使全体社会成员在价值认同上找到最大公约数,在具体利益矛盾、各种思想差异上最广泛地形成价值共识,有效引领整合纷繁复杂的社会思想意识,有效避免社会分化可能带来的思想对立和混乱,促进社会团结和谐。①

党的十八大报告明确提出:“倡导富强、民主、文明、和谐,倡导自由、平等、公正、法治,倡导爱国、敬业、诚信、友善,积极培育和践行社会主义核心价值观。”这一方面为培育和践行社会主义核心价值观提供了基本范畴,另一方面也进一步明确了提炼、概括社会主义核心价值观的基本原则。要在全社会大力弘扬这些思想、理念和精神,在凝聚全社会共识的基础上,进一步提炼、概括更为简洁、更为有力的社会主义核心价值观。特别要充分发挥人民群众的首创精神,尊重人民群众的主体地位,善于发现人民群众中蕴藏的积极向上的思想精

① 王晓晖:《积极培育和践行社会主义核心价值观》,《十八大报告辅导读本》,人民出版社2012年版。

神，引导群众自我教育、自我提高；要尊重广大群众在思想意识、价值观念上的差异性，既鼓励先进，又照顾多数，创新宣传教育形式和手段，多用典型示范、交流疏导、说服教育、民主讨论的方法，有针对性地解决群众的思想疑虑和困惑。要加强政务诚信、商务诚信、社会诚信和司法公信建设，以政务诚信和司法公信带动商务诚信和社会诚信，以官德、官风促进民德、民风。

我国县级政务公开试点改革跟踪研究*

* 出自 2012—2013 年度中国行政体制改革研究会行政改革研究基金资助课题“我国县级政务公开试点情况跟踪研究”，该课题已出版《我国县级政务公开改革研究》一书。课题负责人：胡仙芝，国家行政学院科研部处长、研究员；姜秀谦，广西防城港市市委常委、市人民政府副市长；王君琦，国家行政学院决策咨询部副处长。执笔人：1. 胡仙芝，国家行政学院科研部研究员；2. 余茜，北京市委党校《新视野》编辑部编辑。

在中央有关部门的部署下，2012年，全国31个省、自治区、直辖市的100个县级政府开展了依托电子政务平台加强县级政府政务公开和政务服务的试点工作，以贯彻执行《关于进一步深化政务公开加强政务服务工作的意见》（中办发〔2011〕22号）和《关于开展依托电子政务平台加强县级政府政务公开和政务服务试点工作的通知》（国办函〔2011〕99号）。为更好地了解我国县级政府政务公开的开展情况，跟踪2012年全国100个县市开展的依托电子政务平台加强县级政府政务公开和政务服务试点工作，“我国县级政务公开试点情况跟踪研究”课题组跟踪调研了浙江永康、湖南长沙、河北晋州、云南安宁、曲靖麒麟区、广西龙州、内蒙古翁牛特旗、哈尔滨平房区等十个处于不同经济发展水平和不同发展阶段、不同城市化水平、不同社会及民族构成、不同区域特点等典型县市区，对其依托电子政务平台、完善政务公开、规范政务服务的工作情况和改革探索进行跟踪调研。通过实地考察、问卷调查、座谈和访谈，了解了当前我国县级市政务公开、行政服务及电子政务平台建设的基本情况，发现一些存在的问题，并提出几点对策和建议。

一、当前开展依托电子政务平台加强县级政府政务公开和政务服务试点工作的基本情况及其主要做法

各县市政府自从被确定为开展依托电子政务平台加强县级政府政务公开和政务服务试点工作的试点单位以来，基本上都比较迅速地给予高度重视，先后成立了由相关领导为主要责任人的领导小组，发布了相应的通知性文件，编制实施方案，启动相关的试点改革工作。但我国东中西部100个试点县市区，启动的时间有先有后，办法不一，做法也不同，政务公开和电子政务平台建设的水平、行政服务的质量及群众的反响也都有所不同。从我们调研的十个试点县市的情况看，比较通行的做法有：

依照中央文件精神，制定实施方案，启动试点工作。进行调研的十个试点县市区都相继出台了关于开展依托电子政务平台加强县市区政务公开和政务服务试点工作的实施方案，或者转发了相关通知。

组织领导小组、办公室等专门机构，依托行政力量强力推进。各试点县市区毫无例外地成立了以行政首长为组长的依托电子政务平台加强政务公开和

政务服务试点工作领导小组，组织了专门的办公室来落实各项具体改革工作，并建立了相应的协调、推进和实施、监督机制。

组织力量，清理规范了政务公开和政务服务事项，并落实到政务公开目录和电子政务服务平台上。本次调研的各试点县市实施方案中，绝大多数都根据《县级政府依托电子政务平台开展政务公开和政务服务事项基本目录》(国办函〔2011〕99号)(包括政府信息公开事项65项、行政职权事项295项、便民服务事项25项)。在本次试点改革中，各试点县市对照该基本目录，结合本地实际情况，全面梳理、清理并严格规范政府信息公开、行政职权和便民服务事项，编制了政务公开和政务服务目录。绝大多数试点单位的政务服务中心都编制、公布了本县市的基本目录，有的还针对每类事项的不同特点相应明确每个事项包含的具体内容。实际上，各地清理和保留行政审批事项的数量、内容和进度是不一样的，有些县市间的数量相差甚多，有的确实是因为不同性质的县市有不同的管理职能，有的则是政府职能转变确实滞后，难以一步到位所致。

建立和规范政府网站，升级电子政务平台和行政审批系统，努力建立使用统一的电子政务平台。在试点之前，本次调研的试点单位全部都建立了政府网站，但现实中，政府网站和电子政务平台没有有机整合，政府信息公开系统相对比较规范，但其他的功能不是很统一，各行其是，网站问题也比较多。针对本次试点改革，试点县市的政府都加强了规划设计，利用现有政府网站和政务(行政)服务中心基础设施，结合集约化社区服务信息网络平台建设，对现有电子政务平台进行调整、升级和改造，满足政务公开和政务服务应用需要。为达到试点改革的验收标准，一些试点县市组织了相当的人力，投入了相应的物力，对电子平台加强了建设和改造，加强了乡镇、村镇的电子服务终端建设，努力改造电子政务网络、政府网站、业务管理系统、应用及数据服务中心和信息安全保障体系，力图建立、使用统一的电子政务平台。

建构电子监察系统，加强政务服务的应用，提高了行政服务效率。本次试点改革较大程度上加大了政务公开和政务服务目录在电子政务平台的政府网站上公布的力度，努力将目录所列行政职权纳入平台的业务系统办理，比较重视监督和效能制度的构建。一般都建构了同步的电子监察系统，使电子监察覆盖行政职权和便民服务事项办理流程的各个环节。通过乡镇(街道)窗口终端和网络建设，便民服务事项的办理下放到了基层，较大程度上实现了便民利民。很多县市区都同步建立了完善的电子监察系统，有的纪委监察部门直接入驻服务中心的电子监察室，对各乡镇随时现场监控，电子监察系统24小时进入计时状态，根据办事时间进行时限提示，在提高办事效率方面取得了显著的成绩。

二、因地制宜，注重创新，依托电子政务平台加强县级政府政务公开和政务服务试点改革，形成了一些地方特色鲜明的创新经验

调研发现，虽然全国100个试点县市执行的是同一个文件，都是依托电子政务平台，对政府政务公开和政务服务进行建设和改革，但它们的基础、重点、需求以及条件各不相同。为此，各个试点县市紧密结合本地实际，实事求是地寻求适合本地发展的政务公开与政务服务的创新点，摸索总结出了各自的创新经验，形成了百花齐放、各有千秋的局面。调研组对其中较有特色的浙江永康等7个县市创新经验进行了总结(参见下表)，具体如下。

7个试点县市政务公开工作创新特色情况表

试点县市	地区特点	创新特色
浙江永康市	东南沿海开放地区	利用数字电视载体普及政务服务，消除城乡间的数字鸿沟
湖南长沙县	中部崛起地区	依托电子政务平台推进公众参与和行政决策公开
河北晋州市	中部崛起地区	以票控费，推进网上税费公开，探索行政服务与税费改革新路径
云南安宁市	西部经济较发达地区	搞好政务公开基础设施建设，创新利民便民的流动政务服务
内蒙古翁牛特旗	少数民族、经济欠发达地区	转变作风，提高服务质量
黑龙江哈尔滨市平房区	东北老工业基地	企业服务与民生服务并重
广西龙州县	老少边穷地区	集市日集中办公，创新村镇联办服务模式

(一)浙江永康市：利用数字电视新技术，创新政务公开新载体

永康市位于浙江中部，1992年撤县设市，总面积1 049平方公里，现有户籍人口57万多人，外来人口43万人。永康有活跃的民营经济和较强的经济实力，使永康城乡建设发展处于全国发展的前列，政务公开工作基础较好，在上

世纪 90 年代就建立了“两公开一监督”等基本制度，因此在加强政务公开和政务服务建设方面具有较好的经济社会基础。作为浙江省 4 个试点单位之一，永康市在 2012 年(2011 年 9 月国办函〔2011〕99 号文确定试点指标，2012 年 1 月 4 日通知确定试点名单)被确定为全国试点单位后，市委和市政府召开全市试点工作动员会，把开展政务公开试点作为推动管理创新、改善发展环境的重要举措写入了 2012 年政府工作报告，并重点对政府信息公开事项、行政职权事项进行了系统梳理，逐个事项审核，逐个部门清理达标，做到了事项梳理全面、法律依据准确、权力流程清晰；积极推进基层政府服务体系建设，通过建立市、镇(街道、区)到村(社区)三级政务服务体系，编制权力运行流程图，明确办理的岗位、权限、程序和时限等措施；加强了政务公开平台、政务服务系统和电子监察应用系统的建设，实现了电子政务平台的集成并联建设。在这个过程中，他们逐渐形成了自己的创新特色——探索数字电视政务服务手段。永康市根据政务公开纵向到村的要求，结合有线数字电视用户人口覆盖率已达 98%的实际，提出并积极实施建设数字电视政务频道的构想，并组织力量，把广播电视局作为本次政务公开试点改革的主要责任单位，把数字电视政务频道建设作为实施政务公开“入户工程”的主要抓手，以实现“信息直接从电子政务平台抓取及时更新”为目标，编制了实施数字电视信息化平台系统方案和项目实施计划。数字电视政务服务手段的应用，以每户一个机顶盒的投入，解决了边远农村的接收终端问题，不仅节约了硬件投入和人力运营成本，并且更大程度地畅通政务公开渠道，及时回应社会关切，很大程度上解决了农村老人不会操作电脑的技术壁垒问题，消除了城乡之间以及代际的信息鸿沟。

(二)湖南长沙县：依托电子政务平台推进公众参与和行政决策公开

湖南长沙县作为中部发展地区，在中部崛起的政策推动下成为经济投资的一方热土。由于经济发展的强力驱动，当地政务公开以及政务服务工作比较受到政府重视和社会关注。在此背景下，长沙县委县政府高度重视、大力支持政务公开的试点改革工作。除了依托电子政务平台完善政务服务之外，长沙县还特别注意推进公众参与及决策监督机制，致力于让权力在阳光下运作，致力于在网上建立起政府与公众相互交流的桥梁。一是通过县长信箱、咨询投诉、网上调查、在线访谈和星沙论坛等，吸引群众对政府信息公开情况进行参与；二是致力于推进财政信息公开，要求各种专项切块资金的使用必须通过网络、报纸等媒体公示，无异议后才能拨付，以此提高财政资金的使用效益和透明度；三是在全县范围内聘请了一批能替群众代言的政风行风监督员，通过走访和召开面对面座谈会的方式，广泛听取群众对政府工作的意见和建议，并每月抽取一定数量的办事群众进行跟踪回访，调查办事对象对政务服务窗口服务工作的满意情况；四是建立行政决策机制和流程的公众参与、专家论证以及政府集体决策的政府决策模式，推动了政府决策的民主化进程。政府的职能部门作出决策前，要通过开座谈会、前期调研等方式听取老百姓的意见。为此还创新了座谈会、公告评论制度、开放式听取意见、听证会等公众参与的具体方法和制度。长沙县通过依托电子政务平台及行政审批制度的改革，致力于开放型政府体系的建设，推动形成政府与公众沟通良好的局面，从而扩大了公众参与政府治理的力度和深度。

（三）河北晋州市：以票控费，推进网上税费公开，探索行政服务与税费改革新路径

河北省晋州市是河北省会石家庄市管辖的一个县级市，辖九镇、一乡、两个工业园区，面积 619 平方公里，人口 53.3 万。该市主要依赖工业、农业和文化旅游业的发展，同时关注税费改革及行政审批收费方面的改革。他们在全国唯一实行乡级核算管理体制的乡镇——周家庄乡探索统一管理和分配的改革模式，探索生态旅游观光园一体发展道路和方法，并且非常重视创建优质的服务环境。在成为试点单位后，他们组建了集信息发布与咨询、审批与收费、管理与协调、投诉与监督为一体的政务服务中心，实现了行政审批电子化、行政收费一网化和监察监督的电子化。在这一系列的改革中，我们认为，最大的特色就是在行政审批和收费领域进行的创新，“以票控费，网上税费公开”，取得了显著的实际效果。具体而言，为进一步规范非税收入管理，河北省晋州市政务服务中心在清理非税收入范围的基础上，先后制定并下发了《晋州市政务服务中心窗口收费票据及资金管理制度》《关于规范全市非税收入收缴工作的通知》等文件，强力推进非税收入管理，将全市 1 330 项非税收入项目全部纳入中心收缴，采取“以票控费，以审批监控收费”的模式，对各项收费项目的标准、依据逐一清理、录入互联网审批系统，所有收费数额由电脑程序自动生成，缴费人必须按规定缴纳各项费用。这一方面限制了部门的自由裁量权，避免了人情因素的干扰和“乱收滥罚”现象的发生，保证了应收尽收、足额征收；另一方面，晋州市还在全国率先实现了企业纳税缴费公开，同行业、同

地域、同规模企业可以自行比对,乱摊派、乱罚款明显减少,全市财税收入出现了连年增长。

(四)云南安宁市:搞好政务公开基础设施建设,创新利民便民的流动政务服务

云南省安宁市地处昆明西郊,距昆明主城区 28 公里,总面积 1 301 平方公里,常住人口 34.4 万人,是云南省最重要的冶金、盐磷化工基地,是环滇经济圈绿色工业城市,是以温泉为主的休闲、疗养、旅游度假区,也是昆明市的一个地区性的政治、经济、科技文化中心。安宁市辖 9 个街道办事处,有 66 个村民委员会、348 个村民小组、33 个社区居民委员会、148 个居民小组。这些年,安宁市致力于发展建设城市中心区,东部重点发展城市新区和高新产业区,南部发展农业产业和水资源保护区,西部发展工业园区,北部发展康体休闲生态旅游带,最终要形成“四区、一带、两片”的空间布局。他们的发展目标是,以丰富的矿藏资源、发达的交通枢纽、先进的电信事业、充足的自然资源、雄厚的工业基础和独特的旅游资源,一展古镇雄风,成为云南省的冶金、盐磷化工基地和以温泉休闲疗养为主的旅游度假胜地。这些年的经济发展为安宁市的政务服务中心建设提供了很好的保障,在原有的基础上,在试点改革意见的指导下,安宁市在政务公开和政务服务方面主要采取的特色工作:一是大大加强了政务服务中心的建设。建成的安宁市政务服务中心总面积达 1 600 平方米,设有 70 个开放工作台和 30 间办公室,专门投资建设了 6 条光纤专用线路,并配套银行、商务中心、会务设施以及电子显示屏、触摸屏、电子监察系统。二是把解决“体外循环”问题作为提升政务服务中心工作水平的重点,迅速建立健全了“两集中、两到位、四进中心”的管理运行模式,实现了中心业务由“接待型窗口”向“服务型窗口”的转变,确保做到了五个 100%:①全市 28 个具有行政审批项目的部门(包括国税、地税等)100%进中心办理审批服务;②全市 78 项受理行政审批项目及 104 项涉民服务事项 100%进驻中心受理;③28 个具有行政审批项目的部门增设行政审批专用章,保证公章 100%进中心;④坚持“进必授权”的原则,在每个窗口单位 100%设立首席代表,全权履行相关审批职权;⑤建立每月 20 日局长接待日制度和每周两次值班领导进中心制度,保证行政审批服务 100%在中心完成。三是建立三级联动的为民服务体系。着力构建市、街道(镇)、村(社区)三级联动的为民服务体系,实现了信息共享、上下联动、相互支撑的政务服务新模式,全市 97 个村(社区)为民服务站

100%实现标准化建设。四是政务下乡,打造流动政务服务大厅。安宁市利用每月局长接待日,组织政务服务中心窗口单位领导"送服务下基层、入企业"。一方面深入基层指导镇(街道)开展为民服务体系建设;另一方面深入企业对重点招商引资项目、产业结构调整项目建设现场入户走访,及时了解项目建设单位在推进过程中存在的困难和问题,为企业和投资者提供及时到位的帮助,全力打造流动政务服务大厅。

(五)内蒙古赤峰市翁牛特旗:转变作风,提高服务质量

翁牛特旗位于内蒙古自治区赤峰市的中部,土地总面积 11 872 平方公里,是传统的畜牧业生产基地和水稻生产基地,也是一个以蒙古族为主体、汉族亦占多数的多民族聚居地区。翁牛特旗作为一个农牧业大旗,矿产资源相对贫瘠,工业基础薄弱,行政审批服务中心的建设和发展略显滞后。近几年,旗委、旗政府坚持招商引资,利用发展工业园区这一平台,积极转变经济发展方式,促进产业结构调整,全旗经济呈现多元发展格局。"招商引资能否成功,三分在招商,七分看服务。"在工业园区的建设过程中,政务服务的发展对其起到了很大的促进作用。2011 年 9 月被确定为试点单位之后,他们更是坚持"全方位""保姆式"服务,改善投资环境,提高服务效率和服务水平,做好招商项目后续服务工作,真正为企业的发展服务。他们的主要特色是在组建和完善翁牛特旗行政审批服务中心的基础上,建立健全一般审批事项及时办理、特殊审批事项承诺办理、重大审批事项联合办理、上报审批事项负责办理和禁止审批事项明确答复五项办理制度,探索行政服务机构转变作风、提高服务质量。

(六)哈尔滨市平房区:企业服务与民生服务并重

平房区位于黑龙江省哈尔滨市(以下简称哈市)南部,是哈市市辖城区之一,是哈尔滨南郊陆路交通、航空运输的重要门户和经贸活动的重要区域。全区人口 19.2 万人。平房区是国家"一五"期间重点建设的老工业基地,雄厚的工业发展基础和相对独立的区域特点以及良好的生态环境条件等使得哈尔滨市平房区在加强政务公开和政务服务建设方面具有较好的经济社会基础。被确定为试点单位之后,该区结合自身发展的基础和特点,推出如下创新举措:一是创新企业服务平台。把与企业服务密切相关单位、服务窗口、工作人员及行政服务事项进行集中设置,统一管理。充分利用电子政务平台的载体功能,率

先在全市推行"一表制"服务模式。针对大项目,采取"绿色通道""全程代办"和"联合踏勘"等服务形式,减少审批环节、减轻企业负担、缩短审批时限。二是创新民生服务平台。为缩短群众办事时间,减少办事程序,设立了集民政、人力资源和社会保障、农林、财政、档案、交通、人才等七个具有政府审批职能和便民服务职能部门为一体的民生服务中心,利用信息网络实现了区与市、中心与部门的互联互通,采取"一站式"服务模式开展行政审批与收费、信息与咨询、管理与服务等综合便民服务。

(七)广西龙州:因地制宜,集市日集中办公,创新村镇联办服务模式

广西龙州县位于广西西南部,受崇左市管辖,与越南接壤,总面积2 317.8平方公里,总人口27万,辖12个乡镇,123个村(居)委会,有壮、汉、瑶、苗、回、侗等民族,壮族人口占总人口95%,是典型的少数民族聚居区、国家级贫困县,同时也是边境开放、管理具有复杂因素的边关商贸区。工业经济基础较弱,人口分布相对分散,绝大多数都是农民,现代意识和科技意识相对较弱。龙州县委县政府结合本地的需求,积极争取各种有利条件,致力于依托电子政务平台加强县级政府政务公开和政务服务的试点改革。主要的改革措施:一是加大投入,夯实基础。投入150多万元装修改造了办事大厅、便民停车库、外墙翻新及大院平整等,进一步改善办公环境;投入10万元建立电子监察室,实现对全县"一服务两公开"工作的实时监控。整合乡镇经济社会发展办、社会事务服务中心等"三办两中心"和农村远程教育、乡镇党校等资源,投入50多万元将整合后的场地改造成乡镇政务服务中心,解决了乡镇政务服务中心办公场所不足的难题,并投入30万元配齐电脑、打印机等办公用品,保障工作正常运转。二是拓展领域,提高效率。首先是集中行政审批事项。51个行政审批职权部门共计701项行政审批事项和供水供电2个便民服务部门已进驻县政务服务中心集中办公;其次是调整部门职能。在全县24个拥有行政审批职能的政府组成部门和28个挂靠、直属事业单位均设立或增挂部门行政审批股;再次是对一些边远乡镇进行集市日集中办公,更有效率地集中服务当地居民,并且创新村镇联办服务模式,尽量扩大电子政务服务覆盖面;三是积极跟自治区对接,争取逐步实现审批业务的网上办理。目前全县12个乡镇和51个县直部门都在使用电子政务平台进行业务受理。

三、依托电子政务平台开展政务公开和政务服务试点工作成效

根据《关于进一步深化政务公开加强政务服务工作的意见》要求，各试点县市陆续成立了试点工作领导小组，在领导小组的周密部署和组织下，各个试点县市依托电子政务平台对县级政务公开和政务服务工作进行了积极的探索，政务公开内容不断丰富，领域逐步拓展，法制化和规范化水平进一步提升，取得了显著成效，主要表现为以下几个方面。

1. 加强组织领导，提高政务公开认识程度

政务公开是一项各部门联动的工作，强有力的领导小组能够起到引导和协调作用。正是各试点县市领导的高度重视，才使得试点县的政务公开工作能够顺利展开。第一，从出台政策的角度而言，很多县市都是因为原来政务公开的基础很好，所以才争取到试点的资格。第二，从出台政策举措的时间上看，2011年中央办公厅、国务院办公厅出台了《关于进一步深化政务公开加强政务服务工作的意见》；为落实《意见》精神，全国政务公开领导小组下发了《关于开展依托电子政务平台加强县级政府政务公开和政务服务试点工作的通知》；依据通知，各个试点县市很快开始结合当地实际制定本地的试点工作实施方案。第三，从领导班子组成来看，几乎所有试点县市政务公开试点工作领导小组的组长都是当地县市的县长、市长，副组长也一般由当地的副县长、副市长或纪委书记担任。当地市委办、市府办、组织部、编办、法制办、公开办、监察局、发改局、财政局、经信局、保密局、行政服务中心、信息中心等部门主要领导通常情况下也都是试点工作领导小组成员。领导小组下设办公室，办公室设综合协调组、事项梳理组、平台建设组、督查推进组、财政公开规范组和村级便民服务中心(站)建设指导组，负责试点工作的协调、推进、实施和监督，同时从成员单位抽调人员定期集中办公。总之，不管是从出台相关配套文件，还是从政务公开领导小组的组成结构都体现了试点县市对政务公开工作的重视程度。

2. 优化办事流程，加强行政审批规范

试点县市几乎都针对每项行政职权编制了权力运行流程图，在办理主体内部明确办理的岗位、权限、程序和时限，细化到各单位内部的具体办理人员，

做到定岗、定人、定责、定时间。对听证、招标、拍卖、检验、检疫、鉴定、专家评审等依法不计入事项办理期限的环节,在流程中也注明了该环节的办理期限。如河北晋州市政务服务中心要求工作人员确立“我们都姓马,都叫马上办”的服务理念,明确了政务服务中心的服务模式为“一门受理、转告相关,互联审批、统一收费,限时办结、集中管理,分业行政、效能监督”。有些县市加强统筹协调和检查评估,建立了定期通报制度,建立了完善的信息公开制度、信息公开联席会议制度、绩效考核制度、责任追究制度等,为试点工作的顺利开展提供了制度保障。行政审批中,优化审批流程,大力推进一般审批事项一审一核制、工商登记告知承诺制、联合年检年审、农业设施用地并联审批、多表并一表等有效审批方式,有效破解办事难、办事慢等问题。在职能重心下放方面,有的地方督促各职能部门将审批事项下放到镇(街道、区)和村便民服务中心(站),按照“四个统一”,即统一管理体制、统一服务标识、统一窗口受理、统一服务规范,来提高惠民实效。

3. 优化行政成本,提高服务资源整合力度

试点县市基本上都实现了市镇村三级联动、上下贯通、覆盖全市的政务公开和政务服务体系。如河北晋州市在全市 12 个乡镇(园区)均组建便民服务站,224 个村均成立了便民服务室,人员由乡镇政府调配,业务上接受市中心指导。把城乡低保审批权、城乡五保待遇审批权、医疗困难补助审批权、独生子女光荣证审批权、计生奖励核发审批权等权限下放到乡镇服务中心,受理、办理群众办事申请;村级便民服务室可为群众提供相关政策和业务咨询,查询申办事项的进展情况,解决了广大农村群众电脑操作水平低、查询不便等问题,将窗口服务送到群众身边。

在实行政务公开三级联动时,各试点县市还强调行政资源的整合,以中心村为基点,以大村带小村,通过以点带面的方式搞农村社会化管理。在村(街道)便民政务服务中心(室)层面对多个部门下达的任务进行整合,同时做到中心村与周边村的资源共享,村企互动,通过把有限的行政资源整合共享实现成本效能最优化。

4. 加强监督考核,提高监督评估力度

审批过程的电子化也为试点县市建立全方位的网上电子监督体系提供了平台。试点县市的政务公开领导小组都制定了详细的考评方案,采取联合考核的办法加强日常监督考核。一些试点县市的纪检部门对试点工作全程监督,对抵制试点、贯彻落实不到位的单位追究相关责任人责任。同时,还将主要行政

职权和便民服务事项办理流程纳入电子监察系统，进行实时监控、预警纠错和绩效评价，及时发现和纠正违规行为，杜绝体外循环；通过电子监察系统的运行，促进依法行政、廉洁从政，提高各部门行政效能和服务水平。

同时，为实现让群众随时了解审批进展，一些试点县市采用科技手段，实现了内网与互联网各类数据的实时交换，群众申请办理的审批事项，其办理进程、结果、收费等情况即时转入政务服务中心网站，方便办事人查询了解；群众的意见、建议、投诉、举报可通过网上互动平台直接反馈到纪检监察机关和相关部门。

5. 改善政务环境，提高便民服务速度

政务公开是提高工作效率、实现机关职能转变的有效途径。推行政务公开和政务服务工作也明显提高了政府履行职能的工作效率，推动机关工作作风更趋亲民和务实。试点县市实施了即时办理制、联合办理制、全程代办制等快捷高效的审批方式，提供了便民利民的服务机制，这些有效的措施精简了群众以往面对的繁琐复杂的办事流程，大大提高了行政效率。如河北晋州市将行政审批由原来的“串联式”改为“并联式”，采用“多线程并进”的方式加快审批速度，审批时限缩短了70%。浙江永康市行政审批和行政服务事项平均承诺时限达到5.54个工作日，比法定时限提速近70%，承诺办结时限由7.5个工作日缩短到5.5个工作日，提速26.7%。

通过将互联网、政府网站和党政公务网有机互联，将政务公开和服务窗口向乡村延伸，强化便民服务功能，使政务环境大大改善。在试点县市的政务服务中心网站上，服务窗口、服务事项、表格下载、申报大厅等项目一目了然。只要找到所要申报业务相关单位，就能准确地显示行政审批的名称、行使依据、所需材料、申请表格、办理时限、收费标准等内容。同时，还可以通过网上办事大厅对所办项目进行网上申报，材料合格后只需到设在该市政务服务中心的部门窗口一次提交就能办成，办事人只要输入自己申办时取得的编码，即可查询正在办理中的审批项目进展，“省时、省力、省心”是企业和群众对此的评价。营造出诚心诚意与群众进行交流、切实为公民服务的氛围，自然就能得到民众的认可和满意。

6. 保障知情权监督权，提升群众满意度

试点县市建立和完善了政府信息公开工作机制，有序推进主动公开和依申请公开，做到了以多种形式全面公开，凡属直接涉及群众利益的事项，除国家规定保密以及商业秘密、个人隐私等法律规定的以外，均在一定范围内向社会公开。如湖南长沙县通过整合政府信息资源，建立多层次的信息公开体系，主动公开的政府信息，定期通过门户网站、电子显示屏、触摸查询机、公开栏、报纸、电视台等多种形式向社会公开；凡属需要社会公众广泛知晓的政府信息，及时在政府网站公布，并且通过《今日星沙》、县电视台等其他载体公布政府信息；县电视台开辟了政府信息公开和政风行风专栏；县、乡政务服务中心及档案馆等设置了方便群众查询政府信息的查询点；等等。政务公开和政务服务工作满足了社会公众依法获取和利用政府信息的需求，群众的知情权和监督权得到有效保障，获得了社会各界的广泛认可。

7. 优化发展环境，提升政府美誉度

投资者投资建设项目时非常注重一个地区的发展环境，希望能够获得快捷便利的政府服务，尽快带来效益。行政服务中心服务模式可以成为一个地区吸引投资、加快发展的“名片”。如河北晋州市共有企业 3 218 家，个体户 15 257 户。为更好地推动经济发展，优化发展环境，该市成立了重点项目 VIP 服务办公室，通过实行“一次告知、领办代办、限时办结、联审联验、集中勘察”等制度，对符合国家产业政策且投资规模在 5 000 万元以上的重点建设项目无偿提供全方位、全过程服务。对位于农村的中小型企业和个体户，该市通过在各乡镇成立政务中心服务站、村成立便民服务室等举措，延伸服务链条，对 10 个乡镇、224 个村做到政务服务全覆盖。政务环境的改善吸引了大批项目落户晋州，2011 年以来，晋州市新建续建亿元以上项目 16 项，同比增长 8 项，总投资达 31.4 亿元。内蒙古翁牛特旗政务服务机构的建立，使当地公司注册所需的卫生许可、环评、工商注册、税务登记、组织机构代码等一系列相关手续仅用七天便可以在行政审批服务中心全部办理完毕，程序规范高效，收费阳光透明。总之，依托电子政务平台推进政务公开，优化政务服务，为打造当地良好的政务环境、创造良好的经济社会发展环境、提升政府服务的竞争力创造了条件。

四、依托电子政务平台，加强县级政府政务公开和政务服务试点改革跟踪、调研中发现的一些问题

调研中，我们欣喜地看到各地在试点改革指导意见的指导下，行动有力地开展了依托电子政务平台的政务公开和政务服务的改革和建设，也看到了他们

取得的各方面的积极成效,但同时我们也了解到各地在当前阶段依托电子政务平台开展政务公开和政务服务、改造电子政务平台中也遇到了较大的困难,有关方面的工作还存在着一些甚至是严重的问题。

一是对依托电子政务平台加强县级政府政务公开和政务服务试点改革思想认知不一,对电子政务平台建设及相关工作的理解不够。从试点县调研来看,一把手和行政首长非常重视,大张旗鼓、大造声势、大力宣传,但具体到中层和基层工作人员则有些被动,普通老百姓则很多表现淡漠。有些负责政务公开工作的同志反映工作压力大,难以招架;有的希望这阵风快点"刮过去";有的甚至认为给农村配电脑是一种政绩工程,是一种浪费。

二是对政府网站的使用和管理还不是很熟悉,规范程度不够。本次被选为改革试点单位的100个县市区中,少数单位是政务公开改革起步较早、规范性程度比较高的,绝大多数则是起步较晚或者基础不实的。一些省级政务服务中心及相关部门大力推进和开展验收、评估等,迫使一些试点单位新上系统,急于扩充功能和充实内容,出现了一个"大干快上"的风潮,在信息建设上出现"大灌水"现象,很多不规范的信息、垃圾信息也随之出现在一些政府信息公开的严肃板块和栏目中,有的甚至出现假信息和错误信息公开的状况。

三是政府信息公开遭遇多头管理难题。随着政府信息公开和电子政务的深入发展,政府门户网站、电子政务内网与专网、各部门的电子政务应用系统等都在不断完善,但同时也凸显了电子政务的发展多头规划、重复建设的严重问题。有的地方共上了四五个政府门户网站及政务信息查询专线等相互独立的网站,最多者竟达七个之多,名曰"七站一专栏"。这些名目繁多的网站冲散了政府信息资源,除门户网和信息网作了一定的融合外,其他网站无法整合,原因是这些网站有的是国家统一建立,有的是省级统一建立,区县级部门无法协调,也无法有效整合政府信息资源。

四是政府信息公开遭遇保密和公开关系处理难题。调研组了解到,政府信息公开工作人员表示,他们经常会遇到一些具体的申请信息公开的情况,期间会涉及一些敏感信息,如三公消费、官员收入等,面对这个压力,他们觉得处于两难境地,很难做出合理、合法而又合适的回应。由于没有现成的法律法规和经验可资借鉴,每当遇到有关难点问题时,采取的对策往往是"强化向上沟通",即及时与上级部门汇报,听取意见建议,甚至邀请上级派人进行现场指导等措施,以确保试点工作的有效推进。然而,这种请示和沟通为主的工作方法,不仅行政成本高、效率低,而且由于存在不同管理机构及其负责人认识水平以及对不同地区实际情况理解把握能力方面的差异，因此难以保证相关敏感政务信息公开的规范性、严肃性以及后续结果的可控性。

五是电子政务平台建设中的历史与传承、投入与产出的平衡问题。本次调研中，一些起步较早、投入较多的县市都遇到电子平台建设的新旧系统衔接和兼容问题，导致了一些地方的投入产出不平衡。有些起步较早的地方在前些年投入了几百万、上千万甚至上亿元设计开发了具有自主知识产权的行政审批服务系统和电子监察系统，但随着试点改革推行，发现省市或者国家在推行新的电子政务平台和信息公开系统，导致前期投入还未到产出阶段就面临改弦易辙的命运，前期的投入无法产生实际效果。

六是电子人才储备缺乏、机构设置特点导致的人员管理难题。调研发现，目前各试点县市主要负责电子政务平台建设和政府信息公开的同志普遍年龄偏轻，70后、80后是主力，其中有很多是从学校以及其他机构借调来的。目前政务公开办公室的编制有限，而各地行政服务中心的人员编制情况非常复杂，有的是行政编，有的是事业编，有的是临时工编制，身份不明确、待遇不确定，加上工作中管理归属关系模糊，使这批人员的工作积极性不是很高，人才流动性大，人才流失率高。在试点地方，受人员编制、费用等的限制，有专业能力的人进不来，在编人员又不具备电子政务维护、管理能力，使电子政务系统长期顺畅运行受到影响。

五、深化政务公开试点改革的几点政策建议

针对调研中了解的基本情况和所发现的问题，课题组认为需要在以下方面作出调整和改进，以便更好地推进县级市的电子政务平台建设，更好地规范县级政府的政府信息公开，更好地开展行政服务和便民服务，更好地构建法治型、服务型基层政府。

(一)站在更高的层次上认识电子政务平台建设和政务公开、政务服务改革试点

要正确理解开展依托电子政务平台加强县级政府政务公开和政务服务工作的根本作用、主要途径和主要功能，理解加强电子政务平台建设是行政管理现代化和民主政治构建的基础性工作，是在信息化发展背景下更好地施政、行

政和执政的重要方式，对于公民来说是参与式行政和互动式行政的必要前提。在这个基础上，要重视这项工作的基础性、长远性和发展的可持续性，只有认识到位了，才能做到长远规划、顶层设计、系统联动、逐步贯彻。要消除“一阵风”的消极懈怠思想，要改变“一刀切”的大一统模式，要避免“一步到位”的政绩工程的认识，要吃透中央精神、摸准地方发展脉搏、对准地方百姓需求，做好体现本地特色、适合本地实际的改革策略，把本地的电子政务平台建设和政府信息公开、行政服务水平提高到一个新的水平。

（二）中央和地方要有合理分工，该统就统，该放就放，充分调动地方积极性和创造性

政务公开和行政服务作为现代政府的一个基本特征和主要工作内容，中央一定要大力推进，搞好统一部署，坚持统一标准，一以贯之地坚持。但对于各地的具体情况，则要充分尊重当地的实际情况和群众意愿，尊重地方的首创精神，给各地以自主创新的空间。为此，笔者认为，中央层面需要抓好建章立制、推进政府信息公开和电子政务服务法制化的工作，出台专门的政务公开法，出台电子政务平台的技术标准和指导规范，出台行政许可和审批等方面的法律依据等宏观指导性文件，为各地的政务公开和行政服务工作提供参照性标准和指导性规范。地方层面则主要进行组织实施，实施中可以结合自身实际情况和历史发展水平，根据中央和上级文件规定精神，做好政务公开和电子政务中的“必选动作”，同时，根据自身实际情况进行创新，完成优质的“自选动作”，做出特色，求得实效。

（三）完善政府信息公开及行政审批制度改革，建立健全信息公开和行政审批的配套制度

调研中发现，绝大多数单位都已经建立了政府信息主动公开制度和政府信息依申请公开制度，但在具体实践中，还未形成确定的制度和办法。很多民众认为还需要继续完善相关的制度，如建立政府信息公开责任追究制度、政府信息公开监督考核制度、政府信息公开保密审查制度；还有的希望建立政府信息发布协调机制、政府信息公开社会评议制度、政府重大决策听证制度等。这些制度的完善将会在很大程度上把政府信息公开规范化、制度化，为构建弹性的政府、回应性政府打下良好的基础。

(四)是推进政务公开与政务服务领域的整体性政府建设

一方面通过实行大部制来整合职能,理顺条块关系;另一方面在不同职能的政府部门之间建立起信息互通共享的工作机制。电子政务在推进整体性政府建设方面大有作为。首先,整合政府网站资源,提供“一站式”服务。政府网站建设到一定的时期,就应注重整合网络资源和信息资源,建设政府网站体系,形成由一个中心网站和若干个子网站组成的政府网站群,在统一规划、统一标准、统一标识基础上提供整合型信息和优质服务。这将有利于以用户为中心提供整合性服务;有利于减少重复建设和重复劳动,降低建设和维护成本;有利于推动跨部门跨地区信息共享和业务联动;有利于树立政府在公众中的新形象。建设政府网站体系,为公众、企业提供“一站式”服务,公众通过一个门户网站即可进入政府的所有部门,方便民众,更能展示服务型政府形象。其次要加强政府信息的及时性和政府网站内容的丰富性。目前政府网站的服务内容范围不够广,有用的信息少,更新滞后,服务项目覆盖面还不大,有待于进一步推广,反馈、举报、办事指南、办事规程等栏目有待进一步加强,网上办公、网上咨询也需完善。除此之外,各级政府网站应该依据“公开为原则,不公开为例外”的原则向公众公开所拥有的信息,包括政府决策信息、为社会服务信息、职能部门的业务信息、各类资源要素储备和分布状况信息以及各种规划与发展信息等,满足他们对信息的各种需求。同时,政府也应该特别注意提供信息的及时性与特色性,及时在网上发布本省(市)的发展概况、投资环境、政府的最新政策、工作动态、重大决策和重点工程建设情况等,保证社会公众对政府工作的知情权。再次,要完善政府门户网站的互动功能。仅仅在互联网发布法规、指南、政府机构等各种静态信息,是电子政务发展早期较为普遍的形式。现在,政府网站信息公开应由以往的“单方灌输”向与民众的“多方互动”转变,由以往相对静态的政策、法规宣传向解决更加动态的热点、难点、焦点问题转变,这是电子政务质量提高的一个显著标志。应广泛征集社会公众对政府工作的意见和建议,供政府领导作为科学决策的参考;对于关系民生的突出问题要加强政府与市民之间的交流与沟通,保障广大人民群众对政府工作的参与权与监督权。在实现互动性政务的基础上,最终实现网上事务处理,政府与用户在网上完成事务处理的全过程。最后,要统一信息发布平台,提高政务信息的易用性。借助现代信息技术,加强政务信息化建设,提高政务信息管理工作的信息化水平和服务能力,是电子政务平台的要旨所在。然而,实地调研中我们发现,作为信息发布主平台的政府网站,其发展呈现出复杂的情况。基本的态势是,政务信息化建设尤其是相关政府网站在经过大规模建设后,网站数量剧增,大量的政府信息被摊薄,分散在不同的政府信息网站上。这既增加了网站的运营成本,也给行政相对人获取相关信息带来了障碍。因此,电子政务平台不仅要向公民公布政府的职责和工作情况,更重要的是要以公众为中心,改变发布信息的侧重点。各级地方政府应该认真研究不同群体对相关政务信息的需求,依照用户知识层次、身份特征等,切实从服务的角度建设电子政务平台。另外,电子政务平台的建设不能忽视用户体验,在信息的载体和形式方面需加以创新,吸引更多人了解并合理利用政务平台。

(五)创新政府用人制度,加强人力资源开发,为电子政务平台建设和政府信息公开工作培养适用人才

针对当前电子政务人才缺口较大的问题,要创新当前政府用人制度,与现有的政府人才适用政策相结合,为政府相关部门录用和选派选用人才。建议地方政府将电子政务的专业需求与政府公务员招录、大学生村官选拔等制度结合起来,让大学生村官同时兼任乡镇信息员和乡镇行政服务终端维护人员,通过录用大学生来实现人才资源的供给。同时要大规模地组织培训,提高相关人员对电子政务平台的使用、维护以及相关工作所需的技术和计算机操作水平,确保依托电子政务平台开展政府信息公开和行政服务所需的技术能力和操作技能得到普及。

(六)构建多维度、立体化的经费和技术保障机制

首先,关于经费支持和保障机制。依托电子政务平台开展政府信息公开和行政服务都需要有相应的经费投入和技术支持,要在全国范围内开展电子政务和电子化的行政服务,必要的硬件投入是必不可少的。目前一些较为贫困的地区对这笔经费难以保障。建议将电子平台建设和运行的费用列入正常的财政开支项目,给予必要的财政经费支持。其次,关于立体技术保障机制。要着眼于完善网络环境,构建多维度立体技术保障机制。第一要尽快完善网络的技术环境,其中最需要引起重视的是政府网站的信息安全问题。由于政府信息资源的可靠性决定了政务公开的质量和公民对政府部门的信任程度,因此构建完整的国家信息安全体系是政府网站正常运行的保障,是网站技术不断开拓与创新的关键。第二要通过技术的提升来节省成本,实现政务公开的预设目标。如浙

江永康市把数字电视政务频道建设作为实施政务公开“入户工程”的主要抓手，以实现“信息直接从电子政务平台抓取及时更新”为目标，编制了实施数字电视信息化平台系统方案和项目实施计划，根据有线数字电视用户人口覆盖率达98%的实际，提出并积极实施建设数字电视政务频道的构想，充分利用了先进技术的优势，取得了节约成本、方便群众和普及覆盖的多重效果。

（七）加强内部监督机制和外部评估机制的建设，重视解决本项工作的动力和阻力问题

政务公开试点改革工作在实践中往往会遭遇“两头热中间冷”，领导重视、外部高调但内部却往往会有消极抵抗的情况发生。为此，有必要强化监督机制和评估机制的建设，强化压力和动力。首先，要充分利用好当前同步建设的电子监察系统，充分发挥电子监察和内部监察的积极功能，对政务公开和行政服务的工作进行全过程、全天候的监控，确保相关工作按照规定的制度进行。其次，定期进行监督和督促。目前，有些地方在省级行政部门的推动下，开展试点工作的达标验收和优秀评比工作，对当地的电子政务平台建设和政府信息公开工作的促进效果很明显。必要时可以组织全国范围的达标验收和优秀评选活动，以督查促成效。最后，建立科学有效的外部评估体系，如建立当地民众的群众满意度测评、委托第三方进行专业评估等，加大外部评估动力和压力。

参考文献

[1]胡仙芝:《政务公开与政治发展研究》,中国经济出版社 2005 年版。

[2]周汉华主编:《我国政务公开的实践与探索》,中国法制出版社 2003 年版。

[3]风笑天:《社会调查中的问卷设计》,天津人民出版社 2001 年版。

[4]徐家良:《政府评价论》,中国社会科学出版社 2006 年版。

[5]联合国开发计划署评估办公室编,国家科技评估中心译:《计划管理者手册:面向结果的监督与评估》,科学出版社 1999 年版。

[6]范柏乃:《政府绩效评估与管理》,复旦大学出版社 2007 年版。

[7]段龙飞:《我国行政服务中心建设》,武汉大学出版社 2007 年版。

[8]赵永伟、唐璨:《行政服务中心理论与实践》,企业管理出版社 2006

年版。

[9][美]史蒂文·科恩、罗纳德·布兰德:《政府全面质量管理》,中国人民大学出版社2002年版。

[10][美]拉塞尔·M. 林登著,汪大海、吴群芳等译:《无缝隙政府——公共部门再造指南》,中国人民大学出版社2001年版。

[11][美]B. 盖伊·彼得斯:《政府未来的治理模式》,中国人民大学出版社2011年版。

[12]王维博:《县政是中国政治“稳定器”》,《中国新闻周刊》2010年12月16日。

[13]鲁宁:《“国政”之基在“县政”》,《四川日报·天府新论》2009年8月6日第10版。

[14]胡仙芝:《历史回顾与未来展望:中国政务公开与政府治理》,《政治学研究》2008年第6期。

[15]胡仙芝:《政务公开提升政府公信力》,《瞭望》2012年第10期。

[16]胡平仁:《政策评估的标准》,《湘潭大学学报》(哲学社会科学版)2002年第3期。

[17]胡仙芝、方宁:《无缝隙政府与行政服务中心》,《理论探讨》2013年第2期。

[18]胡仙芝、余茜:《构建政务服务体系　提升行政服务能力》,《中共石家庄市委党校学报》2013年第5期。

[19]杨园:《四川政务服务中心的功能特色与发展对策研究》,四川大学,2007年5月。

[20]伏媛媛:《基层政府政务服务中心的建设研究》,中央民族大学,2011年4月。

[21]贺春兰:《龙泉驿区政务服务中心发展模式研究》,西南交通大学,2010年11月。

[22]梁洁:《政务服务中心建设存在问题及对策研究》,内蒙古大学,2011年6月。

[23]寿志勤、郭亚光、高勋炳:《省级地方政府政务公开绩效评估管理创新——安徽的实践》,《中国行政管理》2012年第12期。

[24]丁波涛:《政府信息公开的成本效用分析》,《理论与探索》2007年第6期。

[25]中国行政管理学会政务公开课题组:《中央政府政务公开研究报告》,《中国行政管理》2005年第11期。

[26]刘嘉音、臧忠鸣、潘旭山、杨立娟:《中国公共政策评估理论的基本问题研究》,《科学与管理》2007年第3期。

[27]杨小云:《湖南省县级政务公开的实践》,《中国行政管理》2007年第5期。

[28]肖振涛:《我国县级政府政务公开存在的问题及对策》,论文,郑州大学,2012年。

[29]罗依平、胡慧:《论政务公开与县级政府决策体制优化》,《内蒙古社会科学》(汉文版)2010年第11期。

[30]孙远太:《县委权力公开:县级权力透明运行的必然选择》,《领导科学》2012年第11期。

[31]曾信祥:《以政府网站建设助推政务信息公开》,《重庆行政·公共论坛》2012年第5期。

[32]雷蕾、刘智勇:《我国政务公开研究述评》,《成都行政学院学报》2012年第3期。

[33]梁亚静、李长青、杨菁:《加强政务公开对预防政府官员腐败的意义——基于博弈论视角的解释》,《内蒙古工业大学学报》(自然科学版)2012年第1期。

[34]何勇:《扎实推进政务公开工作——为推动科学发展促进社会和谐服务》,《中国监察》2012年第16期。

[35]李延婷、刘吉昌:《浅析地方政务公开存在的问题及其对策》,《商业经济》2012年第6期。

[36]李伟:《实行政务公开是法律化的政府义务》,《实事求是》2012年第5期。

[37]江艾桐:《政务公开中的权力制约与公民权利保障》,《理论观察》2012年第4期。

[38]陈文清、廖廷辉:《关于建立政府绩效管理制度基本框架的思考》,《中国行政管理》2009年第9期。

[39]潘小娟:《对我国政府绩效管理立法的思考》,《理论探讨》2009年第4期。

[40]单国俊:《政府绩效管理地方立法探析——兼评〈哈尔滨市政府绩效管

理条例〉立法特色》,《中国行政管理》2010 年第 3 期。

[41]于秀琴、陈通、李贵炳:《第三方测评政府绩效的群众满意度模式研究——以中国烟台市为例》,《中国行政管理》2009 年第 4 期。

[42]安徽省政务公开绩效管理实证研究课题组:《安徽省政务公开绩效管理实证研究》,合肥工业大学管理学院,2011 年。

[43]张劲松:《论行政权力行使过程中政务公开机制的重构》,《学习与探索》2009 年第 2 期。

[44]王甲:《新公共管理、无缝隙政府和整体性治理三种范式下整合功能的异同分析》,《理论界》2011 年第 1 期。

[45]付耀华:《"无缝隙政府"理论视角下我国服务型政府的构建》,《云南行政学院学报》2011 年第 3 期。

[46]汪大海:《顾客社会与无缝隙政府》,《中国行政管理》2002 年第 3 期。

[47]王莹、马斌:《无缝隙理论视角下的政府再造》,《理论导刊》2002 年第 12 期。

[48]郁建兴、吴福平:《"无缝隙政府"的实践与思考——以玉环县为例》,《中共浙江省委党校学报》2003 年第 3 期。

[49]刘斌、孟维、刘子惠:《无缝隙政府理论的改革与实践》,《沈阳大学学报》2006 年第 6 期。

[50]胡仙芝等:《关注与探索:行政服务机构的建设方略》,《中国行政管理》2005 年第 11 期。

区域经济一体化与行政管理体制改革研究：以环渤海地区为例*

* 出自2012—2013年度中国行政体制改革研究会行政改革研究基金资助课题“区域经济一体化与行政体制改革研究”。课题组负责人：柳新华，鲁东大学副校长、教授；执笔人：徐昱东，鲁东大学商学院。

一、序　论

回顾我国自改革开放以来的经济社会发展历程,中央对地方政府的"分权"激发了地方政府发展潜力、经济活力的同时,地方"割据"、地方壁垒等所谓本位主义现象的负面影响一度十分严重,主要表现在省一级行政区之间。但随着经济社会的迅猛发展,突破省级行政区限制的区域经济集团化和一体化趋势日益明显,单个省级行政区之间的竞争与包括若干个省在内的区域经济集团之间的竞争开始变得非常重要,"分权促进增长"的逻辑在更大范围的区域间展开。此时,对区域经济一体化方面的"后发"省份而言,在面临省与省之间竞争的同时,也必须直面区域经济集团层面的竞争。如何运用区域经济一体化与集团化的潜力,最大限度地增强自身实力以在日益激烈的竞争中达到自身的目标,成为各省尤其是"后发"省份必须面对的重大课题。而在中央层面,包括区域经济一体化在内的区域一体化,毫无疑问也是我国应对后金融危机时代、进一步释放经济发展潜力的有效战略,是我国新一轮经济增长的重要助推力。但上述"中国式分权"造成的行政区经济使得各地方过多关注辖区经济发展,对区域经济一体化潜力的释放始终是一种桎梏。如何看待、分析这种区域经济一体化与行政区经济之间的矛盾关系,寻求解决之道,受到了官产学研各界的重视。本研究报告就是在上述背景下展开的。

与以往研究不同的是,我们是从经济体制改革与行政管理体制改革互动关系的角度研究行政管理体制改革问题的。上个世纪 80 年代以来的中国行政体制改革并不是完全自主地按照行政管理体制发展的自身规律或自身内在逻辑展开的,在很大程度上,行政管理体制改革的任务是由经济体制改革提出的。随着经济体制改革最终确立建设社会主义市场经济体系的目标,如何尽快适应经济体制改革的要求,改变政府职能履行过程中普遍存在的角色错位现象,就自然而然地成为行政管理体制改革的核心议题。同时,市场化改革是一个制度创新过程,在市场主体、社会组织和政府等诸多创新主体中,政府在制度创新上拥有特殊的优势。特别是,在政府主导型发展模式中,在中国放权改革的过程中,中央政府有意调动地方政府推进体制改革的积极性,而地方政府又是一个拥有相对独立利益和意志的行为主体,无法完全按照中央政府的预期行事,甚至会有意识地利用中央的期待和放权去实现自己的目标,因而地方政府在制度创新过程中扮演的角色往往随着与中央博弈关系的变化而有所改变和调整。那么,如何通过推进行政管理体制改革来真正达到经济体制改革的目标呢?以往的研究存在一些不足,大致可分为两类,一类是谋求在中央和地方(省级行政区)之间架设一新的行政层级,统筹规划所辖区域的各类事务;一类是强调只有根本转变政府职能、建设服务型政府才能促进区域经济一体化发展等。本课题组认为,前者徒增行政成本和设租寻租等腐败行为。后者目前在发挥地方政府推动经济发展的前提下,在社会中间性组织发育不足的情况下无法真正展开,需要寻找新的突破口,需要在市场经济发展与行政管理体制改革互动的逻辑中探讨行政体制改革的逻辑。[①] 因此,我们提出以提升地方市场化水平进而促进市场一体化建设为突破口,为包括市场制度在内的制度一体化打基础,并通过制度一体化,达到基础设施一体化和产业结构、经济政策协调发展的区域协调发展的最终目的。据此进路设计出一系列兼顾长中近期的政策措施和建议。

研究框架如图 4－1 所示:

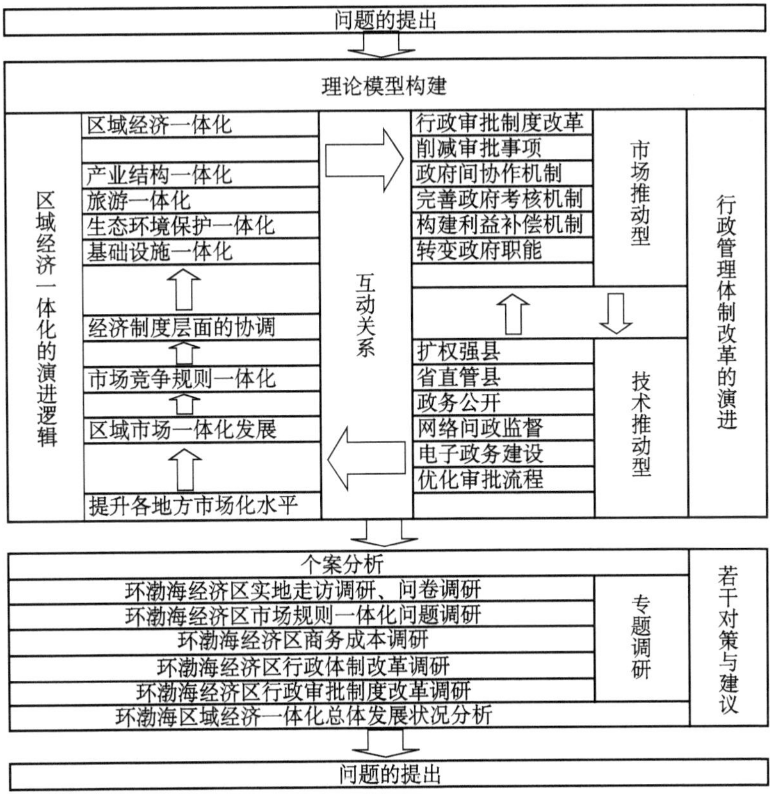

图 4－1　研究总体框架图

① 改革开放以来,中国社会的制度变迁本质上是政府和市场的边界不断调整的过程。政府逐渐退出一些经济领域,企业、市场和公民获得相应的自由和权利。见马光远:《行政审批改革是政府与市场边界的实质调整》,《每日经济新闻》2012 年 12 月 6 日。

二、区域经济一体化与行政管理体制改革关系研究

行政区是国家为进行政治统治和执行行政管理职能而设立的,其形成具有历史、地理、政治、经济以及自然条件等多方面原因,而且一经形成就具有相对稳定性。经济区是根据经济发展的客观规律和自然经济联系趋向性表现出来的界线划分,是按照经济内在联系和社会发展需要而形成的在生产、流通等方面紧密联系、互相协作、集聚性强和地域特点突出的地域经济综合体,其发展的基本要求就是提高市场的关联程度,建立统一市场,使生产要素在区域范围内自由流动,达到资源的自由配置和优化整合。在我国当前市场经济发展还不充分的情况下,政府的职能还存在较多的计划经济色彩,所以在行政区划和经济区域不一致、而行政管理又以行政区政府为主的情况下,不可避免地存在一些行政管理方面的体制障碍,如行政区政府职能转变不到位妨碍统一市场的建立,"块块"之间的经济联合被"条条"的行政管理束缚,行政区政府管理经济与经济区域内部的调节机制产生矛盾等。

经济区的形成符合经济发展的同质性、关联性和管理与理性的要求,能大幅增加集聚效应。但我们也应看到,行政区域的连片发展必然受到传统行政区划的诸多限制。因为发展经济也是行政区政府的传统职能,地方利益的保护也是行政区政府不自觉的本能。利益取向的不同和行政的地理分割,使区域整体规划发展难以在区域经济体内部有效地贯彻实施,削弱了区域协调发展力度和整体经济水平,从而难以发挥区域经济发展的内在优势。

因此,需要改革行政管理体制以促进区域经济发展。从一般意义上讲,按照自然地域经济内在联系、商品流向、民族文化传统以及社会发展需要而形成的具有地方特色的地域经济综合体的形成和发展需要政府的扶持。当经济区与行政区不一致的时候,政府如果采取转变行政管理职能的办法,减少对经济的干预,不妨碍区域经济的发展;或者做出新的制度安排,建立区域经济管理部门和机制,把部分经济职能从行政区转移到经济区的管理部门,在逻辑上就可以达到顺利推进经济区持续发展的目的。问题是如何突破藩篱有效地保障行政管理体制改革适时而又较为顺利地推进。

从相关研究文献来看,可将目前围绕区域经济一体化与行政管理体制改革的国内研究划分为三大类,一类是在区域经济一体化的视域下探讨行政管理体

制改革问题，另一类是在行政管理体制改革的背景下探讨区域经济一体化问题，最后一类则是围绕二者之间的关系展开分析和讨论。在综合研究上述文献的基础上，课题组认为，行政管理体制改革大都是在以技术推动的行政管理体制改革和市场推动的行政管理体制改革两个维度①上展开的，区域经济一体化与行政管理体制改革之间存在密切的互动关系，具体地说，经济主体包括企业、居民和各级政府等对区域经济一体化潜在收益的追求，是行政管理体制改革的根本动力；而行政管理体制改革的适应与否则对区域经济一体化形成激励或制约作用。换句话说，行政体制与区域经济一体化发展之间的矛盾运动关系决定了行政管理体制改革发展的阶段和历史，区域经济一体化的每一个发展阶段也都在不同程度上体现历次重大行政管理体制改革的成果。

如何更有效地使区域经济一体化与行政管理体制改革之间的良性互动关系维系下去的问题，已经引起社会各界的关注，上述研究成果均与此相关。但既有研究的实际社会效果并未达到预期目标或者说并不理想，原因在于既有研究的许多成果要想真正发挥作用需要一些目前现实还不具备的条件，需要创新行政管理体制改革以适应并引导区域经济发展。

创新行政管理体制的突破口在哪里呢？就国内新近的一些政策制定、学术研究动向来看，也开始关注区域协调发展实施过程中将会遇到的关键问题，如2005年《中共中央关于制定国民经济和社会发展第十一个五年规划的建议》提出，实施区域协调发展总体战略，需要建立健全市场机制、合作机制、互助机制和扶持机制。其后，学术界对区域协调发展机制的关注逐渐增多。但是，已有研究成果基本上是对这四个机制的原则性解读，深化或者超越国家所提出的上述四个机制的研究成果不多见。其中，彭荣胜(2007)探讨了区域协调发展的市场机制、微观组织机制和空间组织机制，对区域协调发展机制做了一些新的拓展。有学者则认为，“促进区域协调发展无非是两种机制在发挥作用”，一个是

① 课题组根据推进行政体制改革的动力之不同，将行政体制改革划分为两大类，即技术推动型的行政管理体制改革与市场推动型行政管理体制改革。前者主要是指在新的信息、通讯技术大发展背景下，相关管理要素发生了一系列重大变化，如管理层级可以缩减、管理幅度可以大幅增加、信息共享范围和共享可能性大幅增加、行政成本可以大幅降低等，使得既有的科层管理体制有可能朝着扁平化方向发展，相应的行政管理体制发生的变革，如“乡财县管、扩权强镇”“扩权强县”“省直管县”等改革，可称之为偏重技术推动型的改革。后者主要是指在原来计划经济体制向市场经济体制转变过程中，行政管理体制需要不断适应经济体制改革和市场经济发展需要、不断释放经济发展潜力的需要作出一系列适应性变革。这类改革主要以转变政府职能、建立公共服务型政府等形式表现出来。像开发区、综合新区行政体制改革、深圳综合配套改革、地方政府“大部制”改革，等等。

市场机制，另一个是政府作用的机制。另有学者提出要完善市场竞争体制，促进跨区合作治理和优化中央协调机制。安树伟，肖金成等学者的主张最接近问题的核心，“从区域利益补偿机制、利益相关者的信息沟通与协商机制、激励和约束机制、合作机制、合理的绩效评估和政绩考核机制等方面入手，构建区域协调机制”。但很遗憾的是，并没有展开。[①] 事实上，在“十一五”时期，尽管国家提出了要建立健全区域协调发展的市场机制、合作机制、互助机制和扶持机制，但是，在国家有关文件中对于这四个机制仅做了原则性阐述，无论在机制的具体内容还是其完整性、系统性等方面仍然有诸多问题没有解决。而已有的学术研究成果并没有针对这些问题进行深入研究。也可能正是因为这个原因，国家发展和改革委员会地区经济司把“积极完善区域协调发展的体制与机制”列为“十二五”时期促进区域协调发展的重要任务之一。

综上所述，课题组分析认为，区域协调有效性的基础是市场一体化，然后，一体化的主要进程应按照以下顺序演进，即基础设施一体化——产业层面的一体化——经济政策层面的一体化——区域经济一体化，最后扩张到其他领域的区域一体化。[②] 在整个过程中，影响基础设施等后续一体化的主要因素就是前文述及的利益补偿和利益协调问题，如果协调得好，其他一体化就会顺利展开。该如何让地方政府关注这种利益补偿而不会被其“绑架”，这需要转变地方政府官员的考核机制，关注制度建设而非 GDP 等经济指标。再回到起点，如何推进市场一体化呢？尽管 1978 年以来尤其是 1992 年春天以来我们启动了市场化改革，但市场化取向的改革并不等于市场一体化，市场化更多反映出行政区经济增长的原因，而市场一体化将更多地被用来解释区域经济增长。因此，市场化是市场一体化的基础，是区域协调发展的基础的基础。按照从经济体制改革与行政体制改革互动的逻辑探索行政体制改革的思路，我们将会发现，行政体制改革的突破口即行政审批制度改革[③]，因为通过这类改革可以减少政府对经

① 但此类研究与本研究的利益补偿问题的前提条件是不同的，其过分强调行政手段，具体实施起来涉及利益调整的难度更大，这可能也是目前上述政策或研究未能有效接续的一个重要原因。

② 课题组对按照上述顺序展开的一个解释是这样的：市场一体化完成后影响经济主体交易成本的直接因素就是交通、通讯等基础设施，随着时间的延续，经济要素就发展经济而言会自然而然地出现一个合理的空间布局、产业的布局以及产业结构的形成和动态化发展，这需要区域间协调；产业层面协调会带动经济其他领域的协调，最终会带动社会等其他领域的协调。

③ 这也就解释了为什么中央政府自 2001 年以来已经有七次提出推进行政审批制度改革，最近一次是新一届政府第一次提出，推行力度较大，从目前看不少地方已经取得不小成就，但总体状况如何，有待进一步观察。

济的干预，直接提升地方经济的市场化水平，这是在当前制度框架约束下所能做的最基础性的工作。

推进各省的市场化水平进而后发区域经济集团内的各省区能够利用区域经济一体化效应增强自身竞争力的逻辑进路，要求首先研究区域内各省以指数表示的市场化水平，市场化是发挥各自优势的前提，对提升竞争力至关重要①；然后挖掘市场化水平存在差异的原因，进而寻找地方政府推动的行政管理体制改革措施与这些差异存在的内在联系，从而使行政管理体制改革有的放矢。最重要的是，这项工作能为有效解决集体行动问题做有益的准备，比如，在上述分析过程中，区域内某省可能会发现有利于自身发展的"选择性激励"，就可能率先发起有利于整个区域集团的行动等。总之，围绕这种进路的工作，可能是搭建有效推进行政管理体制改革整体框架的前提。因此，在省级地区层面各自充分发挥市场机制的潜力是推进行政体制改革的阶段性目标。

由以上论述可知，通过推动区域经济一体化进而提升各地区(以省为例)竞争力的核心在于构建有效的行政绩效考核机制及其辅助机制，从而使地方政府官员行为的激励约束条件朝着有利于提升地方市场化水平乃至区域经济一体化水平的方向改进。目前这方面的研究鲜有涉及。该框架的要点在于以下三个方面：首先是市场化水平的测度问题，其次是如何将之有效纳入地方政府官员考核机制的问题②，最后是相关地区在提升市场化水平的过程中利益遭受损失后的补偿机制问题。上述要点中的难点在于最后一点。在该点的制度设计上，课题组参照欧盟、世界贸易组织(WTO)框架内地区间、国与国之间的经济利益争端解决机制，结合国内政治体制的优势进行相关组织安排。

① 提升市场化水平的过程与提高区域协作发展水平的过程，在本研究看来是一致的，因为处理行政区域和经济区域关系的实质是处理好不发达行政区域与发达行政区域的关系。一般地说，发展比较差的行政区域容易搞封闭，因为怕一开放，发展好的地区就会把自己的经济冲得落花流水，或者把自己的好处都捞走了。其实，越封闭越落后，先进的技术进不来，好的要素进不来，市场也打不开，最终必然是复制落后，难以为继。不发达地区要敢于打开自己的门户，向发达地区开放，通过开放凸显自己的优势，同时借助发达地区的优势来发展自己。这是一种借势开发，借发达地区的技术、管理、人才、资本甚至资源发展自己，看似吃亏了，实际上是一种双赢。所以，无论是不发达地区还是发达地区，都要积极打开市场，让人财物充分地、无障碍地流动起来，而这种流动也就是区域协作了。(范恒山，2007)

② 将市场化指数纳入地方政府官员的考核体系只是一个过渡，比市场化指标更重要的是市场一体化水平。本研究(这里)以市场化指数为例来研究。

三、环渤海区域经济一体化发展状况及问题分析

改革开放以来,我国的珠三角和长三角地区大力引进外资,经济实现快速增长,使得这两个地区成为我国参与国际竞争的核心,同时也构成了带动我国整体经济增长的两个"极点"。20 世纪 90 年代中期以来,在全球生产要素"东移"趋势继续加强的同时,我国改革开放的中心逐渐"北上"。"东移"和"北上"这两种趋势的共同作用使得越来越多的人把目光聚焦在环渤海地区。环渤海地区已成为继珠三角和长三角之后我国经济增长的第三极,这三大区域被喻为实现中华民族伟大复兴的"三驾马车"。与之相伴随,"环渤海经济圈""环渤海经济区""环渤海都市圈""环渤海城市群"这样的概念不断被提起。但环渤海地区各省市的经济发展水平以及区域内地方政府协调发展的水平与长三角、珠三角两个区域相比落后很多,理论界对之的关注和研究也不及对长三角和珠三角的热情高。为了改变这一不利于环渤海地区发展的现状,课题组在多年来对环渤海地区的研究基础上决定选择环渤海地区的若干地区为例来研究推动环渤海区域经济一体化向前发展的良策,以期抛砖引玉。

国内大多数学者都是从一个很概括和指导性的角度来讲述环渤海经济一体化的。① 又因为京津冀是这一地区城市群最为密集的地区,也是环渤海区域的核心地带,因此,目前就环渤海经济区本身的研究之外,对这一地区关注最多的是京津冀都市圈(或称京津唐都市圈、大北京都市圈、首都经济圈)②。

与国内的珠三角区域和长三角区域相比,虽然由京津领衔的环渤海经济区早在 1986 年就成立了,是中国最大的工业密集区,但现在已滞后于珠江三角洲和长江三角洲的发展。而且,上海之于长江三角洲、广州之于珠江三角洲,都产生了显著的"正拉动"效能,而京津对于环渤海则是"负拉动",从这一地区抽取资源与资金,却没有反哺区域经济。珠江三角洲和长江三角洲走向了良性循环,环渤海地区却相反。近年来,京津两市在区域合作方面做了大量的工作,但

① 可参见陈秀山、孙久文(2005)的著作《中国区域经济问题研究》,肖金成(2007)的文章《环渤海地区经济合作面临的机遇与挑战》,王永青(2005)的文章《推动环渤海区域经济一体化的现实选择》。

② 京津冀都市圈区域规划的范围包括北京、天津两个直辖市以及河北省的石家庄、唐山、秦皇岛、保定、张家口、承德、沧州、廊坊八地市。北京、天津和河北的八个城市地缘相连,各种优势集中,相互依存度高,互补性强。

从区域协调发展方面考察其收效尚不显著。京津冀都市圈还存在京津两市定位不明确、区域性基础设施网络尚未形成、生态环境压力大等主要问题，更为重要的是，区域经济一体化进程相对缓慢，虽然有了一定的基础，在一些领域的合作上取得一定进展，但总体上看，与珠三角和长三角相比，略显松散，还不够紧密。珠江三角洲是中国最早进行改革开放的地区，具有明显的体制优势。长江三角洲由于地理位置邻近，又有长江通道和水系贯通，在历史上经济联系就很密切。更重要的是来自政府的推动，和完全属广东省的珠江三角洲不同，长江三角洲十五城市分属三个省市，但三地高层互访频繁，已在交通、旅游等领域展开合作，浙沪苏交通主管部门积极推进省际公路接口的无缝衔接工作，一个现代化的长三角“三小时高速网络都市圈”已雏形初现。与之相比，京津冀之间的融合还没有进入实质性阶段，劳动力、人才、资金、技术等生产要素还没有很好地流动起来。京津冀都市圈体制性和结构性障碍比较明显，区域间的竞争大于合作。除了产业结构雷同、区域内产业链联系不够紧密之外，国有和国有控股占规模以上企业比重大，市场化程度不高，市场机制作用不充分，也是导致区域经济一体化进程比较缓慢的主要原因。因此，我们常见到以下的分析评论：京津区域内的内在产业链联系不够紧密；京津对河北的辐射带动作用还很不足；北京市大部分科技成果转让到京、津、唐以外的地区，北京强大的研发成果没能近距离扩散；京津冀地区是很典型的二元结构，城市之间经济差距很大，中小城市不发达，没有很好的配套条件，核心城市的能量很难辐射和发散出来；等等。在本研究看来，这些都是市场化程度低、市场机制作用不充分的结果或最终表现。正是因为该地区行政干预力量过大，才导致市场机制的力量难以彰显，应转变思路，加大对如何更好发挥市场机制的作用的研究力度。

四、环渤海地区区域经济一体化与行政管理体制改革调研

根据我们提出的研究框架，结合当前区域经济一体化与行政管理体制改革的状况，课题组组织科研力量，围绕市场规则、商务成本、行政管理体制改革总体绩效评价、行政审批制度改革等四个关键方面设计问卷，选择有代表性的受访者进行调研，回收问卷，进行统计分析，提出若干政策建议，前后历时逾半年，

走访环渤海地区多个地市，总体上看，能达到研究的预期目标。“专题调研”部分分别就上述方面进行扼要说明和分析；另外，在“个案调研总结”部分，将对我们围绕行政审批制度改革实地走访调研时发现的一些典型做法和经验以及不足等做扼要分析。

（一）专题调研

1. 环渤海地区市场规则一体化问题调研分析

环渤海地区正处于区域经济一体化进程中，区域经济一体化的根本基础是市场一体化，因此，建立环渤海地区共同市场是实现区域经济一体化的基本要求，也是实现其他领域一体化的桥梁和纽带。同时，随着经济的全球化、区域经济集团化的发展，制造类企业尤其是传统的制造类企业面临着竞争日益激烈复杂的市场环境，它们迫切需要根据企业自身情况寻找合适的发展战略，以保持、提升竞争优势，而企业将创新作为获得竞争优势的策略运用到企业竞争中的重要方面就是制造创新。

本部分研究旨在环渤海地区共同市场背景下，以环渤海地区制造类企业为对象，探讨共同市场规则、制造创新以及企业绩效之间的关系，从而在总体的角度，分析环渤海地区市场规则的总体状况，为区域经济的市场一体化建设提出建议。

以环渤海地区工业企业作为调查对象，采取方便调查的原则，对环渤海地区中各类工业企业发放调查问卷，展开问卷调查，主要采用现场发放、委托他人发放和通过电子邮件方式发放问卷三种方式。受访人主要是企业的中高层管理者，包括董事长、总经理、部门经理、车间主管等部门负责人。本次调查共发放280份调查问卷，将问卷回收后，对问卷进行汇总，剔除无效问卷。无效问卷主要包括问卷填写不完整、调查企业不符合本研究调查条件、问卷填写存在明显错误和问卷数据缺失量太大等情况的问卷。最后本次调查总共回收有效问卷199份，剔除14份无效问卷，回收率为66.07%。[①]

本次调查的企业主要分布在山东省、辽宁省、北京市、天津市和河北省等三

① 本研究的有效样本是166个，受时间和工作量限制，本研究的样本量较少，但已经满足了本研究实证研究的基本要求。另外，本研究的研究对象为环渤海工业企业，样本限制较为严格，研究范围较小，由于不同地区、不同行业的实际情况存在差异，我们的研究不能代表中国企业整体的现状，本研究的研究范围仍需扩大并进一步完善。

省二市。根据回收后的有效问卷，本研究对所调查企业进行样本描述，主要描述包括企业的性质、所处行业类型、企业的员工人数和企业的年销售额方面。问卷中还涉及问卷填写者的职务、年龄和受教育程度等基本信息。

从所调查企业的性质来看，样本以民营企业为主，占总数的 31.25%，其次是国营和合资的企业所占比例，分别占总数的 28.12%和 9.37%。样本反映出相对于长三角和珠三角，环渤海地区国有企业的比重要大得多这一基本事实。从企业所属行业类型来看，样本以技术密集型企业为主，占总数的 43.75%；其次是劳动密集型，占总数的 34.37%，接下来是其他类型的企业，占据 12.5%；占据比例最小的是资本密集型，占 9.37%。从企业规模来看，样本 1～50 人的规模占总数的 25%，51～200 人与 201～500 人均占 18.75%，1 000 人以上的占据比重最大为 34.37%，501～1 000 人的比重最小为 3.12%。从企业的销售额来看，样本销售额以 5 000 万元以上的比重最大，达到 53.12%。

针对该部分研究的问卷分为三部分：共同市场规则、制造创新和企业绩效。共同市场规则问卷是笔者根据国内外学者对市场规则的理论研究，结合研究对象的实际情况，按照问卷设计原则设计的。制造创新和企业绩效问卷是根据以往学者对创新、绩效量表的研究，结合研究背景，对已有量表的修改得出。本研究的问卷需要根据收集的数据进行因子分析，对量表进行修正和调整。本研究使用 SPSS17.0 对三部分的量表分别进行因子分析，根据分析结果，结合实际情况对量表进行修正，在此基础上对量表的信度和效度进行分析，以验证量表的有效性。限于篇幅，具体分析过程不在此赘述。研究结果表明：环渤海共同市场规则对工业企业的制造创新产生影响，而且市场规则的不同层面对制造创新的影响是不同的，相对而言，劳资关系方面的规则和政府干预市场方面的规则对工业企业创新的影响更为显著；同时，工业企业进行的制造创新活动对绩效的不同方面产生的影响也是不同的，工业企业的组织创新和技术创新从不同途径对工业企业的最终绩效发挥影响作用。

鉴于政府是市场经济中非常重要的主体，而且有效的政府调控能够弥补市场机制的固有缺陷，能够在不影响市场机制正常发挥的情况下提高市场效率，综合课题组研究结论，课题组提出对环渤海地区政府建设的以下几个方面的建议。

首先，应加快建设服务型政府、转变政府职能的步伐。研究表明，环渤海地区地方政府对经济干预还是处于过多的状态，各种行政和贸易壁垒较为严重地阻碍了环渤海经济的发展以及一体化进程的推进。与其他类似研究近似，政府对市场经济的干预对企业进行的各种创新活动能够产生显著影响，因而能够显著地影响企业的绩效。因此,转变地方政府职能、建立公共管理型政府对促进环渤海地区经济的发展非常重要。政府职能的转变不仅涉及多种利益的重新分配,还涉及政府本身的革命。[①] 地方政府不能一味追求自身经济利益,展开恶性竞争以争夺各种生产要素,以损害区域利益为代价来获得自身发展。区域内需要规范地方政府之间的竞争,建立良性的市场秩序,以保障经济的稳定发展。[②] 另外,地方政府要调整其职能,实现向公共管理型政府的转变,加强基本制度建设,为企业提供统一的制度和政策环境,推进区域经济一体化。基本制度建设包括:区域内营造统一协调的政治经济环境;加强政府宏观调控,提供公共产品和服务,在不损害市场机制效率的同时,弥补市场机制的缺陷;调节税收制度,保证收入的公平分配;反垄断,干预自然垄断行业的发展,建立公平竞争的市场环境。

其次,完善劳资规则,理顺劳资关系。在企业拥有的诸种资源中劳动力无疑是最重要的,围绕人力资本的大量研究已经发现其对于经济增长存在显著的影响。从我们的调查分析也可以发现,劳资规则能够显著地影响企业的创新活动,影响企业的发展。劳动力的流失会直接影响企业的生产活动。良好的劳资关系是企业稳定发展的基础。2008 年国家颁布实施的新劳动合同法是企业改善劳资关系的重要抓手,富有远见的企业领导人已经开始在更高层次上展开人力资本的争夺战。

最后,统一的市场规则对推进区域经济一体化具有指导性作用。统一区域内规则是区域内建设统一市场的必然要求,是完善制度建设的突破口。环渤海统一市场的建立是以建立统一的市场规则为基础的。可以欧盟的经验为借鉴,制定允许各种生产要素在市场上自由流动的规则,以降低政府对经济的干预为前提,以地方政府和民间各类部门共同参与为保障,积极构建环渤海一体化的制度基础。

2. 环渤海地区商务成本调研分析

从目前国内外情况来看,对商务成本的研究仍处于较为初级的阶段。相对于国外[③],国内更多的研究是对劳动力成本、通讯成本等单一成本的统计分析,

---

① 刘志彪、郑江淮:《长三角经济增长的新引擎》,中国人民大学出版社 2007 年版。

② 刘志彪、郑江淮:《冲突与和谐:长三角经济发展经验》,中国人民大学出版社 2010 年版。

③ 关于国外对商务成本的研究及应用,参见李健的硕士论文《商务成本及对区域经济发展影响的研究——以长江三角洲为例》,华东师范大学,2004 年。

从商务成本角度进行分析研究则较少。从目前相关研究来看,商务成本内涵上主要指企业商务经营活动中使用生产要素、享受专业化服务所支付的费用,从对企业直接或间接影响关系而言可分为硬成本和软成本两部分。硬成本主要包括地价、厂房租金、办公楼租金、工人工资、白领和管理人员薪水、税金、通讯费、交通费、水电费和城市日常生活费用等;软成本是生产经营中为所需公共服务而支付的交易费用,属于间接成本,主要包括市场、法律、信用等体系的完善程度,政府的行政效率和宏观政策、发展目标的透明度,教育、科技、文化的发展水平,城市功能完备情况、居住适宜度、企业所在城市国际化程度,地理位置、市场距离等。① 本研究根据前人研究结果结合我们的研究目标将商务成本分成土地成本、劳动力成本、经营成本、市场化程度、产业配套、基础设施、政府行政服务与决策、法制环境、社会信用以及社会发展状况等十大类。

本部分研究以环渤海地区工商业企业作为调查对象,采取方便调查的原则,对环渤海地区中各类工业企业发放调查问卷,展开问卷调查,主要采用现场发放、委托他人发放和通过电子邮件方式发放问卷三种方式。受访人主要是企业的中高层管理者。本次调查共发放 310 份调查问卷,将问卷回收后,对问卷进行汇总,剔除无效问卷。无效问卷主要包括问卷填写不完整、调查企业不符合本研究调查条件、问卷填写存在明显错误和问卷数据缺失量太大导致无法估计等情况的问卷。最后本次调查总共回收有效问卷 235 份,回收率为 75.80%。

针对该部分研究的调查企业主要分布在山东省、辽宁省、河北省、天津市和北京市等三省二市。根据回收后的有效问卷,本研究对所调查企业进行样本描述,主要描述包括企业的性质、所处行业类型、企业的员工人数和企业的年销售额方面。问卷中还涉及问卷填写者的职务、年龄和受教育程度等基本信息。

从所调查企业登记注册类型来看,有限责任公司、国有独资企业和股份有限公司占比重较大,分别为 41.02%、25.64%、17.94%,合计占总数的 84.6%;

① 商务成本具有强烈的地方属性,即商务成本是一个与企业所在地相关的概念。正是各地方在劳动力、土地、公用事业等成本以及管理水平方面的差异,才导致各地商务成本的差异。而企业为生产所付出的原材料、设备、技术、运输费用以及销售费用一般不会只和企业所在地相关,如原材料、设备及技术的购买和产品的销售往往发生在企业经营地之外,运输成本则涉及两个或更多地方之间的空间关系,这些成本缺乏"当地"的属性,所以均不纳入商务成本的研究范围内。见李健的硕士论文《商务成本及对区域经济发展影响的研究——以长江三角洲为例》,华东师范大学,2004 年。

其他如外商及港澳台投资企业、股份合作企业、集体企业所占比重分别为7.69%、5.12%、2.56%。同样,样本反映出相对于长三角和珠三角,环渤海地区国有企业的比重要大得多这一基本事实。从企业主营业务所属行业类型来看,样本除其他类占20.51%外,制造业,其他服务业,信息传输、计算机服务和软件业分别占到23.07%、15.38%和12.82%;建筑业、生产性服务业均为10.25%;占较低比例的有两类,即交通运输、仓储和邮政业以及电力、燃气及水的生产和供应业,分别为5.12%、2.56%。从企业规模来看,样本中企业人数在501~1 000人的比重最小为10.25%,其他规模的比重相差无几,1~50人、51~200人、201~500人以及1 000人以上规模占比,分别是25.64%、20.51%、20.51%以及23.07%。从企业的销售额来看,样本中销售额以5 000万元以上的比重最大,达到56.41%。

问卷包括十大类商务成本,因为每类又包括若干项,合计共有54项商务成本,因为各地商务成本实际大小相差很大,又考虑到受访者对实际商务成本的了解情况,我们没有调查各项商务成本的具体数值,但能够就其相对关系作出大致的判断,这对了解从企业角度对各项商务成本的相对大小的判断是可以的,能够达到我们的研究目标。原问卷把每类商务成本的判断分成很满意、满意、基本满意、不满意、很不满意等五项,在分析时我们分别赋值为1、2、3、4、5,平均值越接近于1越满意,越接近5越不满意。以下是各类商务成本的平均得分情况。

第一大类是土地成本,包括三项,即土地价格、房产价格、生产厂房租金与办公楼租金;各项得分依次是3.026、3.103、3.000;房产价格一项得分相对较高,反映出我国房地产的畸形发展对生产用房的影响也是比较大的。

第二大类是劳动力成本,包括三项,即工人工资、工人数量以及劳动力素质,各项得分依次是2.897、2.692、2.846;反映出近几年工人工资上升较快的现象,某些企业在利润空间不扩大反而缩小的情况下,对这类成本是较为敏感的。

第三大类是经营成本,包括水价(生活用水、工业用水)、电价(城镇居民生活用电、工业用电)、供气价格(管道液化气、天然气)、税收、行政收费、通讯成本、融资成本、原材料供应数量和品质、原材料价格合理度等共计九项,得分情况如下表所示:

表 4-1 经营成本各项得分情况表

经营成本	水价	生活用水	2.744
		工业用水	2.820
	电价	城镇居民生活用电	2.718
		工业用电	2.949
	供气价格	管道液化气	2.872
		天然气	2.795
	税收		3.385
	行政收费		3.282
	通讯成本		3.128
	融资成本		3.231
	原材料供应数量和品质		2.897
	原材料价格合理度		3.000

经营成本九项里面较为突出的是税收、行政收费、融资成本，得分位居前三，依次是 3.385、3.282、3.231；人们较为关注的融资难、融资成本高的问题与税收、行政收费相比，后者的成本还要高很多。

第四大类是市场化程度，包括三项，即市场规范程度、中介服务以及进出壁垒，得分分别为 3.462、3.385、3.179；该类得分反映出市场规范化问题较为突出，也在某种程度上说明构建环渤海地区共同市场规则、推进市场一体化可能是一项较为重要的基础工作，面临的难度可能较大。

第五大类是产业配套，包括三项，即产业集聚度、上下游产品配套能力以及获取产业配套信息，得分分别为 2.923、2.974、3.026；从产业配套角度来看，得分十分接近 3，总体评价较低。

第六大类是基础设施，包括两项，即交通和其他基础设施，得分分别为 2.974、2.795，反映出环渤海地区的交通等基础设施还有待进一步加强，政府在这个过程中可以扮演主要推动角色。

第七大类是政府行政服务与决策，包括九项，依次是工作人员业务素质及主动性，行政审批程序的科学性与适用性，各类行政服务收费的频率与额度，政务公开透明度，依法行政、规范管理，政策与法规的连续性，行政、办事效率，服务质量的监督机制，政府对企业的干预程度及合理性等。得分情况如下表所示：

表 4-2　政府服务与决策各项得分表

政府服务与决策	工作人员业务素质及主动性	3.00
	行政审批程序的科学性与适用性	3.31
	各类行政服务收费的频率与额度	3.44
	政务公开透明度	3.49
	依法行政、规范管理	3.38
	政策与法规的连续性	3.44
	行政、办事效率	3.56
	服务质量的监督机制	3.44
	政府对企业的干预程度及合理性	3.31

在十类商务成本的平均得分中，该类得分是最高的，也就意味着受访者认为这类成本最高最严重，尤其是行政、办事效率和政务公开透明度这两项，得分竟高达 3.56、3.49；这与对政府工作人员对调研题目"您认为我省的行政审批工作还有哪些问题比较突出"的选择具有一致性，受访者选择"效率不够高"的比例达 64.70%；与此有紧密关联的选择"网上审批利用不够"的也占到 64.70%。政府与企业界在这方面具有较大共识，如何提升行政效率、提高政务公开透明度，值得进一步深入探究。另外分值为 3.44 的并列有三项成本，即政策与法规的连续性、服务质量的监督机制、各类行政服务收费的频率与额度。

第八大类是法制环境，也包括九项，依次是，地方法规与 WTO 原则的一致性，司法部门处理案件能力与效果，有关收费项目、审批项目的合理性，政策的可操作性，政策兑现程度，引资政策的区域与吸引力，产业和区域规划与导向的科学性，对外来投资者合法权益的保护程度，对外来投资者违规行为的纠正力度等。得分情况如下表所示：

表 4-3　法制环境状况各项得分表

法制环境	地方法规与 WTO 原则的一致性	3.15
	司法部门处理案件能力与效果	3.36
	有关收费项目、审批项目的合理性	3.33
	政策的可操作性	3.33
	政策兑现程度	3.31
	引资政策的区域与吸引力	3.26
	产业和区域规划与导向的科学性	3.23
	对外来投资者合法权益的保护程度	3.05
	对外来投资者违规行为的纠正力度	3.28

该大类的得分反映出受访者对法制环境的评价是较低的,各地区只有大力提升地方法制化水平,才能更好地运用以往推进环渤海地区区域经济一体化过程中不少研究者提出依靠法制化推进的对策。

第九大类是社会信用,包括四项,即地方政府整体信用状况、企业整体信用状况、社会信用体系建设以及工作人员信用状况,得分分别为3.23、2.67、3.13、2.74;政府信用与社会信用远不及企业信用及工作人员信用值得我们反思,政府减少对经济社会的不当干预,减少自身承担的不应承担的义务,放权发展社会组织,让社会组织在经济社会领域起到本该有的作用而不是担当“二政府”的角色,可能是政府自身信用与社会信用建设共赢的逻辑所在。

第十大类是社会发展状况,包括五项,即城市生态状况、公共卫生状况、市民素质、城市文化娱乐以及市民对外开放度等。得分情况如下表所示:

表4-4　社会发展状况各项得分表

社会发展状况	城市生态状况	3.18
	公共卫生状况	3.13
	市民素质	2.95
	城市文化娱乐	3.03
	市民对外开放度	2.92

社会发展状况的调查反映出生态、卫生、文化等软环境问题带来的影响越来越重要,地方政府部门应承担起主要领导角色,改善社会发展状况。

十大类商务成本总的比较如表4-5所示,受访者最不满意的前三项是政府行政服务与决策、市场化程度以及法制环境,得分依次是3.374、3.342、3.256,这与课题组的理论预期较为一致,在诸多商务成本中,这三大类成本对企业的影响较大,尤其是对其竞争力的影响。因为,在整个商务成本结构中这三类成本往往会抵消其在技术创新、商业模式创新等方面的努力,与土地成本、劳动力成本等要素成本相比,这三类成本的地方间差异性最为明显,人为扭曲干预的因素也最多。如果与其他地区企业开展竞争,这种制度层面的竞争往往对企业的竞争力影响较大。

表4-5　各类商务成本平均得分比较表

编　号	项　目	平均得分
1	土地成本	3.032
2	劳动力成本	2.812
3	经营成本	2.985
4	市场化程度	3.342
5	产业配套	2.974
6	基础设施	2.885
7	政府行政服务与决策	3.374
8	法制环境	3.256
9	社会信用	2.943
10	社会发展状况	3.042

当然,随着社会发展许多商务成本也在不断提升,这是发展的必然结果,从这个意义上看,上述十类商务成本里面,劳动力成本得分最低,为2.812分;这与平时观感有些出入,原因就在于它是一个必然现象,人们对其认识正趋于理性;次低分是基础设施,得分为2.885;在其他五项商务成本里面,得分较高的依次是社会发展状况、土地成本、经营成本、产业配套、社会信用等五项,得分依次是3.042、3.032、2.985、2.974、2.943。

课题组分析认为,对市场决定性较大的硬成本,要承认市场的决定权,采取疏导、规范的方法,以达到分散或削减成本的目的,如通过发展电子商务、助推扩展市场等手段,把商务成本虚拟化、分散化;对非市场决定的软成本,要逐步接轨先进地区、接轨国际惯例,提高成本的合理性和透明度。相对环渤海各省来说,降低商务成本的关键在于降低软商务成本,提高政府的效率,进一步改善投资的软环境,为企业提供完善便捷的服务和更多的共享资源。

3. 环渤海地区行政管理体制改革调研分析

有关行政体制改革的研究有很多,特别是从国家整体层面,本研究针对环渤海地区三省二市的行政管理体制改革展开,期望通过此次调研,了解环渤海地区区域经济研究领域和行政管理体制改革研究领域的专家学者对本地区行政管理体制改革的总体性认识和判断。相对于政府官员,学者的立场要更中立些,又因为这些学者长期关注或致力于本地区区域经济或行政管理体制改革方面的研究,总体上可以认为他们的判断也较为可信。

我们根据研究团队收集到的会议通讯材料、学术交往较为密切的学者推荐等形式共向308名学者发放问卷，收回201份，剔除2份无效问卷，有效问卷共计199份，回收率为64.6%。

首先，分析调研对象对本省行政管理体制改革的总体性和主要问题的认识。

如表4-6所示，当被问及“您认为本省最近三年来的行政管理体制改革进展如何”时，没有人选择“效果很好，达到预期目标”，而选择“效果较差，很多方面没有达到预期目标”的比例却高达49.20%，如果加上选择“效果很差，预期目标基本落空”的比例7.93%，则对行政管理体制改革总体上给出“较差”或“很差”评价的比例会高达57.13%，选择“不好判断”的比例是20.63%，而认为“效果较好，基本达到预期目标”的比例仅为22.22%。由此可以看出，专家、学者对行政管理体制改革的总体是不满意的。那么，在专家学者那里，哪些问题最值得关注或需要重点推进解决呢？“您认为，当前推进行政体制改革的重点是……(可多选)”一题给出了较为明确的意见。从选择的比例来看，“完善政府决策的社会参与机制”“进一步削减行政审批权”“推行依法行政”比较高，依次是73.01%、69.84%、60.31%，远远超过半数。同时，比例超过40%的有四项，从高到低依次是，“减少行政层级，推进‘省直管县’改革等”“改革和调整中央地方关系”“强化市场监管职能”以及“推进‘政事分开’，在事业单位改革上取得突破”，比例依次是，47.61%、42.85%、42.85%、41.26%；另外，选择“加强人大对政府的监督”的比重为34.92%，其余四项“规范党政关系”“完善‘大部门’制度”“完善宏观调控体制”以及“其他”的选取比例相对较低，依次为28.57%、22.22%、22.22%、7.93%。详见下表：

表4-6　当前推进行政体制改革的重点

进一步削减行政审批权	69.84%
完善政府决策的社会参与机制	73.01%
减少行政层级，推进“省直管县”改革等	47.61%
改革和调整中央地方关系	42.85%
规范党政关系	28.57%
推进“政事分开”，在事业单位改革上取得突破	41.26%
推行依法行政	60.31%
强化市场监管职能	42.85%
加强人大对政府的监督	34.92%
完善“大部门”制度	22.22%
完善宏观调控体制	22.22%
其他	7.93%

其次,我们分析一下调研对象对若干具体问题的看法。在回答“您认为,当前本省是否具备条件实行省直管县的行政体制”时,选择最多的是“条件尚不成熟,可以试点推进,但是不宜全面铺开”,比重为 39.68%;选择“是,并且应当作为‘十二五’行政体制改革的重点之一”的比例是 33.33%,同时 30.15%人选择“根据各地区实际情况区别对待”,上述两项相加可以看出基本赞成推进省直管县改革的比例为 63.48%。

表 4-7 当前本省是否具备条件实行省直管县的行政体制

是,并且应当作为“十二五”行政体制改革的重点之一	33.33%
条件尚不成熟,可以试点推进,但是不宜全面铺开	39.68%
这项改革弊大于利,不能继续推进	3.17%
根据各地区实际情况区别对待	30.15%
其他	1.58%

对过去一个时期某些地区推行的强县扩权改革进程及绩效,学者们关注较多,题目“‘十一五’中,一些省份加大了‘强县扩权’的力度,您的评价是?”反映了参与调研学者的一些基本看法,49.75%的人认为“壮大了县域经济,有利于推进城乡一体化发展”,另有 45.23%的人选择“根据各地区实际情况而定,不能‘一刀切’”,仅有 3.02%的人选择“使区域经济更加零碎化,不利于城乡协调发展”,选“其他”选项的占 2.01%。

从上述两题可以看出,学者们对省直管县、强县扩权的改革,总体上态度较为审慎,间接反映出学者们对本研究提出的这种“技术推动型行政管理体制改革”成效,较之“市场推动型”改革成效要低得多的一种认识,也间接反映出,只有从根本上转变政府职能,吸纳各方社会力量参与行政治理,才能从根本上解决行政管理体制的若干弊端问题。

第五、六道题的设计是为了了解被调研学者对行政审批制度改革的看法,这可与对政府工作人员关于行政审批改革的调研对比结合起来分析。众所周知,在新一届政府推出新一轮行政审批制度改革之前,国务院自 2001 年 10 月开始推进的行政审批制度改革以来,截至 2012 年 10 月,已经有六次下发“取消和调整行政审批项目的决定”,对总体推进效果参与调研的学者们又是如何评价的呢? 选择“效果较好,基本达到预期目标”的比重最高,为 46.03%;其次是选择“效果较差,很多方面没有达到预期目标”,比例为 30.15%;如果将“较好”与“很好”两个选项的比例合并则为 47.61%,将“较差”与“很差”合并,比例为

38.08%;再考虑选择“不好判断”的比重为14.28%,就会发现对学者们的调研与对政府工作人员的调研在某种程度上具有一致性。参加调研的政府工作人员选择“行政审批体制仍相对滞后,不能满足需求”的比例为35.29%,与此处的38.08%的比例较为接近;不过,做出积极评价的政府工作人员比例则较学者比例为高,对“您如何看待我省所取得的成绩”一项,选择认为“行政审批改革有所进步,取得成效一般”的比重55.88%;与选择“已取得巨大进步,成效非常明显”的比例8.82%相加,得64.70%,远高于将“较好”与“很好”两个选项的比例合并后的47.61%,前者高出后者17.09个百分点。但是,如果考虑到选择“不好判断”的比重是14.28%,以及政府工作人员“当局者迷”的影响,两者差距实际可能不会那么大,甚至比较接近。同时,我们发现,学者和政府工作人员对行政审批制度改革的总体看法与课题组对企业实际走访调研过程中的直观感受、从企业经营者那里获取的反馈有些出入。

第六题反映了专家、学者对当前审批事项方面的主要问题的看法,52.38%的人选择了“具体情况具体分析,存在错位,有些领域该管的没管起来,有些领域管了不该管的事情”,另有33.33%的比例选择“主要是过多,大量行政审批并无存在必要”,12.69%的比例选择“一般,个别行政审批并无存在必要”,而认为,“主要是过少,存在缺位,一些政府应当管起来的事项没有管起来”的比例仅为1.58%。该题目在针对政府工作人员调研时也有提到,我们将两者的比例情况列出来,如下表所示:

表4-8　专家、学者与政府工作人员对当前审批事项方面的主要问题的看法比较表

选　项	学　者	政府人员
主要是过多,大量行政审批并无存在必要	33.33%	20.58%
一般,个别行政审批并无存在必要	12.69%	20.58%
主要是过少,存在缺位,一些政府应当管起来的事项没有管起来	1.58%	2.94%
具体情况具体分析,存在错位,有些领域该管的没管起来,有些领域管了不该管的事情	52.38%	55.88%

从两者比较来看,对四个选项的选择对象占问卷调研总人数的比重是比较一致的,反映较为突出的问题即“具体情况具体分析,存在错位,有些领域该管的没管起来,有些领域管了不该管的事情”,学者的比例与政府工作人员的比例均超过半数,政府工作人员的比例甚至还超过学者比例3.5个百分点;两类调研群体在这个方面具有高度共识,政府因为直接面向相对人,对来自政策相对人的反馈更直接地了解到,高3.5个百分点也在预期之中;对关于“行政审批并

无存在必要”的两项选择的比例，学者的相加比例是46.02%，政府工作人员的相加比例为41.16%，说明两类调研对象对“很多行政审批项目并无存在必要”的认识也是较为一致的，都超过40%的高比重则说明了这一问题也较为严重。对选项“主要是过少，存在缺位，一些政府应当管起来的事项没有管起来”的比例都较低，且政府工作人员的比例略高于学者1.36个百分点。

关于推进改革的组织架构设计方面，77.77%的受访者认为，有必要在中央层面建立高层次的改革协调机制，以推进“十二五”期间涉及经济、社会、行政甚至政治体制等方面的改革。选择“不是”的比例为6.34%，选择“不好说”的比例为15.87%，这两者合计22.21%。

在针对推进环渤海地区区域经济一体化和区域协作方面，问卷设置了三个题目，分别反映了受访者对当前致力于环渤海地区研究或实践活动的民间组织或单位的了解情况，对区域协调所涉领域的认知以及地方政府间协作机制的认知。第一个题目是“您知晓的环渤海区域合作或研究组织有哪些”，受访者中有60.31%的人选择环渤海地区经济联合市长联席会议，而选择环渤海发展研究院（烟台市）的占到44.44%；其他相对较高的选项有“环渤海金融合作论坛”“环渤海经济研究会（天津市）”“环渤海16港口城市旅游合作组织”“环渤海地区贸促系统联席会议”“环渤海企业合作促进会”，比例依次为28.57%、26.98%、15.87%、14.28%、12.69%。上述数据说明，“市长联席会”作为政府间组织，受到的受访者关注比例虽然最多但仍然偏低，说明其影响力还是不够大；作为旨在专门服务区域经济一体化推进的学术机构而言，知道环渤海发展研究院（烟台市）的比例稍高，为44.44%；而知道“环渤海经济研究会（天津市）”的仅为28.57%。最近一个时期以来，渤海海底跨海通道的研究问题被几家研究机构相关研究人员重新提上研究日程，而环渤海发展研究院长期致力于这方面的研究，知名度受其正面影响应该较大；作为较早成立的专门研究环渤海区域经济一体化问题的环渤海经济研究会（天津市）的比重更是偏低；这两个比值也在一定程度上说明，环渤海地区专门研究区域经济一体化和区域协调的学术团体和学术力量总体看较为薄弱，尤其相对于长三角和珠三角而言更是这样，理论学术研究的滞后也可在一定程度上解释实践滞后的原因①。

① 周立群教授曾指出，“当理论研究越深入时，一体化进程越顺利；反之亦然。这点可以鲜明地从三大区域中的一体化程度和相应的理论研究程度对比看出，在三大区域中，对长三角的理论研究最为丰富，珠三角和环渤海次之，这是与三大区域的一体化进程相对应的。”见周立群：《京津冀都市圈的崛起与中国经济发展》，经济科学出版社2012年版。

第二个题目是“环渤海三省二市地方政府间区域协调应主要包括哪些领域”，选择“环境保护”的受访者最多，比例达 80.95%；其次是“产业发展”，比例是 79.36%；再次是“空间布局”，比例为 73.01%。这与当前区域协作过程中环境、生态保护问题较多较为迫切有关。几乎与环保问题受到的关注情况一样，“产业发展”问题是区域协调的重中之重，近十年来一直是各界谈论的焦点话题。许多学者认为，地方间产业结构雷同、提升产业结构难、产业发展较为缓慢、地方间恶性竞争是地方间产业发展缺乏协调所致，同时，也认为其是影响区域经济一体化的最重要因素；与该选项关系密切的是“空间布局”的区域协调问题。其余几个选项中，受访者所选比重依次为“基础设施”“政策法规”“土地资源”“其他”，比例分别为 49.20%、42.85%、30.15%、7.93%。

最后一个题目是“环渤海三省二市地方政府间的协调机制有哪些不足”，被选择最多的三个选项依次是“缺乏利益分享机制”“缺乏民间参与(如企业、协会、商会等)的较为正式的区域协调机制”“缺乏协调区域问题的常设机构”，比例依次为 65.07%、57.14%、55.55%；而“缺乏仲裁性质、超越于环渤海各地方政府权力之上的法律法规”“缺乏针对区域公共问题的协调机制，比如生态、环保领域、其他领域”的选择比例分别为 26.98%、25.39%。

总体来看，行政管理体制改革的很多方面，在包括学者在内的社会各界已经形成很多共识，这对形成行政管理体制改革的舆论氛围具有正面积极影响，有助于人们破除观念障碍，当然更重要的是打破各种利益格局特别是部门利益的阻碍。

4. 环渤海地区行政审批制度改革调研分析

在我国，由于传统的高度集中的计划经济体制影响，行政审批已被日益广泛地运用于许多行政管理领域。但是，随着我国社会主义市场经济的建立和完善、WTO 规则应用日益频繁，行政审批制度由于缺乏有效的法律规范，长期存在的问题就越来越突出，有些已成为生产力发展的体制性障碍。

在调研对象的选择方面，在地域上仍然以环渤海三省二市的代表性城市为主，在具体政府工作人员选择上，主要以政府的综合部门、业务部门以及乡镇政府或街道办负责人为主，对青岛、济南、烟台、潍坊、东营、大连、沈阳、北京、天津、石家庄、秦皇岛等 15 个城市，共计发放问卷 627 份，实际收回 491 份，剔除 19 份无效问卷，共计收回 472 份有效问卷，有效回收率为 75.28%。与对学者和企业家或企业管理人员调研时问卷的以电子邮件发放方式不同，针对政府工作人员主要以现场发放问卷为主，以电子邮件发放为辅。

除了如调研对象的性别、年龄、文化程度及其所在单位的性质这类基本情况外，问卷共计有26道题，既有对行政审批总体情况的调研，又有针对行政审批具体事项的调研，总体上能反映出政府工作人员对环渤海地区行政审批制度改革态度的相关信息。

关于对行政审批制度改革总体的看法，问卷"您如何看待我省行政审批改革所取得的成绩"一题，选择"有所进步，取得成效一般"的占55.88%，而选择"行政审批体制仍相对滞后，不能满足需求"的有35.29%，选择"已取得巨大进步，成效非常明显"的占8.82%。对调研对象所在省行政审批的现状是否能适应经济社会发展的需要的看法，选择"基本适应"的占41.17%，选"存在较大差距，还应继续改革"的占38.23%，选"比较适应"的占20.58%。这说明，从政府工作人员的角度看，总体上行政审批制度改革仍需进一步深入。从取得成绩的主要原因来看，选"领导重视"的占55.88%，选择源于"外部压力"的占44.11%，选"社会各界参与"的占38.23%，选"专家智力支持"的占20.58%；如果将外部压力和社会各界参与都看作是来自市场推动的改革的话，这部分比重合计是82.34%，高于"领导重视"26.46个百分点。这说明，来自市场推动的改革起到越来越重要的作用。

关于"现在的审批事项方面的主要问题"，选"具体情况具体分析，存在错位，有些领域该管的没管起来，有些领域管了不该管的事情"的占55.88%，选"主要是过多，大量行政审批并无存在必要"以及"一般，个别行政审批并无存在必要"的比重均为20.58%，选"主要是过少，存在缺位，一些政府应当管起来的事项没有管起来"的只占2.94%。

现实中各地对既往行政审批改革往往出现不同程度的反弹情况，这在本次调研中也有体现。如在回答选项"经过多次改革之后贵省的审批事项有无反弹情况"时，有61.76%的受访者选"个别领域有一些反弹"，选择"应当没有"的占32.35%，选"大量反弹"的占5.88%。这与课题组在访谈调研过程中了解到的情况具有内在一致性，也与调研对象对"行政审批事项是否还有压缩的空间"的认识直接相关。该题目，选择"很大，大量审批可以削减、合并"占绝大多数，占比为82.35%；选择"有一些，经过多次改革已经不多了"只占17.64%，其他两项"基本上没有"和"完全没有"的比例为零。

从行政审批具体事项的调查看，许多具体环节尚需进一步改革，如对"整体上贵省行政审批的层次设置"的调查，选择"视情况而定，过高过低同时存在"的占到55.88%,选择“过高,不少事项审批可以降低层级,由下级机关负责审批”的占41.17%,选择“整体不错,这方面不存在多大问题”的只占2.94%,而没有人选择“过低,不少事项审批应当提高层级,由上级机关负责审批”这一项。该题调研说明行政审批权限下放的工作还很不到位。

许多学者提出从完善行政治理、吸收社会力量参与管理来提高行政管理的效率,但从对政府工作人员调研的结果来看,很多参与调研者并不认可社会力量或者说对中间性组织的了解还很不够,这也从一个侧面反映出,在理论上具有可行性的方案,在实践中实施起来还有很多工作要做,同时也反映出我国中间性组织、社会力量需要加大力量培育发展。这也是本课题组一开始评价其他学者提出的行政管理体制改革建议时的基本观点。从该选题具体结果来看,对“您对行业协会和社会中介组织在行政审批中发挥的作用的看法”选择“还有很大空间”的占20.58%,选择“空间不大,行政审批还应当靠政府管”的占23.52%,而选择“不好说,行业协会和社会中介组织未必可靠”的则超过半数为55.88%。这与参与调研者对选题“在您看来,我省的行政审批改革的今后发展最重要的事情是”的意见中无人选择“进一步发挥基层群众自治组织、行业协会和中介组织的作用”这一项具有一致性。其他选择“优化审批流程”的比重最大为44.11%,选择“削减审批事项”的占29.41%,选择“加快审批效率”的占23.52%。更多的是从行政管理体制本身或内部寻找答案。结合第十二个选题“您认为我省行政审批改革的主要动力是(可多选)”,选择“地区经济社会发展需要”的比例为70.58%,选择“社会公众的呼吁”的占35.29%,由此可以分析出,参与调研的政府工作人员虽然看到了行政审批制度改革的动力来源于当地经济社会发展的需要、来自于民间,但并未转变思路向民间寻求改革的力量源泉;而更可能的是把目光投向“主要领导干部的理想抱负”和地区间的竞争,“其他地方都改了,我省不改会跟不上形势”,前者比重为32.35%,后者比重为20.58%,选择“其他”的比重最小为5.88%。

选题“行政审批过程中的听证会情况”反映出这一制度设计的实际应用情况不容乐观,有一半的人选择“有些个别案例,社会反映效果一般”,选择“基本上还处于空白状态”的多达26.47%,选择“据我所知,没有召开过听证会”的占到11.76%,而选“已经常规化,效果良好”的也是11.76%。

选题“您所在机关的行政审批工作有无专门的内部机构负责”能反映出机构组织设置情况,选“成立了负责审批工作的专门机构”的占50.0%,选择“审批工作由各个业务机构分别负责”的占38.23%,“其他方式”占11.76%。但结合选题“您所在机关的行政审批清理工作进行得如何”可以发现，虽然有专门机构，但制度化规范化工作完成得并不好，选择“进行过清理工作，但尚未形成规范制度机制”的占 35.29%，选择“定期进行清理，已形成规范化的制度机制”的只占到 23.52%。选题“您所在机关的行政审批事项，存在与其他机关的交叉重叠吗”可能是对上述选题的一个说明或解释，因为选择“没有”的只占 17.64%，选择“有一些”的比重高达 50.0%。尽管选择“所在机关的行政审批工作在政务中心或服务中心”与选择“主要在政务中心或服务中心，小部分在机关”的合计达到 58.81%，同时 64.70%的人认为进驻政务服务中心对行政审批工作产生了积极影响，选择“没什么影响”的比重相对我们的预期来说也是比较高的，占到 26.47%。上述几个选题的调研从一定程度上说明，既有行政审批本身便民化便利化并不能从根本上解决行政审批清理或完善工作。另外，课题组从问卷设计者角度给出的改善制度安排设计的一个方案，即“在一些机关部门在政务中心设置‘首席代表’负责行政审批的最终决定”，赞成者比例高达 70.58%。

我们设计了两个选题反映行政审批的公开程度，选题“您所在机关的行政审批事项、流程通过哪些途径进行公开(可多选)”，有 88.23%的人选择“网上公开”，选择“告示栏”的占到 61.76%，“电子屏幕”的占到 35.29%；对“您所在机关的行政审批结果如何向社会公众公开”，选择情况是，50.0%的比例选择“主动公开审批结果”，“依公众申请予以公开”的比例为 29.41%，选择“不公开审批结果”为 20.58%，最后一题数据高出我们的预期。相对于设立行政审批中心或服务中心，“网上电子审批”也是一项重要的便民措施，从调研结果看，与我们的研究预期较为一致，选题“您所在机关的‘网上电子审批’做到何种程度(可多选)”反映了这一措施的实施情况，选择“网上列举审批事项和申请条件、材料等”的占 67.64%，选择“网上申请审批”的占 58.82%，选择“网上查询审批流程进度”的占 38.23%，“其他”占 11.76%。同时，64.70%的人认为网上审批利用不够，仍有较大改进空间。

作为反映行政审批最终效果的题目“您所在机关的行政审批工作，是否遭到过行政复议或行政诉讼”，选择“没有过”的占 61.76%，选择“有过，一年不超过 5 起”的占 35.29%，选择“一年 5 起以上”的占 2.94%；这与被调研对象前述设计题目中反映出的行政审批存在的问题较为不一致，原因可能与当事者在提请行政复议或行政诉讼时成本太高或实际效果缺乏吸引力有关。这也可从前述行政审批制度设计本身有问题有直接关系，比如 50.0%的受访者认为其所在机关的有一些行政审批事项存在与其他机关交叉重叠的情况。

除了上述对行政审批总体的看法和若干具体事项的调查外，问卷还设计了直接让调查对象阐明对当前行政审批制度突出问题看法的题目，“您认为我省的行政审批工作还有哪些问题比较突出？（可多选）”，选择“效率不够高”的占64.70％，选择与此有紧密关联的“网上审批利用不够”的也占到64.70％，选择“事项太多，层层审批”的占到38.23％，选择“工作人员脸难看、服务态度不好”的占到35.29％，选择“其他”的比重仅为2.94％。效率不够高的比重较高，反映出行政审批的组织架构有待进一步优化，更多的可能是我们政府的审批项目过多、该下放而没下放、该取消而没取消、该合并而没合并等原因造成的。

总体而言，行政审批制度改革自2001年以来已经有七次之多，从数量上看，十多年来，中国取消的行政审批事项已经高达70％，但事实上，剩下30％的行政审批事项，未来取消或者清理的难度更大。人们对推进速度的总体评价不尽如人意，一方面反映出随着社会经济的发展行政审批工作也变得非常复杂，另一方面说明政府推进改革的策略需要调整，要从根本上转变政府职能，政府审批部门与相对人形成良性互动关系，对行政审批事项的论证、设立以及调整过程要吸纳社会力量参与、相对人参与，且要制度化、民主化，这样才能使行政审批制度从根本上得以改观。

（二）个案调研

课题组深入走访了烟台、青岛、天津、大连、北京、曹妃甸等地，通过事先与当地政府的党政办公室负责人联系发放调研提纲，然后实地走访，最后再在当地行政审批或服务大厅随机走访办事群众的方式，深入了解各地深化行政审批制度改革的一些做法，发现不足，给出一些针对性的政策意见和建议。

总结各地深化行政审批制度改革的主要做法，发现其在宏观指导以及具体工作环节、要点上有许多共同之处：从宏观指导思想上，各地认真贯彻落实党的十八大精神，根据各级省委、政府工作要求，学习借鉴外地经验做法，组织有关部门和单位，深入开展新一轮深化行政审批制度改革工作。其次，较为具体的主要做法可以概括为五个方面，即：顶层设计、自上而下推进改革；深入全面地清理审批事项；明确精简目标；探索审批管理机制；及时公布改革成果等。课题组还就行政审批制度改革若干共性问题提出了几点较为具体的建议。

主要的共性问题有以下几点：

问题一：审批项目的数量出现反弹。在实地走访调研的基础上，结合对各地方政府历年的政府公告及六轮行政审批改革的总体成效的判断可以看出行政审批改革过程中存在这样那样的反弹问题。

问题二：具体落实时，某些项目经变通后仍然存在的现象。比如，有的部门在提交清理事项时，将一项审批事项拆分为若干项，而在申请保留某些项目时，又把好几项合并为一项，甚至拿一些不该申报的事项来凑数。

问题三：虽然地方行政审批业务大多已经上网，但程序依然繁琐、效率依然低下。

问题四：某些行政审批事项的存在反映出政企、政事、政社关系混乱，各级政府的事权关系不合理等。

建议如下：

建议一：政府需依据相关法律法规，对于审批的设定依据、实施主体、项目名称、项目内容逐项进行认真核对，确保提出的削减、保留和调整的意见不违法、不违规；依据提高审批效能的原则，对于审批项目，如果是同一设定依据、同一实施部门而审批内容联系紧密的多项、多次审批的，整合为一项、一次审批，在实施主体允许的范围内，能下放的下放；对于审批项目的前置条件没有法规依据的一律取消；同一实体审批项目，某个审批环节前置条件之一能印证前面环节的，其他报件一律取消；等等。

建议二：实现行政审批的标准化和便捷化。审批流程统一按照"申请—受理—审核—办结"的模式，在切实削减项目数量的基础上，对所有保留审批事项的许可审批条件、申报材料、办理流程、办理时限等做进一步清理规范。要建立流程标准告知机制。对所有许可审批事项都要按经法制办审核精简后的办理流程和时限要求，编制详细、直观、可操作的办理流程图，多个部门的要制作联合办理流程图，并以此为标准严格执行，充分开发并运用电子网络平台，将进驻部门职能、行政许可事项名称、法律依据、办理流程、办理时限、工作人员姓名电话等内容在网上公开，并对办事人员工作状态、办理流程、业务流转、承诺时限实现在线监控，能够确保事项削减后不反弹，保证审批全过程的公开性和公正性。

全面建立并联审批联动机制，由原来一个部门审批结束再交由下一部门审批的串联式，变为各窗口收到信息后同步办理。建立"容缺受理机制"，在具备审批的基础条件时，先行受理，进入实质性审批的技术检验环节，待其他资料齐全后，再正式批复，富有弹性的审批原则为单位时间的效率提升预留了空间。

建立与完善首问负责、限时办结、办事承诺和责任追究等各项机制，为企业、群众创造便利、公开、透明的投资和发展环境，巩固行政审批制度改革的成果。

建议三：政企、政事、政社不分，各级政府的事权关系不合理，根本原因在于政府不该管而去管得太多、太滥。因此，政府应转变政府职能，大力简政放权，即加大向市场的放权力度，建立“后续监管制度”。加大向下级政府的放权力度，加强基层政府统筹经济社会的能力，发挥其就近服务、便民利民的优势，建立和完善各级地方政府行政服务中心的标准化管理制度。加大向社会组织放权和向其购买服务的力度。扶持社会组织，要按照培育发展与监督管理并重的原则，坚持在发展中规范，以规范促发展，核心是让它们“干活儿”。这一点尤其重要，涉及政府职能转变的必要条件问题。一部分行业管理等方面的审批，可以考虑适当放给它们，政府做监管。全面建立政府购买服务制度。将政府购买社会组织服务的经费纳入年度财政预算，根据社会组织提供服务的数量和质量，按照一定的标准进行审核后支付费用或采取“政府承担、合同管理、评估兑现”的契约方式；部分特殊事项在一定时期可以实行定向购买服务。建立资金扶持制度，推动建立公共财政对社会组织资助和奖励机制，促进、扶持社会组织发展；采取购买服务、项目招标等方式，重点扶持一批具有示范导向作用的公益服务性社会组织；鼓励社会组织拓宽筹资渠道，增加公益积累，壮大自身实力；在加强风险控制措施的前提下，鼓励金融机构为社会组织发展提供信贷支持。[①]

总之，行政审批制度改革是一个涉及各方利益的全局性问题，在积极评价历次改革成果的同时，要理性分析渐进过程中的影响因素。

五、总结与政策建议

在经济体制改革发展与政治体制改革发展、行政管理体制改革发展互动的逻辑中，探寻行政管理体制改革的逻辑是一条主线；经济基础和上层建设之间的相互促进或制约是上述逻辑演进中两种相反力量相互作用的高度概括；作为上层建设的行政管理体制已经制约了市场力量和作用的发挥，是我们的基本判断；在保持存量活力的同时，寻求增量、边际上的突破和变革是到达目标的基本策略。这一基本策略可以概括为经济基本策略和行政管理基本策略。前者着力点的发生顺序：提升地方市场化水平，推进区域共同市场或市场一体化建设，

① 宋林霖：《三维推进行政审批制度改革》，《中国社会科学报》2013 年 7 月 19 日。

基础设施一体化，产业结构协调，区域经济一体化，区域一体化。后者工作着力点的顺序是：行政审批制度改革，通过分权放权达到激发市场、社会活力的目的；然后培育中间性组织，承接政府剥离的若干职能或功能；再次，转变政绩考核机制的同时转变地方政府决策治理机制，反映更多经济社会利益主体的诉求；最后，转变政府职能，创建服务型政府。那么，如何推进呢？本研究在对区域经济一体化与行政管理体制改革关系理论探讨的基础上，结合对环渤海区域经济一体化的考察，给出了若干较为具体的建议措施。这些措施可以概括为近期和远期措施两部分。为了更好地理解这两类措施，作为行动的参照，我们需要对长期性框架的若干要素做一下重新梳理和归纳。

从一般理论逻辑上说，区域经济一体化促进了商品和要素的合理流动，市场化程度越高，这种市场配置资源的效率就越高，既有的资源投入条件下，会得到更多的产出，所谓经济的蛋糕会做大。为什么还会有来自所谓行政区经济的阻力呢？原因在于，蛋糕做大的同时，蛋糕的分配出现了问题，有的行为主体感觉到自身利益受到损害，并未从这份增大的蛋糕中得到任何好处，反而利益受到损失或侵害。哪些行为主体会受到这种侵害呢？一般情况下，恰恰是那些落后地区、欠发达地区。在政治晋升锦标赛规则上片面强调 GDP、片面强调经济增长的考核指标的情况下①，这些落后地区的行政长官往往会反对区域经济一体化。

另外一种情况下，即在区域经济一体化过程中，有的地区利益并未受到损害，也得到了一定程度的改善，只不过其他省份得到的改善比之更多。造成这一状况的实际情况往往是由该地区总体经济实力较其他地区稍弱造成的。这样一来，虽然经济上的“帕累托改进”实现了，但得益较少的地区的行政长官还是反对这一进程，因为，按照上述政治晋升规则，这样的结果对本地区行政长官的晋升当然也是不利的。或者是因为，实力稍弱的地区认为自己本可以在这个进程里面得到更多的收益，比其他地区多一些的收益，而不是少一些，感觉受到了不公平待遇，所以消极对待。

综上两类情况我们会发现，所谓区域经济一体化过程中的问题仿佛主要来

---

① 周黎安（2004）认为地方政府官员不仅参与地区 GDP 和利税的竞争，更重要的是他们同时也在进行官场上的晋升竞争，而官场竞争是零和博弈，一个人得到晋升意味着他人晋升机会的降低，这是地方政府不愿合作而热衷于恶性竞争的原因。即使有合作，这种出于政治目的而发生的区域合作，共同利益基础极其脆弱，其生命周期一般不会长久。观点出自庄士成：《长三角区域合作中的利益格局失衡与利益平衡机制研究》，《当代财经》2010 年 09 期。（庄士成，2010）。

自当前的行政管理体制里面的考核晋升机制，但实质在于政府对其自身的定位。虽然与原来计划经济体制不同，不再办企业、办社会，但总体上还是秉承着对经济领域的强干预传统，地方政府甚至被许多学者称为一家大型公司，书记是董事长，市长是总经理，投入的是土地、环境生态资源和各种优惠政策，产出的是 GDP。因此，要根本转变这种态势，必须转变政府定位，由原来管制型政府向服务型政府转变，这样在考核机制里面自然就不会过多过滥地偏重于 GDP、税收等经济指标；向服务型政府的转变意味着决策机制的优化，更多经济、社会主体参与到决策过程中来，片面追求经济指标的行为也会受到有效遏制。

现状是改变的起点，距离最终的目标还有很长的路程，寻求边际上的改变，积少成多，就会发生质的改变。这也是我们相当长时期以来采取的渐进式改革的逻辑。因此，我们寻求突破口，进行行政审批制度改革①；同时，转变官员政绩考核机制，如果这一机制不改变，那么，根据一般的经济社会发展不平衡性的规律，总是存在综合经济社会发展水平较弱的地区，根据上述分析，这些地区的行政长官总是有冲动去阻碍区域经济一体化的进程。在地方官员的激励约束结构里面增加一点压力，迫使我们的地方政府考核机制由原来片面强调经济指标，转变到为取得好的经济社会成果做前提准备性工作上来，简言之，不是盯着最终经济结果，而是取得好的经济结果的前提条件；考虑如何更好地提供导致好的经济结果的基础条件建设、更好地提高经济社会资源的配置效率。因此，地方政府考核机制得改变，并且要求继续发挥中国式分权的积极性，即在当前我国政治集中、财政联邦主义或经济分权的框架下，地方政府在为谋求当地经济社会发展做出突出贡献的情况下，规避行政区经济带来弊端的同时继续发挥其积极性②，加速区域经济一体化进程。

接下来的问题在于，地方政府关注基础条件建设、提高所在地区的市场化水平，但市场机制也有弊端，即所谓市场失灵，导致落后地区的经济资源流失、本地区经济利益受到损失，如果不加以适当干预会最终影响到区域经济一体化的可持续发展，影响到统一大市场的潜力释放，所以，对此应当给予干预，即针对落后地区的利益协调，当然包括利益受损地区在内的利益补偿。

利益协调的最高原则是有助于区域经济乃至整个国家经济的健康快速可

---

① 关于行政审批制度改革前文已经有许多讨论分析和总结以及对策性建议等，在这里重点探讨考核机制的逻辑。

② 应当允许地方政府在不违背国家利益的大前提下，追求合理和正当的地方利益，实现区域利益的最大化。（沈坤荣，付文林，2010）

持续发展,按照其作用领域不同,可以将利益协调机制区分为市场协调、政府协调和社会协调三种方式①。依次分析如下:首先,市场协调,就是市场主体按照市场游戏规则自主竞争而形成的市场选择和淘汰机制。然而,这一过程中往往会导致经济相对发达地区更发达、不发达地区更加落后的局面,这也是前文提及的市场机制失灵的表现,最终会影响总体经济效益的提升,危及整个区域经济乃至全国经济发展。其次,政府协调。由于政府拥有强势行政权力,政府协调表面上看来往往会事半功倍。但是,一味地政府协调也有不足之处,比如,地方政府与区域合作存在利益关联,政府协调难免有“既当运动员又当裁判员”的嫌疑,其公正性难以保证;再如,政府协调需要投入更多的人力物力,势必增加行政成本;更严重的后果是,政府协调会最终伤及市场自我调节机能。为做到政府协调的公正,有人提出建立跨区域的行政管理机构,通过更高权力的配置来协调平级地区间的利益关系。但上海经济区的实践也证明了这一点,其坚持了五年便无疾而终,说明自上而下的行政协调机制并非都是正当和有效率的。最后,社会协调。这里的社会协调主要是指依靠社会力量进行的非市场化和非行政化协调,它借助传统、文化、民俗以及舆论的力量,发挥各种非政府的区域合作组织、行业组织和社会中介的作用,使利益冲突在大量的中间性组织中消解。相对政府协调而言,社会协调具有中立性、及时性和低成本等特点,是市场协调的有益补充,但中间性组织发育需要时间,短期内不会达到良好效果。

通过对上述三种利益协调机制的分析,我们发现单独依靠哪一种协调机制都不能取得预期效果,更多的可能在于通过中央政府、地方政府、企业、行会、协会等中间性组织甚至一般社会公众的共同参与,搭建一种长期性、稳定性的制度框架,通过发挥各方优势、规避短处通力合作以期达到预期效果。本研究借鉴欧盟一体化过程中利益协调经验结合政府职能转变而提出的制度框架设计可能是一种较为可行的方案。

根据上述总结,结合目前我们对环渤海地区的实地考察,提出分阶段实施行政管理体制改革逐步推进区域经济一体化进程的总建议,如下所述。

近期建议:主要是结合当前行政体制改革状况,以切实可行为原则,以摸索相关经验为目标,为将来较为彻底的行政管理体制改革做准备工作。主要包括:

① 值得注意的是,这里的利益协调机制与区域协作机制是两个截然不同的概念,严格讲,前者是后者的一类手段。

(一)梳理既有法律法规体系

首先是中央政府的政策适应问题,从有利于区域经济一体化的角度重新审议相关措施、政策甚至法律。比如,根据新的企业所得税法,居民企业在中国境内设立不具有法人资格的营业机构的,应当汇总计算并缴纳企业所得税。显然,这个规定对企业总部集聚的中心城市更为有利。尽管在国有大型企业集团及跨区域经营的股份制金融企业的所得税的地区间分配方面,财政部、中国人民银行和国家税务总局制定有《跨地区经营集中缴库企业所得税地区间分配办法》,但对外资和民营制造业企业目前却没有任何所得税分配调节措施。如何协调好区域内部各地区各市的经济利益,促进各"总部经济"企业生产要素的跨地区自由流动,提高区域总体经济效益?显然,需要中央政府在财政分配关系上进行调整,尤其是要尽快制定更加完善的地区间财力分享制度,规范地区间财力分配制度。目前,引导市场经济行为的财税分配制度不尽合理,中央与地方税收划分、转移支付、区域恶性竞争的税收优惠政策等都不利于推进区域内地方之间的合作,因此上级政府要统筹区域财税分配制度,完善地方税收体系,增强政府对地方经济的调控能力;规范转移支付制度,实施转移支付法律化、弹性化、透明化;适当下放和监管税收优惠权限,更好地运用税收优惠政策,促进区域经济协调发展。

其次是在各地方区域层面上,在各区域经济地区普遍既有各类经济功能区,也有省会城市,各地市在经济和法律方面的权限有差异,针对这些问题,区域协调机构应在中央政府指导下,在与全国统一的法律和政策体系不相违背的条件下,逐步修正和统一区域内各地区各成员的地区性法规和政策,废除与区域经济一体化有冲突的地方性政策和法规,协调各地既有的经济社会发展战略,为区域经济一体化提供制度保障。

(二)构建区域共同市场规则

许多学者都提出应借鉴欧盟统一市场的经验,在区域内部各地区进行制度协调,形成一套资源跨地区自由流动的规则条约。但考虑我国国情实际情况,要为某区域建立有真正约束力的一体化法制基础,可能还需要在更高层级进行立法,中央政府可以考虑在宪法层面保障资源自由流动权,特别是要将维护国内统一大市场的原则明确写入宪法,并成立类似于美国宪法法院那样的机构,来保证统一市场制度的具体实施。

(三)构建区域内边界区域合作机制

以此作为突破点可以较好地推动区域经济协作进程。目前已有不少国家社科基金项目围绕该领域展开研究并取得成果，比如徐州师范大学的朱传耿、仇方道、孟召宜在《省级边界区域协调发展研究》里面提到的淮海经济区建设问题，另外上海市“173 计划”为上海、浙江、江苏共同开发 173 平方公里的土地也给我们提供了很好的借鉴，边界区域的开发与利用是推进经济一体化过程的较好突破口。

（四）构建市场化（省级地方）指标体系

可由国家发改委牵头联合中组部、国家行政学院等高校智囊力量，也可委托给完全独立的民间机构如中国改革发展研究院等民间团体，组织专家构建各地区市场化指标体系，以此来反映某地区市场化程度。根据目前我们掌握的信息，曾经有三支研究团队或课题组就此方面展开过长期研究，他们的研究虽然各有侧重但均与本研究所提出的市场化指数构建工作具有较大相关性。他们是南开大学经济研究所的陈宗胜（现为天津市人民政府副秘书长）团队，北京师范大学经济与管理研究院李晓西团队，中国经济体制改革研究基金会国民经济研究所所长樊纲团队，前两个研究团队或课题组已经解散，樊纲团队仍然定期出具相关报告。

（五）建立区域经济发展促进机构

目前中国还没有一个相对独立、权威的区域政策研究和制定部门。可以对以区块为单位实施区域规划、政策管理的现有机构进行整合，建立全国性专门负责地区政策制定、地区合作指导、项目实施监督和促进市场协调发展的机构，从而尽快建立起统筹协调区域发展战略和政策的管理体系。该机构负责使用区域合作协调与发展基金（类似于欧盟的“聚合基金”和“结构基金”）。中央政府对区域内大型建设项目的拨款可直接拨至该机构管理。此外，中央政府明令区域内地方政府以地方财政收入的一定比例上缴协调管理机构。（关于该区域促进机构的详细论述见本研究第四部分“通过行政体制改革推进区域经济一体化的新构想或框架”之“争端解决与利益补偿机制问题”一节的相关内容。）也可以尝试成立一个在中央政府协调下的跨行政区管理机构，促进区域之间的协调、发展与合作。

当然，也可以培育和发展独立公正、规范运作的区域性社会中间组织，将一些涉及区域产业和行业发展的管理职能向区域中间性组织放权。

（六）构建区域合作与发展基金

由中央引导、各区域相关省为主设立区域合作协调与发展基金，围绕主要领导联席会确定的重大议题确立跨区域合作专项基金，用于跨区域合作重大攻关和引导资金。其具体内容可以考虑包括投资贸易促进基金、研发创新基金、项目风险基金、人才培养和就业指导基金等，并在区域合作中，以基金为抓手进行区域利益平衡和补偿，以建立在区域合作中产生的区域利益分享和补偿机制，实现区域深层次合作。

（七）继续推进区域内交通等基础设施领域的一体化进程

就环渤海经济区而言，鲁东大学柳新华教授的研究团队经过二十多年的研究，已经就渤海湾跨海海底隧道建设展开非常细致的研究论证，取得了丰硕的成果。建议相关部门进一步推动该研究的落地、实施工作。

（八）充分利用项目推进策略

通过项目捆绑方式，把重大工程与一体化项目进行结合，争取国家优惠政策来推进区域经济一体化的发展。对于如新能源、新材料等影响国家战略的领域，政府应该给出优惠政策适当引导、整合行业发展。

（九）政府部门应充分利用信息化成果，提高行政效率

充分利用信息技术的最新成果，提高政府效能，通过减少行政层级，增大管理幅度，可大大减少政府内部各部门之间的协调成本；同时，在信息化条件下，政府部门间的数据、信息、资源共享问题可能变得非常容易，也有利于提升合作效率；另外，可以借鉴杭州等地区经验推行电子政府改革，加大政府相关信息的透明度，提高民众对相关政策的制定、执行等方面的监督力度等。

（十）在生态、环保、旅游等民生、热点领域率先摸索区域一体化经验

以往，在多数情况下，经济利益是区域合作的逻辑起点和最后归属，不管是企业、地区，还是地方政府，在合作中都有明确的经济利益诉求，而社会利益和生态利益则往往以经济利益溢出效应的方式表现出来，在二者发生矛盾时，社会利益和生态利益总是成为牺牲的对象。党的十八大提出五位一体式发展思路，将生态环境保护问题提到重要战略地位，以此为抓手，推进区域在该领域的合作阻力应当减小。

另外，旅游休闲娱乐作为当代社会居民尤其是城市居民的重要活动，前景广阔，行业发展空间广阔，这个领域的企业为响应市场需求可能率先在区域一体化方面做出努力，目前的研究已经比较多见，值得政府相关部门重视。

远期建议：旨在落实本研究的基本构想，加速区域经济一体化进程，以达到释放全国经济发展潜力提升我国经济国际竞争力的根本目标。主要包括：

（一）构建较为完善的地方官员考核机制

中央政府主导，在前期摸索经验的基础上，将市场化指数纳入地方政府官

加强对红十字事业的组织领导，并加大对红十字事业的财政投入。在这样的制度下，红十字会与各级政府捆绑的利益格局已经形成，以破除与政府的行政依附、公开透明为指向的改革，地方上普遍缺乏动力，甚至还会抵制。

（四）微公益面临规范化和专业化的困境

随着微公益的蓬勃发展，大量问题也暴露出来，诸如，发起人的资格审查、受助人尽职调查、项目资助标准的制定、捐赠资金管理流程、项目执行情况的监测与评估、剩余资金使用办法等。

微公益缺乏公益事业相关法律规范。按照民政部有关法规规定："定向捐赠是指捐赠者对捐助款物的使用有明确规定，如使用范围、地区等，但不能指定特定的受益人"。而微公益的绝大多数项目均为个案救助，是点对点的救助模式。这样就导致微公益处在公益事业相关法律法规的调控之外。与此同时，微公益中出现诈骗等违法犯罪行为时，存在诉讼主体不清的问题。微公益项目往往会涉及多个主体，如发起人、受益人、参与合作的公益性社会组织、爱心团、执行团队等，一旦出现违法行为，难以找到诉讼的主体。

微公益的运行除了法律困境，还有自身专业化的瓶颈。微公益往往强调其低成本运作，而低成本就意味着很难维持一个高素质、专业化的人才队伍。比如"免费午餐"，在其发展到需要运营 2 000 万元的捐助资金的时候，却仍无一个专职人员。很多有潜力的微公益项目仍有待扶持和培育才能较好运行的需求。

三、国外公益性社会组织管理模式和经验

大力发展公益性社会组织是我国近几年才兴起的事物，发展过程中存在的很多问题和障碍都源于基础和经验不足。因此，学习并借鉴国外社会组织管理模式及经验显得尤为必要。

综合考察，国外政府对公益性社会组织管理模式和经验如下。

（一）通过事前注册和事后惩处来加强监管

按社会组织注册登记方式，分自行设立模式和强制设立模式。前者通过追惩制加强事后监管，后者通过强制注册加强事前预防。

在自行设立模式下，社会组织可自由成立，无须经过任何登记手续，一旦存

在违法犯罪行为,国家将予以追查惩罚。尽管法人登记并不构成社会组织获取合法性的前提,但社会组织若想获取法人资格,必须进行法人登记,政府通过法人登记起到了规范组织内部治理和明晰组织法律责任的规制效果。比如在美国,社会组织注册受公司法和税法等有关法律的规范,社会组织可以自由选择是否注册,不注册的不具有法人资格,不能享受免税待遇。

在强制设立模式下,社会组织必须依法在特定的国家机关进行登记注册才能合法活动,否则将被视为非法组织。法人登记作为社会组织获得合法性的前提,事实上控制了社会组织生存的起点,我国现有社会组织登记也属于这种模式。但与双重登记制不同的是,新加坡等国实行单一登记制,社会组织向登记管理机关申请成立时仅受形式审查,无须其他相关部门批准,即不需要国内所谓的业务主管单位。

(二)强化政府各部门职责与功能,构建对社会组织的多元监管格局

美国等国主要依靠税务机关、登记机关、审计机关、司法机关等多部门合作进行联合监管。美国以税收管理为重点,税务机关通过财务报告、信息公开、财务抽查等途径,对社会组织的免税资格进行认定和更新。如果发现被抽查组织存在问题,将依据具体情况采取罚款、取消免税资格或解散法人等处罚措施对组织存在的问题做出处理。

英国、新加坡十分重视发挥登记管理机关的日常监管权责。英国慈善委员会是直接向议会负责的免税慈善组织的独立监管机构。慈善委员会除了负责慈善组织的登记以外,还通过年度报表制度、审计与独立财务检查制度、公益募捐管理制度、访问制度、质询调查制度等手段,负责对慈善组织的日常监管,并为慈善组织提供信息、咨询等方面的支持性服务。新加坡的做法是充分发挥社团注册管理机构的监管作用,由社团注册管理机构负责社团的登记和日常管理,为保证社团履行公布信息、提交所得税申报表等责任而拥有对社团的检查权、调查权和处罚权。

(三)通过规范免税制度、购买公共服务等措施,加大对社会组织发展的扶持力度

1. 严格规范免税制度,激励真正需要扶持的社会组织

为了激励社会组织发展,很多国家都实行税收优惠手段。在英国,社会组

织一旦在慈善委员会登记成功即获得慈善组织的资格,根据该资格自动享受税收优惠。慈善组织历来比一般组织的登记门槛要高,登记程序要更严格,社会组织在申请登记为慈善组织时已经经受了政府严格的审查和检验,赋予登记成功的慈善组织自动获得免税资格的做法,减少了它们再向其他政府部门另行申报免税资格这个环节,极大减轻了慈善组织的登记成本和负担。

在公司捐赠方面,根据英国公司法的规定,只要在公司账目中申明提供公益捐赠,捐赠的部分就会免去公司所得税(约占 30%)。在个人捐赠方面,英国法律规定,个人向慈善组织的捐赠可获得免税待遇。目前,慈善援助基金会每年经手的退税金额高达 10 亿英镑,已经毫无争议地成为利用税收制度支持英国民间公益事业的一个重要平台。

2. 以购买公共服务的方式扶持社会组织

购买公共服务既包括政府将现有的部分职能转移给社会,又包括从社会购买政府目前还没有提供的服务。这是近年来发达国家的普遍做法,也逐渐成为政府资助社会组织的主要方式。公共服务通常采取"公开招标、合同运作、项目管理、评估兑现"的方式外包给社会组织。英国、美国、日本、德国等国家大都如此。在英国,政府每年提供给社会组织的财政资源共约 33 亿英镑,其中大约一半来自英国政府的博彩收益——文化部将每年博彩收益的 28%通过其下设的新机会基金和社区基金这两个政府基金,以公开招标的形式竞争性地分配给全国各级各类社会组织。

此外,英国政府十分重视与民间社会组织的合作。布莱尔政府于 1998 年签署了具有里程碑意义的《政府与志愿及社区组织合作框架协议》(COMPACT),从国家层面确立了政府与社会组织战略合作框架,各地方政府随后也仿效签署了一个地方版本的 COMPACT。联邦政府各部门以及地方政府立足于这个框架,结合各自职能为社会组织提供多样化的支持和服务,积极在财政预算中列出专门类别用于向社会组织购买公共服务,通过各层面的公共服务购买合同等机制具体落实该框架协议中的各项指导性原则,积极扶持社会组织发展。

四、政策建议

(一)改革社会组织管理体制

加快官办公益性社会组织去行政化改革。"行政化"是社会组织体制中遗留的计划经济痕迹。社会创新首先要深化行政体制改革。政府要积极创造条件，为社会组织的发育和成长让出过渡空间。推进社会组织“去行政化”，就是要剪断政府部门与社会组织之间的利益链条，提高社会组织的自主化程度，实行人员自聘、活动自定、经费自筹，让社会组织回归其本来的民间属性，构建一个与市场经济体制相匹配的社会体制。废除双重管理体制，要落实好公益慈善类等四大类社会组织可以“直接在民政部门依法申请登记，不再需要由业务主管单位审查同意”的政策。同时，民政部门要把握监管与培育的边界，避免社会组织陷入“一收就死、一放就乱”的状态。

（二）加大购买社会组织服务的力度

促成社会组织在公共服务领域中角色转变及地位提升的最重要原因，是政府职能的转变。政府向社会组织购买服务，是政府加快职能转变、创新社会管理的重要一步。通过购买服务，政府部门能够更多地从一些繁杂的社会一线服务中抽身出来，做好宏观层面的规划和管理，更好地服务社会发展。事实上，在实际工作的某些特定领域里，公益慈善组织的服务相对于政府部门，更加专业化和人性化。他们直接和需要帮助的市民接触，对他们的情况有充分了解，也有较为成熟的扶助评审体系，一旦确定扶助，可以把帮助服务直接送到市民身边，这就免去了政府层层审定的诸多环节，从而提高了救助效率。同时，通过政府购买服务，民间社会慈善组织将获得更多的发展机会和资金支持，有利于公益慈善事业的健全完善，促进公民社会的发展。还应鼓励公益性社会组织在承接政府购买的服务项目中，提升服务质量，增强竞争力，把政府购买作为自身发展壮大的契机，而不能因为政府购买而成为新的“财政供养机构”。

（三）培育支持性组织，完善公益产业链

从社会组织发展模式而言，应该从行政培育机制向社会培育机制拓展，改进政府管理服务体制和引入社会组织竞争机制，培育公益支持型社会组织和自律性组织，完善公益产业链和公益孵化园，推进公益产业集聚和形成社会硅谷效应。积极培育“专业支持型组织”，推动公益孵化园的建设。强大的专业性公益支持机构是整个行业发展至关重要的一环，是链接公益产业链的通道。因此，除了民间公益组织自身努力提升专业水平外，还应从行业的视角出发，关注整个民间公益领域的专业分工与协作。推动传统的公共服务模式下资源流动的途径是“社会→政府→社会”的改变，实现社会组织生态理念下的资源流动途

径为"社会→社会组织生态系统(支持型社会组织→服务型社会组织)→社会"。当这样的组织生态形成后,社会组织才能真正做到不依附于政府,发挥社会的自治功能。①

(四)继续推进以透明度为核心的社会组织公信力建设

近年来,公益慈善领域频频爆发的公信力危机,引起了公众对公益慈善组织透明度的空前关注,社会大众对中国公益慈善组织的信息透明要求前所未有地高涨。但从目前的状况来看,我国公益慈善组织的透明状况仍有待改善。无论从政府还是行业的角度,都需要对公益慈善组织的透明度及公信力建设有更为积极的推动。

建议民政部门修订涉及社会组织的三个行政法规,把社会组织的资金、活动、行为都纳入到监管之中,同时促进社会组织活动的公开透明,增强行业自律,增强透明度和公信力。还要加强信息平台建设,把民政部门实行的登记、年度检查、执法、评估的情况和社会各方面对社会组织的反映、评价及时反映在信息平台上,以利于加强社会监督、舆论监督。

(五)规范和支持微公益发展

进一步完善相关的法律法规,加大扶持和培育力度,微公益作为一种快捷的救助匹配方式,才可以更好地帮助身处困境的人迅速获得资助,实现慈善资源的有效对接。要鼓励和支持微公益朝组织化趋势发展,从而使其规范化和专业化。支持微公益依托公益性社会组织开展项目,支持有条件的微公益项目直接注册成公益性社会组织。要从理性和有效性的角度去促进组织化、可持续的公益慈善,而不是助长个人施舍型的慈善。

参考文献

[1]彼得·德鲁克:《创新与企业家精神》,机械工业出版社2007年版。

[2]康晓光、冯利主编:《中国第三部门观察报告:2011》,社会科学文献出版社2011年版。

① 蓝煜昕:《社会管理创新的实质是重构政社关系——评马伊里访谈录》,《中国非营利评论》(第9卷),社会科学文献出版社2012年版。

[3]蓝煜昕:《社会管理创新的实质是重构政社关系——评马伊里访谈录》,《中国非营利评论》(第9卷),社会科学文献出版社2012年版。

[4]唐民擎:《浅析社会组织与社会管理创新》,《社团管理研究》2011年第9期。

[5]王名、朱晓红:《社会组织发展与社会创新》,《经济社会体制比较》2009年第4期。

[6]吴津、毛力熊:《公益组织培育新机制——公益组织孵化器研究》,《兰州学刊》2011年第6期。

[7]龙宁丽:《国外社会组织管理体制的做法和经验》,《社团管理研究》2011年第7期。

[8]褚松燕:《中外非政府组织管理体制比较》,国家行政学院出版社2008年版。

[9]贾西津:《"伙伴关系"——英国政府与社会关系的启示》,《学会》2006年第6期。

[10]王名:《英国NGO的发展及对我国的启示》,

http://www.cydf.org.cn/shiyong/html/lm_144/2006-10-25/144010.htm。

我国政务服务中心建设与发展*

* 出自 2012—2013 年度中国行政体制改革研究会行政改革研究基金资助课题“我国政府服务中心建设研究”。课题组组长：顾平安，国家行政学院公共管理教研部教授；李蕴清，中国行政体制改革研究会副秘书长。执笔人：顾平安。

1999年,浙江省上虞县成立了全国第一家真正意义上的政务服务中心。十多年来,我国政务服务中心的建设形成燎原之势。为了适应社会经济的发展,各地区各部门不断探索加强政府自身建设、推进管理创新的新途径,政务服务中心的发展显示出强大生命力。

根据课题组的调研统计,截至2012年12月底,我国地方政府共设立政务(行政)服务中心3 161个,约占总数的96.%。除港澳台地区外,31个省级政府设立政务服务中心11个,约占总数的35%。333个地市级政府和68个直辖市下设的区政府,共设立政务服务中心392个,约占总数的97.7%。2 862个县级政府和市辖区共设立政务服务中心2 758个,约占总数的96.4%。全国43 218个乡镇(街道)共设立30 615个便民服务中心,约占总数的70.8%。

党的十八大提出了"深化行政审批制度改革,继续简政放权,推动政府职能向创造良好发展环境、提供优质公共服务、维护社会公平正义转变"。党的十八届三中全会进一步明确提出"全面正确履行政府职能"的原则,要求"进一步简政放权,深化行政审批制度改革,最大限度减少中央政府对微观事务的管理,市场机制能有效调节的经济活动,一律取消审批,对保留的行政审批事项要规范管理、提高效率;直接面向基层、量大面广;由地方管理更方便有效的经济社会事项,一律下放地方和基层管理"。这些重要论述为"十二五"期间加快政务服务中心的发展,全面推进服务政府、责任政府、法治政府、廉洁政府建设,提高依法行政和政务服务水平,指明了方向。

一、我国政务服务中心建设的基本特点

(一)便民高效:共同的目标定位

《关于深化政务公开加强政务服务的意见》明确提出,行政服务中心是实施政务公开、加强政务服务的重要平台。作为地方政府推进行政审批制度改革的主要载体,政务服务中心以行政审批为核心,以"便民、高效、廉洁、规范"为宗旨,将分散在政府各职能部门的审批收费项目集中在一起,按照"一门受理,并联审批,统一收费,限时办结"的运行模式,实行"一站式"办公。政务服务中心的建立,在简化办事流程、提高办事效率方面取得了很大成绩,对于转变政府职能、提高服务效率,有效解决"政府权力部门化、部门权力个人化、个人权力利益

化”的问题起到了重要作用。

(二)“两集中、两到位”:职权配置共同要求

2004 年,江苏省镇江市行政服务中心以职权配置为突破口,率先在全国推出“两集中,两到位”改革,探索破解制约政务服务中心发展的体制性障碍。

“两集中”是指在不增加人员编制、不增设内设机构和领导职数的前提下,清理和归并行政职能部门的审批和服务职能,部门审批、服务职能向一个处室集中,成立集中行使审批、服务职能的行政服务处(室);在此基础上,行政服务处(室)成建制集中进驻政务服务中心,实行窗口办公。“两到位”是指各部门的审批、服务事项进驻政务服务中心到位,部门对进驻政务服务中心的处(室)的授权要到位。所有进驻中心的单位专门刻制行政审批(许可)专用章供窗口办理审批(许可)事项使用,而无需再加盖单位行政印章,从而增强窗口的直接审批功能,一定程度上解决审批体外循环问题。

实施“两集中、两到位”以后,进驻政务服务中心的行政审批处(室)具有四项基本职能:受理权、直接审批权、分办权(对涉及需要转后台处理的事项,有对机关各职能处室分办的权力)、督办权(对整个办事过程和结果负责,拥有全程监督权力)。而后台的相关处(室)则从具体的审批事务中解放出来,转而负责相关业务和政策法规的研究、工作规范和标准的制定、审批监管以及重大或复杂事项的决策和办理。这种部门内部的职能重新分工是基于现行行政体制的一种创新性改革,一定程度上实现了决策、执行与监督的有效分离,避免了一些部门将执行环节连同审批权力盲目集中到政务服务中心,导致后台职能处(室)无所事事甚至引发前后台之间矛盾冲突的现象。

“两集中、两到位”破解了政务服务中心的发展瓶颈,强化了政务服务中心公共服务的主体地位,大大提高了政务服务中心的整体运行质量。政务服务中心权力配置改革的“镇江模式”取得成功之后,“两集中、两到位”成为国内政务服务中心的发展共识和行政审批权力重新配置的共同要求,并得到积极推广和响应。

(三)并联审批:流程再造的共同趋势

企业办事的时间长短,成为衡量政府服务水平与服务效率、地方投资环境好坏最直观的一把尺子。通过流程再造,实现由串联审批向并联审批发展,是政务服务中心管理创新的最大亮点。目前国内各地并联审批的范围和办理流

程缺乏统一的规范，执行力度各不相同：有的开展较好，有的有名无实。同时，前台流程再造与后台沿袭传统审批方式之间的矛盾也日渐突出。

2007年，成都市设立“加快行政审批制度改革暨推进并联审批工作小组”，率先在全市范围内整体推进政务服务中心并联审批改革。工作小组根据现行审批项目之间的因果关系，提出了“对各审批项目之间存在法定因果关系的实行串联审批，对各审批项目之间无法定因果关系的实行并联审批”的原则，并联审批的改革按照“许可预告、服务前移、一窗受理、内部运转、并行审批、限时办结、监控测评”七个步骤进行，其核心是：在服务前移环节，对审批进行细分，将可以不纳入审批环节的工作，均作为审批部门的服务前移到审批环节之前开展。在一窗受理环节设立并联审批综合窗口，对并联审批流程内的各审批项目统一受理申请，统一发放证照，实行“一个窗口对外”的服务，并联审批内的各审批部门原则上不再自行接件。在内部运转环节，综合窗口受理申请后，申请材料的分送、流转直接由综合窗口转发给各审批部门负责，申请人不需要再逐一到各审批部门办理手续；在并行审批环节，各相关行政机关收到从综合窗口转来的申请资料后，同时启动对申请的审核工作，提出具体审批意见。

有别于以前“一站式”审批的是，新流程中增加了监控测评环节，即各审批部门工作由独立的综合部门进行实时监控，通过内部运作监督、限时办结监督和公众投诉监督等方式，及时统计分析审批部门工作情况并予以测评考核。并联审批改革通过实施流程再造，精简了审批环节，缩短了工作时限，提高了审批效率。

2007年以来，通过审批流程的优化与再造提高审批和服务效能，逐步成为各地政务服务中心的工作重点，越来越多的政务服务中心学会了按主题、按项目实施流程再造，通过并联审批压缩时限，不断优化流程，提升公共服务品质。

（四）公共服务标准化：政务服务供给方式完善的共同方向

1980年，美国前总统里根提出联邦政府应该向企业学习，以提高政府管理与服务水平。此后，联邦政府开始将标准化的管理思想与技术引入到公共服务的创新体制中来，越来越多、越来越精细的指标和标准被逐渐纳入政府的评估体系，推动了美国历史上持续时间最长、最成功的政府管理改革。在西方，从单纯公共服务品质的标准化到政府的全面质量管理、标杆管理以及后来的平衡计分卡，这一过程延续了近三十年。

对于中国来说，标准化的公共服务并不是一个遥远的身影。受新公共管理运动的影响，近年来，标准化管理思想越来越多地开始在政府管理实践中得到应用。2007 年 8 月，山东省胶州市九龙镇将公共服务标准化思想应用到便民服务中心建设中，创造出《便民服务中心胶州市地方标准》，并在胶州市基层乡镇政府推介，受到基层群众与社会各界的好评。2008 年 9 月，九龙镇人民政府与胶州市质量技术监督局在原标准的基础上，进一步修订形成了山东省《乡镇政府便民服务规范》。2008 年 12 月，经山东省质量技术监督局批准，《乡镇政府便民服务规范》开始在全省推介。2007 年，湖南省常德市行政服务中心发布了《常德市政府行政服务中心服务标准》，2008 年 10 月 30 日，由湖南省质量技术监督局组织制定的湖南省地方标准——《政府行政服务中心服务规范》《政府行政服务中心质量管理与考核评定》在长沙通过审定。2008 年，福建省龙岩市行政服务中心开始行政服务标准化改革。2009 年 4 月，龙岩市受权起草编制的福建省地方标准《行政服务中心标准体系及其编制规则》获福建省标准专家组审定通过。

从公共服务供给角度来看，政务服务中心标准化建设涉及审批和服务的内容、流程、行为、评价标准等标准化，以及政务服务中心的行为识别系统（BIS）的统一设计和统一管理等诸多方面的内容。实现公共服务标准化，一方面增加了社会公众的知情权、监督权，限制了职能部门的自由裁量权；另一方面通过规范化的标准理顺部门关系，避免政府部门之间相互扯皮推诿；更重要的是，规范化的监测评估逐步形成窗口工作人员的自我改进机制且不断得到强化，使得无论是投资业主、办事群众还是管理者都按标准办事，有效改变了过去行业内的各种“行规”和“潜规则”，最终建立一个高效运转、透明阳光的政府。实践证明，通过标准化建设来规范政务服务中心的管理和行为，规范窗口单位的公共服务，是全面提升政务服务中心服务能力的一种有效路径。

（五）电子服务：政务公开与审批服务的共同技术平台

进入 21 世纪以来，随着互联网的应用普及，电子政府建设日新月异，公共服务电子化在提高管理效率、降低行政成本、推进公共服务等方面发挥着越来越重要的作用。与实体性的政务服务中心相比，网络化审批服务正在取代窗口式和部门式的政府服务方式，成为政府“一站式”服务的主要形式。

截至 2005 年底，OECD 国家已经完成了政府服务全部上网的目标，所有政府手续都可以实现上网办理，公共服务网络化已经成为“一站式”服务的主导方式。公民登录政府门户网站后，选择相应入口，一般通过三次点击就可以方便快捷地找到自己所需要的内容，然后根据自己的需要提出一项业务请求，在网上查询了解相关法律法规后，按要求或填报表申请单把材料提交给一个“虚拟政府”。完成上述手续后，公民便可以足不出户地享受政府服务，“虚拟政府”会自动将客户的资料分发给各相关部门，并在规定的时间内监督其审批。

电子服务的发展克服了地理分隔与部门分割，为跨部门业务整合提前创造了条件。但是，我国政务服务中心在建立之初普遍没有考虑到电子服务发展的需要，政务服务中心主要是各部门办事窗口简单的物理集中，很多业务还必须由政务服务中心的工作人员拿回本部门去办理，信息技术的应用也只是为了满足某个部门的内部信息管理需要或是通过网络进行简单的信息发布，并没有多少互动的业务内容。近年来，随着政府职能转变步伐的加快以及建立服务型政府的需要，电子服务的作用日益凸显，一些地方开始按照统一规划、整合资源、分步实施的要求，将政务服务中心信息化建设纳入电子政务建设总体规划，充分利用现有政务信息化平台资源，实现各级政务网络平台与政务服务中心及部门局域网的系统联结，逐步完善网上公告、网上受理、网上办理、网上审批和网上监管功能。这种“后台数据库共享、平台业务整合和前台一表式受理”的整体、协同政务模式，将整个规则内嵌于软件中，使整个政务过程在“内嵌控制”下自动完成，公共服务过程将更加透明。现阶段，我们必须将公共服务电子化摆上政务服务中心发展的战略层面，在体制和流程整合的基础上，加快推进电子政务建设，把政务服务中心的服务集中与政府部门网站的业务整合有机结合起来。

二、我国政务服务中心制度创新的内在逻辑

行政服务中心出现以后，在“学习—模仿”的扩散过程中，中央政府没有锁定地方政府的创新空间，而是采取了“摸着石头过河”的态度，让地方政府根据自身的发展需求去创新。经过自下而上和自上而下多次循环往复的交换，不同的主体根据地方特点进行再创新与不断完善，这场伟大的制度变革持续推进，中央适时出台一系列相关的配套文件、法规、法律来推动这一进程朝着既定的改革方向发展。

(一)制度变迁的基本理论

制度作为一种公共产品,是由个人或组织生产出来的。一般认为,制度变迁是指制度诸要素或结构随时间推移、环境变化而发生的变化,是制度的替代、转换和交易过程。制度变迁通常又表现为制度进化和制度变革两种形式。制度进化是指一项制度通过自身的修正和改良逐步走向优化的过程,制度变革则是指一种具体的制度形式对另一种制度形式的替代。因此,制度不仅有一个自我完善的发展过程,而且还有一个不断新陈代谢的过程。制度变迁是一个从制度均衡到非均衡再到制度均衡的往复循环发展的过程。

随着外界环境的变化或自身理性程度的提高,人们会不断提出新的制度需求,以实现预期增加的收益。当制度的供给和需求基本均衡时,制度是稳定的;当现存制度不能使人们的需求满足时,就会产生制度变迁的需求。制度变迁的收益与成本之比对于促进或推迟制度变迁起着关键作用,只有在预期收益大于预期成本的情形下,行为主体才会去推动,直至最终实现制度的变迁,反之亦然,这就是制度变迁的原则。

(二)政务服务中心制度供给的一般模式

经济学家将制度变迁归结为三种基本模式:诱致性制度变迁、强制性制度变迁以及中间扩散性制度变迁。[①] 其中,强制性制度变迁是由政府法令引起的,其特点是以政府主动制度供给为主,在变迁过程中,制度供给数量或创新次数累计递减;诱致性制度变迁是行为主体受需求的诱导,在争取获利机会过程中的自发性追求,其特点是在变迁过程中,制度供给数量或者创新的次数累计增加;中间扩散性制度变迁由具有独立利益目标与拥有资源配置权的地方政府引发,进而向上下两端逐渐扩散,这一特点导致在变迁中制度供给和创新处于不稳定状态。

1. 基层政府诱致性制度变迁

政务服务中心这种诱致性制度变迁之所以能够发生,是与当时社会经济发展环境密切相关的。在招商引资加速经济发展的大环境下,部分基层政府率先改革,通过制度创新,获得新的发展机会,用单位交易费用较低的制度安排替代

---

① 林毅夫:《关于制度变迁的经济学理论:诱致性变迁与强制性变迁》,见科斯等《财产权利与制度变迁》,上海三联书店 1994 年版,第 382—403 页。

单位交易费用较高的制度安排,以提高政府资源配置效率。这种来自基层自发需求的诱致性制度变迁,尽管在当时还是“非法”的,但是,在经历了实践检验之后,改革成果得到了上级政府和领导人的赞许,政务服务中心的制度创新就开始由少数基层政府自发的诱致性制度变迁,演变为局部地区的诱致性制度变迁了。而当这项制度变迁的收益通过媒体的扩大宣传,被更高层领导深刻理解后,政务服务中心作为行政审批和公共服务改革的基本形式被推广到更大范围。

诱致性制度变迁下制度供给模式的一般性逻辑:从需求来看,是一个逐步累计增加的过程;从制度供给来看,是一个逐步升级和完善的过程。这两者通过制度的阶段性突破予以连接,即需求累增效应要通过阶段性突破来化解,制度供给的累计升级要通过阶段性突破来推动。

2.《行政许可法》中的强制性制度变迁

政务服务中心的制度创新在基层政府取得成功之后,改革的重心逐步上移。2003 年 8 月《中华人民共和国行政许可法》出台后,这项源于基层政府发展需求的诱致性制度变迁,开始演变成由政府法令引起的强制性制度变迁。《行政许可法》第二十六条规定:“行政许可依法由地方人民政府两个以上部门分别实施的,本级人民政府可以确定一个部门受理行政许可申请,并转告有关部门分别提出意见统一办理,或组织有关部门联合办理、集中办理。”2004 年以后,我国地方政务服务中心基本都是由各级地方政府依照《行政许可法》第二十六条规定,经地方党委和政府授权而设立的。

3. 地级市政府的中间扩散性制度变迁

2005 年 4 月,中共中央办公厅和国务院办公厅联合下发《关于进一步推行政务公开的意见》(中办发〔2005〕12 号),明确规定各类综合或专项政务服务中心是地方政府规范和完善政务公开的内容、程序、形式和监督保障措施的有效举措之一。此后,地市级政府成为推进政务服务中心的重要力量。一方面,放权让利改革战略与“分灶吃饭”财政体制实施以来,地方政府的经济利益越来越独立化,拥有通过制度创新来营造有利于本地经济快速发展的强烈动机。另一方面,中央政府关于推进政务公开和政务服务的原则性规定具有很大的变通余地,地方政府利用权威扩散化的特点,依据自身的发展需要,选择制度创新方案,去做上级政府并未明确授权去做的事情,并通过纵向行政隶属关系,实现自上而下的制度供给;然后有意识地通过各种渠道宣传制度创新取得的成绩,制造声势，争取领导批示，获得上级政府对既成事实的认同，争取正式的进入权。

由此可见，一些基本的制度框架（如立法等）是需要中央政府的强制性力量来实行的，但是在基本框架下的制度选择应该由地方政府来推动。不同的制度变迁模式有不同的适应环境，结合各种诱致力量和强制力量是制度变迁顺利进行的前提，但是在不同的环境和时间中诱致力量与强制力量结合的方式有重大的区别：宏观制度框架的变迁应当先以强制性力量为主导，后以自发诱致性力量为辅助；而微观制度安排应当先以自发诱致力量为主导，然后以政府强制力量与市场力量结合为辅助，最后交于自发诱致力量。

（三）中央政府的制度供给累积升级

制度供给是以制度需求为基础逐步完善、逐步升级的，是对前次制度创新的再创新。当制度需求累积达到一定的程度，或者制度需求已经为制度安排者摸清了发展的方向，积累了舆论支持和欲望后，制度安排者就会调整、完善或者出台新制度。

政务服务中心这种制度创新属于同一轨迹的制度变迁，随着制度需求不断累积，制度的决策者就根据需求主体的要求，制定新制度或者修正、创新、完善原有制度。当既定的需求制度得到满足后，需求主体又会产生新的制度需求并且再次逐步累积增加，面对需求压力，制度设计安排者又会对前一轮制度安排进行升级和完善。随着需求的不断积累和制度的不断出台，同一轨迹的制度就会在“需求—供给—再需求—再供给”的交替博弈中不断完善，不断成熟。

1. 制度供给累积升级的主要特征[①]

（1）需求累积增加与阶段性突破相结合。在制度需求累积到一定程度后，即旧制度的边际运行成本等于新制度的边际收益时，制度设计安排者就必须及时安排需求制度的出台，完成一个阶段的制度变迁。

（2）制度需求部分满足与部分不满足相结合。虽然制度供给是以制度需求为基础，但不是对制度需求的全部认定，对那些没有充分的个体实践证明其符合制度变迁的路径，谨慎的决策者只会按照“大数原则”，出台最为稳妥的制度方案。

（3）“自下而上”制度需求与“自上而下”的制度供给交互推动。诱致性制度

① 邓大才：《同一轨迹制度供给累积升级假说》，《华中师范大学学报》2004年第2期，第31—32页。

变迁具有“自下而上”的传导性。基层主体的需求累增效应达到一定的程度必然会引起决策者的关注和研究,并在下一轮制度变迁时把需求者的最新需求作为变迁的主要依据或者主要参考,所以诱致性制度变迁同时又具有“自上而下”的性质。这种先自下而上、再自上而下的“需求—供给”博弈循环,就构成了诱致性制度变迁的制度供给机制。

(4)增量革命、边际创新与存量调整相结合。所谓增量革命就是在不损害或触动原有利益格局与制度框架的状态下,对新增的资源、收益、组织网开一面,让其采取全新的方式运作、创设。一是因为增量改革是选择渐进式的需求诱致方式,各种配套的制度不可能立即完成。二是考虑到如果改革初期立即进行存量革命,必定会招致旧体制的强烈反对。三是对新制度没有完全成功的把握。在这三个主要约束条件下,改革方式只能选择增量革命与边际创新相结合的方式,而不能采取存量革命的方式使改革一步到位。

2. 制度供给累积升级的优缺点

制度供给累积升级的模式有许多优点:一是具有强大的内生性需求基础和坚实的组织保障机制,改革的速度和路径具有可控性;二是具有自动的稳定功能,改革震动效应基本在预期内;三是具有内在的优化演进机制和广泛的决策修正机制,可以降低决策失误率;四是激励机制持久起作用,保证源源不断的改革动力;五是改革收益外溢性和改革主体的受益性,保证了改革的不可逆性。这些都使制度安排的成功率相对较高。

制度供给累积升级的模式也有不少缺点:一是改革难以彻底,核心制度难以突破,或者强制性制度供给长期滞后,制度需求缺口大,容易形成较强的路径依赖甚至体制锁定,从而使制度跌入供给陷阱;二是改革时间较长,速度相对较慢;三是改革成本较大,且有向后累积的趋势;四是导致“双轨制度”长期并存,加大了政府和官员的寻租空间;五是初始制度设计不到位和逐次升级的制度供给,可能会增加制度变迁的总成本。

3. 实现制度供给累积升级的一般条件

(1)有较多的内生制度需求。制度供给时机是否成熟,关键是各级政府部门及其公务员认可和接受的程度。如果需求主体较多,认可程度较高,新制度安排的阻力较小,实施成本相对较低,制度变迁的成本已较适合新制度安排。

(2)制度变迁的方向已基本清楚。通过制度需求主体的反复探索,摸清制度变迁的基本方向,对新制度的运行有清晰的了解,新制度一旦安排就能被微观主体所接受,而且符合实际的需要。

(3)前一轮制度创新已经明显不适合经济社会的发展。前一轮制度供给效率已经基本释放完毕,新制度实施的边际收益等于旧制度运行的边际成本,即新制度替代旧制度能带来供给效率的大幅提升。

(四)制度变迁的"路径依赖"

"路径依赖"类似于物理学中的"惯性",一旦进入某一路径,无论是好还是坏,都可能对这种路径产生依赖。"路径依赖"的存在,使得政务服务中心某些重要改革的初始设计显得尤为重要。

客观上来说,制度变迁过程存在着报酬递增和自我强化的机制,这种报酬递增机制使制度变迁一旦走上了某一路径,它的既定方向会在以后的发展过程中得到自我强化。从这个意义上来说,在没有中央政府明确决策的影响下,我国各地政务服务中心建设最初做出的选择将影响甚至决定它们现在和将来可能的选择。换句话说,沿着各自最初设定的路径,我国各地政务服务中心制度的变迁可能进入良性的循环轨道,迅速优化;也可能顺着错误的路径往下滑,甚至被"锁定"在某种无效率的状态而导致停滞。一旦进入锁定状态,要摆脱就十分困难。

根据经济学家道格拉斯·C. 诺思对制度变迁的路径研究,政务服务中心这种制度变迁的自我强化机制有四种表现:(1)设计一项制度需要大量的初始成本,而随着这项制度的推行,单位成本和追加成本都会下降。(2)学习效应。制度变迁的速度是学习速度的函数,通过学习和掌握制度规则,有助于降低制度变迁成本,提高预期收益,促进新制度的产生。(3)协调效应。为了获取新制度所带来的收益,具有互利性的组织之间会调整自己的行为,对新的制度进行适应性改革,实现与新制度的协调效应。(4)适应性预期。当新的制度给人们带来巨大好处时,人们对之产生了强烈而普遍的适应预期或认同心理,从而使新的制度进一步处于支配地位。

"路径依赖"对制度变迁具有极强的制约作用,在某个特定的时期甚至成为影响制度创新的关键因素。如果路径选择正确,制度变迁就会沿着预定的方向快速推进,充分利用现有资源来促进新的制度创新,成为推动制度进一步变迁的重要力量,双方呈现出互为因果、互相促进的良性循环局面。如果路径选择不正确,制度变迁带来的不是普遍的收益递增,而是有利于少数特权阶层,那么这种制度变迁不仅得不到支持,而且将导致制度的衰退,这种"锁定"局面一旦出现,就很难扭转,许多制度改革在这方面教训深刻。因此,我国政务服务中心在经历制度变迁的过程中必须不断解决“路径依赖”问题。

三、政务服务中心发展中存在的主要问题

(一)政务公开与人民群众的期望仍有差距

深化政务公开是全面推进政务服务中心建设的基本前提,但是,受到诸多因素的制约,这项工作离党中央、国务院的要求和人民群众的期望仍有差距。突出表现在:被动公开多于主动公开,政务公开内容不够全面和彻底;政务公开的项目和标准不统一、运行不够规范,实际效果不能满足各方面需要;行政权力运行过程不透明的问题比较突出,导致群众不满意。强化对权力运行的制约,强调和注重过程的公开,这是政务公开深化的必然要求。深化政务公开的重点在基层,难点在与人民群众生活密切相关的审批和服务事项的公开。

2011 年 9 月 13 日,国务院办公厅转发《全国政务公开领导小组关于开展依托电子政务平台加强县级政府政务公开和政务服务试点工作的意见》,在全国选择 100 个县(市、区)开展试点工作,用一年的时间,建立和完善统一的电子政务平台,充分利用平台全面、准确发布政府信息公开事项,实时、规范办理主要行政职权和便民服务事项,并实现电子监察全覆盖,为在全国全面推行奠定基础,积累经验。

在我国的政权体系中,直接面向群众的政务审批和服务大多数由县级政府提供,直接涉及人民群众具体利益的行政行为大多数由县级政府做出。党的十八届三中全会《中共中央关于全面深化改革若干重大问题的决定》明确指出:“直接面向基层、量大面广、由地方管理更方便有效的经济社会事项,一律下放到地方和基层管理。”利用信息化手段加强推进县级政府政务公开和政务服务,是政府自身建设和管理的重点,有利于保证政务公开各项任务落实到基层,更好地为群众提供高效、便捷的政务服务,促进县级政府依法行政、阳光施政。

(二)部分地区政务服务中心发展不受重视

从纵向来看,政务服务中心建设水平省级高于地市级,地市级普遍高于县级,乡镇及以下的基层政务服务中心建设基本处于探索阶段,呈现出政务服务

中心能力逐层递减的现象；从横向上看，县一级政务服务中心的发展不平衡性远远高于地市一级政务服务中心，经济发达地区的政务服务中心建设力度远远高于欠发达地区，乡镇及以下的基层政务服务中心建设在很多地区仍然处于空白状态。党委和政府主要领导的思想观念和重视程度是政务服务中心发展水平高低的重要决定因素。部分地方和部门的领导对开展集中审批的重要性认识不足，对政务服务中心的建设不重视、不支持，甚至应付了事。一些区直和市直部门过于强调本部门的种种特殊性，对进驻政务服务中心存在抵触心理；少数地方甚至认为成立政务服务中心是权宜之计，应付观望的思想严重；个别地方政务服务中心由于主要领导不重视，甚至连基本的场地和人员都未配备齐全，政务服务中心的发展参差不齐。这种状况在很大程度上制约了政务服务中心整体效能的提高，影响着地方投资环境的进一步改善。

建设政务服务中心是全社会的事业，不是少数领导的个人意愿，也不是政务服务中心管理层的一厢情愿。政务服务中心按公众和企业的意愿开展了服务之后，还应该让全社会公众知晓，了解政府通过哪些渠道、有哪些服务提供给民众，充分发挥和调动民众需求力量，以推进政务服务中心的建设，多渠道、多途径开展广泛宣传不可或缺。只有得到全社会充分关注和支持，政务服务中心才能健康快速发展。

（三）集中审批落实不到位

一些职能部门在选择进驻项目上往往“避重就轻”“进瘦留肥”，有的甚至象征性地把部分无关紧要的审批事项进驻服务中心，含金量高或者有利可图的审批项目则以各种理由留在部门办理。有些部门将项目审批过程割裂开来，把重要的办理环节留在部门，造成“体外循环”“两头受理”等现象。从全国范围来看，各地政务服务中心进驻的项目极不平衡，有的进驻项目多，办件量大，运转顺畅；有的则相反，有些中心处于基本停滞状态。此外，与审批事项相关的配套服务事项进驻难度大，特别是一些基本建设项目审批需要中介机构出具评审、鉴定、检测等报告，由于中介服务的不配套、不完善，导致办事企业和群众还要跑多个相关单位。调研发现，进驻单位和进驻项目少，不能形成完整的审批链条，是目前制约中心发展、影响中心“一站式”服务功能发挥的主要症结所在。

（四）授权不足现象比较普遍

充分授权是政务服务中心真正发挥作用的前提条件。研究发现，在很多地方虽然有相当一部分审批事项已进入政务服务中心办理，但是，部分职能部门对进驻中心办理审批的窗口授权不到位，具体窗口办事人员缺乏一定的决定权，现场办结功能不健全，“即办件”比例偏低，出现当事人先到中心申报材料，再到职能部门办理审批，在中心与部门之间来回跑的现象。政务服务中心成了部分单位的“收发中心”，窗口成了“传达室”，不但没有方便群众，反而增加了群众的负担。职能部门中，“承诺件”居多数，多数事项要回到原单位办理，而同样的事项在开展“两集中”较好的政务服务中心已作为“即办件”处理。一项对窗口工作人员的随机调查表明，认为一点没有授权或简单事项有决定权的达61%，认为有完全决定权的仅占9%，36%的人认为对部分事项有决定权，62%的人认为涉及部门内处室或多个部门并联审批的流程还需简化。

四、国外政务服务的经验借鉴

我国政务服务中心是在借鉴国外“一站式”(One-Stop)政府服务模式的基础上，结合我国的国情进一步发展起来的。“一站式”政务服务是20世纪70年代以来西方发达国家公共管理改革的重要成果，也是服务型政府建设的重要载体，对我国政务服务中心建设具有重要的借鉴意义。

(一)国外“一站式”政务服务机构的类型

最初的“一站式”政务服务机构出现在20世纪70年代的欧洲，是由瑞士的圣加尔市和美国IBM公司联合开发的市民办公室。90年代以来，“一站式”政务服务机构蓬勃发展，英国、德国、荷兰等国的地方政府普遍通过实行“一站式”的服务方式，把与公众相关的服务项目集中在一个地方，实现“一条龙”服务，受到了公众的热烈欢迎。

1. 按服务内容和实现程度划分

根据服务内容和实现程度，可以将政府“一站式”服务分为“第一站模式”(First-Stop)、“便利店模式”(Convenience Store)和“完全一站式”(True one-stop)。

“第一站模式”实际上只是一种信息柜台，通常只能向公民提供所需要的公共服务信息和有关指导，主要的功能是提供咨询。“便利店模式”是指将流程简单的办事服务集中在单一的办公地点或者网站上，使得公民可以在此轻松便捷地获取服务,该模式不涉及那些更为复杂、费时的办事服务。“完全一站式”服务集中了针对特定人群或特定需求的几乎所有相关服务,集中了不同部门甚至不同层级政府的权限。

2. 按服务提供主体划分

根据服务提供主体的不同,可以将政府“一站式”服务分为“业主提供型”“业主联合提供型”“统一提供型”“服务机构代理提供型”等。

“业主提供型”是由某个政府部门直接提供“一站式”服务;“业主联合提供型”是由多个政府部门在一个共同环境(一栋大楼)中来提供“一站式”服务;“统一提供型”是由多个政府部门通过建立一个相对固定的合作关系来提供“一站式”服务;“服务机构代理提供型”则完全是由一个独立于政府系统的服务机构,依据政府授权来代理提供“一站式”服务。

3. 按服务实现手段划分

根据服务实现手段的不同,可以将政府“一站式”服务分为“办公室服务模式”“互联网服务模式”“自助亭服务模式”“电话中心服务模式”和“移动服务模式”。

“办公室服务模式”就是设立“一站式”服务办公室,或者是建立“一站式”服务大厅,将面向公民和企业的办事服务项目集中起来,采用传统的面对面的柜台式办公。“互联网服务模式”则是通过互联网构建“一站式”服务网站。“自助亭服务模式”基本类似于 ATM 自动取款机,主要用于政府服务信息的查询,通常设置在商业区和居住区,为公民提供便利。“电话中心服务模式”就是通过特定的电话服务号码来提供各种信息、指导或协助公民办理公共服务。“移动服务模式”就是政府在灾害等特定情况下,通过“一站式”移动服务车,把服务送到公民面前。

(二)国外“一站式”政务服务的启示

1. 坚持“以公民需求为导向”

推行“一站式”政务服务是发达国家政府向企业学习、改革政府服务的重要手段,其核心理念是“以公民需求为导向”,不断改善服务,提高效率。在“一站式”政务服务的模式下,政府通过整合公共服务的供给,使公民的事务办理能够在一次单一接触中完成,方式可以是面对面、电话或传真、互联网等,公民不用来回重复解释他们的情况。对公民而言,“一站式”政务服务应该是“方便的、可获取的、并且人性化的”，至于服务机构设置和服务范围的确定，各国因实际情况不同而有差异。

2. 制定发展战略，明确法律地位

在建立“一站式”政务服务机构过程中，西方发达国家通常会制定明确的“一站式”发展战略，从法律和制度上对“一站式”政务服务机构的功能、地位、服务标准以及相关的财务经费问题等作出明确规定，以确保“一站式”发展战略的顺利实施。例如，美国自1993年发起政府再造运动以来，主要制定了三个“一站式”服务计划：Access America Project、Hassle-Free Communities Project 和 First Gov Project。澳大利亚政府针对“一站式”服务外包委托机构的主要服务范围、服务方式、服务标准等一系列重要问题制定了明确的法律规定。

3. 加强调研，明确服务方向

为了确保政府管理改革和创新的成效，国外在建设“一站式”政务服务机构过程中，都以开展大规模调研为先导，对公民进行了广泛的调查，了解公民们希望得到什么样的公共服务，希望通过什么渠道提供。例如1992年，在德国哈根(Hagen)就做过这样的调查，询问内容是了解公众认为什么因素重要。调查结果发现，“所有的服务都在一栋楼里”并不是公民认为最重要的，而“友好的工作人员”“很容易理解的表格”和“有指导性建议”按重要程度得分被列为前三名。可见，软环境比硬件设施在民众心里更为重要。

4. 广泛宣传，不断改进服务

“一站式”政务服务的广泛宣传不可或缺。让公民知晓并了解政府通过哪些渠道、有哪些服务提供给民众，一方面可以扩大“一站式”政务服务的影响，另一方面也可以强化公民对“一站式”政务服务的监督。例如，澳大利亚开通了一个卫星电视频道来宣传讨论“一站式”政务服务的 Center link 外包项目，在新南威尔士州，政府还雇佣了一个广告公司为其“一站式”服务项目进行宣传，在公共汽车等公共交通工具上刊登大幅“一站式”政务服务广告。为了不断提高“一站式”政务服务的质量，发达国家还确定了服务标准以及服务绩效的评估方式。“一站式”政务服务项目实施以后，政府会定期向民众征集意见，开展服务绩效评估。例如，澳大利亚的 Center link 项目每隔六个月就会进行大规模的客户调查，政府根据反馈要求相关部门改进其服务。

5. 强化“一站式”政务服务机构前后台关系整合

对于各国政府来说，“一站式”政务服务机构的前后台关系处理都是一个难题。“一站式”服务客观上要求把政府服务和信息集中到一起提供,但是各职能部门既有结构的区别,也有职能履行的差异,更有各自利益的考量,要做到“一体化”整合,客观上存在着诸多的困难。从实践上来看,要最大限度地发挥“一站式”政务服务的优势,必须坚持“有所为,有所不为”的原则,区别对待,分步实施。

(1)建立政府高层协调机构。具体来说,必须由政府高层领导牵头,相关部门首脑组成最高指导机构,各部门以某种方式开展合作,共同指导决策“一站式”政务服务机构的运作。例如澳大利亚的塔斯马尼亚州的 Service Tasmania 项目就是由该州州长牵头组成指导委员会,协调相关部门开展公共服务合作,最终将所有的政府服务通过互联网站实施。

(2)开展政府公共服务外包。政府职能部门与“一站式”政务服务机构签订合同,将本部门的一部分服务“外包”给“一站式”政务服务机构,向“一站式”政务服务机构购买服务,如果“一站式”机构服务做得不好,主管部门有权将外包的业务收回。例如,澳大利亚的相关政府部门将本部门部分或全部的服务项目外包,Center link(联邦服务部)作为政府“一站式”服务机构接受外包委托,其服务范围主要是提供社会保障和帮助民众寻找工作,服务合同则涵盖了服务的质量和一些其他支持措施,合同期一般是三年。联邦服务部不直接从财政部获得预算,而是以购买服务的方式,通过合同从政府部门获取经费。如果主管部门对联邦服务部提供的服务不满意时,部门大臣有权终止合同。

(3)加快信息技术的应用。在“一站式”政务服务建设过程中,如果没有信息技术的有效支撑,这种“一站式”的服务机构是很难支撑下去的。因为在服务公民的过程中,在公共服务窗口的办公人员需要通过远程数据的获取才能够完成不同的职能。从全球范围来看,建立以顾客为中心的政府门户网站“一站式服务”,已经成为世界各国政府的共识。公民通过一个门户网站可以进入政府的所有部门,或者可以进入任何一个由政府向用户所提供的服务项目,用户只需要在网上完成他所需要的与政府互动的事务处理,根本不需要知道在这件事情完成的过程中,他与哪些政府部门、哪些政府官员打过交道。这样既可以大幅度提高办事效率、方便用户,又可以大大减少腐败现象的发生。1999 年成立的新加坡“电子公民中心”已经成为“世界上最完善的提供综合性服务的范例”。2004 年底,OECD 国家已经实现了公共服务项目 100%上网,所有政府审批手续都可以上网办理。“一站式”网站将所有政府服务都集中起来,并与各政务内网安全链接和集成,形成基于“一站式”服务框架的电子政务系统,成为“电子政务系统建设的最终目标”。

五、“十二五”期间我国政务服务中心的发展目标和要求

党的十七大提出了建设服务型政府的目标，2010 年国务院颁布的《关于加强法治政府建设的意见》，以及 2011 年中共中央办公厅和国务院办公厅颁布的《关于深化政务公开加强政务服务的指导意见》等，为“十二五”期间政务服务中心的发展指明了方向，并在服务理念、服务内容、服务对象、服务方式、服务领域、服务效能等方面对政务服务中心提出了新的要求。

（一）政务服务中心的发展目标

1. 围绕服务经济社会发展不断提升服务能力

为经济社会发展服务是政务服务中心建设最重要的原则。“十二五”期间，我国政务服务中心的建设和发展必须与社会主义市场经济建设的进程相适应，与行政管理体制改革相协调，简政放权，进一步深化行政审批制度改革，增加服务功能和效能。各级政务服务中心需要通过建立完善的服务体系，创新服务机制提高办事效率，为各类市场主体创造公平的发展环境，为人民群众提供良好的公共服务，逐步确立政务服务中心的公共服务主体地位。

2. 全面正确履行政府职能，推进服务型政府建设

服务型政府建设的核心是转变政府职能。坚持取消和调整审批项目，将政府管理从不该管、管不了、管不好的事务中解脱出来，把更多精力放在抓社会管理和公共服务、解决社会发展和民生问题上，更好地履行经济调节、市场监管、社会管理和公共服务职能，更大程度地发挥市场在资源配置中的基础性作用，实现政府由管理型向服务型的转变。

3. 坚持以人为本，维护人民群众的合法权益

政务服务建设的根本目的，是实现好、维护好、发展好最广大人民的根本利益，让人民群众共享改革发展的成果。必须坚持以人为本，以解决人民群众最关心、最直接、最现实的利益问题为突破口，提高政府工作透明度，转变施政方式和工作作风，促进依法行政，消除一些地方和部门长期以来存在的“门难进、脸难看、事难办”的不良现象，让人民群众更好地监督政府，更多地参与经济社

会事务管理。

4. 坚持统筹推进,提升政务服务的综合效应

加强政务服务建设是一项政治性、政策性、技术性都很强的系统工程,内容涉及政府机关的各个层级,涵盖社会生活的方方面面,对人民群众的生产生活具有重要影响。必须坚持将政务服务建设纳入本地区本部门经济社会发展的总体规划,与行政管理体制改革、惩治和预防腐败体系建设结合起来,统筹考虑,同步推进,发挥综合效应。

5. 坚持改革创新,增强政务服务的活力

政务服务建设涉及政府部门职能权力的定位与调整,涉及管理理念和服务方式的更新与变革,需要对现有权力格局及运行机制进行完善,不断推进体制改革和机制创新。必须主动适应市场经济发展的新要求,进一步改进思想观念、思维方式和工作方法,积极探索、大胆实践、勇于变革。

(二)政务服务中心建设的具体要求

1. 简政放权,进一步深化行政审批制度改革

行政审批制度改革是加强政务服务建设的核心内容。2001 年 9 月国务院全面推进行政审批制度改革工作以来,各地区各部门按照中央的要求,精心组织,大胆实践,行政审批项目大幅削减,行政审批行为日益规范,取得了明显成效。与此同时,一些地方和部门审批事项过多过滥、程序繁琐、责权脱节、监管不力的问题尚未根本解决,重权力轻服务、重审批轻监管现象仍然存在。党的十八届三中全会决定明确指出,要"进一步简政放权,深化行政审批制度改革,最大限度减少中央政府对微观事务的管理,市场机制能有效调节的经济活动,一律取消审批,对保留的行政审批事项要规范管理、提高效率;直接面向基层、量大面广、由地方管理更方便有效的经济社会事项,一律下放地方和基层管理"。"十二五"期间,行政审批制度改革要重点抓好以下四个方面工作。

(1)继续清理现有审批事项。对不符合政企、政事、政府和中介组织分开原则,通过市场机制可以解决的事项,通过加强监管可以达到管理目的的事项,多个部门或环节重复交叉审批增加行政成本和管理相对人负担的事项等,坚决取消,切实做到"应减必减"。

(2)规范行政审批行为。针对一些地方和部门审批过程中的自由裁量权过大、办事透明度低、程序繁琐、时限过长、工作效率低下、不能为基层和群众提供

优质高效的服务等现象，要通过加强审批流程管理、创新审批运行机制、健全审批实施制度等，推动行政审批事项的规范运转。

(3)加强对行政审批权力行使的监控。对行政审批权力缺乏有效的监督制约，是当前滋生腐败的一个重要原因。要进一步建立健全行政审批权力行使的监督体系，完善行政审批电子监控机制，切实加强对行政审批权力行使的监控，防止行政审批过程中的腐败行为。

(4)加强改革探索。现阶段，很多地区和部门在审批制度管理改革方面进行了有益的尝试。要继续推进行政审批权相对集中改革，探索审管分离与建立大部门体制的有机结合，严格实行“审批职能集中、审批事项集中、审批人员集中”，进一步理顺政府审批职能部门与进驻中心窗口、中心与窗口的关系。

2. 全面推进政务公开

公开透明是服务型政府建设的重要目标。深化政务公开，提高政府工作透明度，有利于人民群众加强对政府行政行为的监督，促进政务服务建设。

(1)加大政府信息公开力度。认真贯彻实施《政府信息公开条例》，坚持以公开为原则、不公开为例外，凡是不涉及国家秘密、商业秘密和个人隐私的政府信息，都要向社会公开。加大主动公开力度，重点推进财政预算、公共资源配置、重大建设项目批准和实施、社会公益事业建设等领域的政府信息公开。政府全部收支都要纳入预算管理，所有公共支出、基本建设支出、行政经费支出的预算和执行情况、政府性基金收支预算和中央国有资本经营预算等情况都要公开透明。政府信息公开要及时、准确、具体。对人民群众申请公开政府信息的，要依法在规定时限内予以答复，并做好相应服务工作。建立健全政府信息公开的监督和保障机制，定期对政府信息公开工作进行评议考核。依法妥善处理好信息公开与保守秘密的关系，对依法应当保密的，要切实做好保密工作。

(2)推进办事公开。要把公开透明作为政府工作的基本制度，拓宽办事公开领域。所有面向社会服务的政府部门都要全面推进办事公开制度，依法公开办事依据、条件、要求、过程和结果，充分告知办事项目有关信息。要规范和监督医院、学校、公交、公用等公共企事业单位的办事公开工作，重点公开岗位职责、服务承诺、收费项目、工作规范、办事纪律、监督渠道等内容，为人民群众生产生活提供优质、高效、便利的服务。

(3)创新政务公开方式。进一步加强电子政务建设，逐步推进行政权力网上公开透明运行，各类行政程序都要向社会公开，接受群众监督。要按照权力的取得要有据、配置要科学、运行要公开、行使要依法、监督要到位的要求，把公开透明要求融入权力运行的全过程，保证公开内容真实可信、过程有据可查、结果公平公正。要把政务公开与行政审批制度改革结合起来，推行网上电子审批、“一个窗口对外”和“一站式”服务。

3. 加强政务服务中心建设和管理

政务服务中心是地方政府深化行政审批制度改革、推进管理创新的重要举措，也是履行政府公共服务职能、建设政务服务体系的重要载体。政务服务中心成立以来，在规范行政审批、提升服务效率、方便企业和群众办事、加强对行政审批行为的监督方面，发挥了积极作用，显示出蓬勃发展的良好势头。但是，政务服务中心建设也存在着发展不平衡、不规范、随意性较大、与行政管理体制改革不同步等问题。要进一步发挥政务服务中心的作用，必须从以下三个方面努力。

(1)进一步明确政务服务中心的职能定位。科学合理地确定政务服务中心的职能是继续推进政务服务中心建设的基础，各级政府要按照中央下发的《关于深化政务公开加强政务服务的意见》，进一步规范和发展各级各类政务服务中心的机构职能、管理制度、运行模式、人员配备、服务内容等。充分结合当地社会经济发展的需要，改革与之不相适应的行政管理体制，加大政府职能转变的力度，为政务服务中心的健康持续发展提供制度和体制保证。

(2)加强政务服务中心制度建设。要完善并落实首问负责制、限时办结制、考核评议制、追究问责制等制度，改善服务质量，提高服务效率，确保中心的各项工作在制度规范内运行。要加强中心各项工作的标准化建设，加强中心内部管理，建立健全管理、监督、评价和责任追究机制，确保中心工作运转有序、管理规范、公开透明、高效廉洁。

(3)完善政务服务中心运行机制。对与企业和人民群众密切相关的行政管理事项，要尽可能纳入政务服务中心办理。要在对审批事项全面清理的基础上，扩大进驻政务服务中心办理事项的范围并充分授权，为群众提供优质高效服务。要逐步探索加强各级政务服务中心体系建设，做到上下联动、有效衔接。充分利用现代信息技术，建设好互联网信息服务平台和便民服务网络平台，方便人民群众通过互联网办事。

六、全面推进政务服务中心建设的建议

“十二五”期间,政务服务中心的建设和发展必须与社会主义市场经济建设的进程相适应,与行政管理体制改革相协调,进一步简政放权,深化行政审批制度改革,增加服务功能和效能。各级政务服务中心要以提高服务质量和效率为重点规范服务中心运行,着力为群众解决实际问题,通过建立完善的服务体系,创新服务机制提高办事效率,为各类市场主体创造公平的发展环境,为人民群众提供良好的公共服务,逐步确立政务服务中心的公共服务主体地位。

(一)简政放权,推进行政审批改革的二次设计

1. 行政审批制度改革的基本特点

行政审批制度改革是各级政务服务中心的核心工作。十多年来,我国行政审批制度改革表现为如下基本特点。

(1)重视量化改革——每次改革的成果集中体现为数量的精简。

(2)协商改革——改革的内容需要征询被改革部门同意,在协商的基础上完成。

(3)交办改革——由中央政府根据需要交办给相关的部委,由于行政审批制度改革的复杂性和长期性,这种带有临时性的交办任务,使得相关部委很难从全局高度进行统筹设计,因此,导致改革碎片化,缺乏整体设计。

因此,尽管从 2002 年至 2012 年,十年来,国务院分六批共取消和调整了2 497项行政审批项目,占原有总数的 69.3%,新一届政府加大了行政审批制度改革的力度,先后五次取消和下放行政审批事项达 304 项,与此同时,集中、公开审批的推进,审批时限的压缩、审批流程优化取得不同的进展,但是,行政审批制度改革成就依然不尽如人意。

2. 行政审批改革存在的主要问题

(1)存量边清边增,增量缺乏审查控制。法制办和全国人大常委会法工委基本就法论法,没有进行成本收益、规制影响分析的职能,重要的是他们没有法律授权进行专门的许可控制。

(2)明减暗增,更名改姓规避法律。《行政许可法》出台不久,就出现了“非

许可审批”“备案制”“核准制”等提法，现在很多行政机关都是用“登记、备案、核准、审定、年检、认证、监制、检查”等非许可审批方式来规避《行政许可法》，给企业和公民设置“门槛”，与审批没什么区别，而且多数是收费的，《行政许可法》一些规定被架空，难以落实。

(3)缺乏权威部门主导。到目前为止，行政审批改革一直需要审批部门的同意，直接导致改革的主导权由被改革部门控制，而不是在改革主导部门手上，因此，必然导致触及核心利益的改革事项难以推进。

(4)政府与市场、社会边界依然不清晰。政府及其部门通过非许可审批和公共服务事项，彰显自己的存在和价值，给企业和公民增加负担。

3. 推进行政审批改革的二次设计

因此，要全面履行政府职能，简政放权，进一步深化行政审批制度改革，必须推进行政审批改革的二次设计。

(1)设立权威部门主导改革。由于行政审批改革具有长期性、复杂性、重要性，部门牵头改革的模式会延缓改革进程、降低改革效能。为此，需要各级政府授权成立行政审批改革办公室(审改办)作为特设机构，主导、统筹、研究、推进、监督行政审批改革工作。改什么，怎么改，由审改办审批并决定。通过审改办的统筹，强制推进政府职能转变。地方政府行政审批改革办公室可以设在政务服务中心。行政审批改革办公室作为常设的权威部门需要综合编办、监察、法制、改革、财政等部门的力量。

各级审改办要用群众路线指导行政审批改革，开门改审批，按照“为民、便民、亲民”的宗旨，充分听取行政相对方的意见，而不是闭门造车、由行政部门自己说了算；要专职改审批，建设专职队伍，研究、精通审批事项，避免外行领导内行改革；要持续改审批，根据各级各地政府审批中存在的主要问题，攻坚克难，有计划有步骤科学推进；要规范改审批，依法合规、合情、合理推进审批制度改革。

(2)全面清理审批事项，建立权力清单制度。要将许可审批、非许可审批和公共服务事项统一纳入清理范围，避免更名改姓，名改实不改。要进一步明确和规范三类事项的设置权限和规则，确定清理的时点，如2000年之前的宣布无效，只清理之后的事项。设置缓冲期，不符合设置权限的，在缓冲期之后，宣布无效。确需设立的，按新的规则重新设置。这方面广州市明确清理行政审批、备案事项的十大原则做法值得借鉴。

许可审批的清理重点在于是否以规章、文件等形式设定或变相设定行政审批项目，地方政府是否越权附加审批条件。非许可审批清理的重点是事项、流程、时限等要素的合法性与合理性。公共服务事项清理要遵循“合法性、合理性、便捷性和第三方服务”的原则，重点清理教育、文化、医疗卫生等社会事业和公共服务领域的审批、备案事项，涉及市场监管、社会治理、民生保障方面的审批、备案事项，涉及资料性审查、项目评估、统计分析及从业资格、资质审查和职称评审等审批、备案事项。

(3)规范三类事项的设置。《行政许可法》第二十条规定：“行政许可的实施机关可以对已设定的行政许可的实施情况及存在的必要性适时进行评价，并将意见报告该行政许可的设定机关。”据此，行政审批办公室负责对每一项政府审批的合法性进行分析，作出成本和收益衡量，严格约束自由裁量权，按统一的规则，规范现有的审批事项的名称、权力来源、内容、流程和监管，做到“三个严格”：一要严格设定标准；二要严格设定程序；三要严格对设定和实施行政许可的监督。

(4)建立审批和服务事项代码。探索按地域、审管部门、来源等因素，建立行政审批事项和公共服务事项代码制度。对每一个行政审批事项赋码，形成国家统一管理的行政审批事项代码库、地方公共服务事项代码库。依据统一代码，对行政审批事项和公共服务事项进行量化管理。通过建设统一的审批和服务事项代码库，实现“把权力关进笼子里”。

(二)推进行政审批标准化，规范权力运行

1. 行政审批标准化的意义

标准化是行政审批行为重复性特性的内在要求。改革创新与标准化是提升管理水平的两个车轮，改革创新是提升管理水平的驱动力，而标准化是保持管理水平和服务品质的制动力，是规范行政审批权力的有力手段，是向全社会提供无差别的优质行政审批服务的重要工具，是实现审批环节无缝衔接的基本前提。

2. 行政审批标准化的目标

规范行政审批行为。通过标准化限制审批过程中的自由裁量权，消除行政审批过程中的随意性、差异性，提高行政审批服务的规范性和稳定性。

阳光审批。通过标准化和公开各类标准信息，明确审批事项、审批要件、审

批流程和环节,增加社会公众的知情权,引导办事人员和办事对象按照公开的标准化规划办事,实现阳光审批。

提供高效便利的行政审批服务。通过无缝衔接的标准化审批流程和规范化、公开化的行政审批行为,提供便捷、透明、顺畅、稳定、高效的行政审批服务。

3. 行政审批标准化的内容

行政审批标准化的内容主要包括:行政审批事项的标准化、审批要件的标准化、审批流程的标准化、办事指南的标准化、办事制度的标准化、基础设施的标准化、表单标准化、收费标准化和责任标准化等。

4. 行政审批标准化需要注意的问题与对策

警惕和杜绝以标准化为名进行不合理的利益锁定。标准化在一定程度上是对行为的定型,在推进行政审批标准化的过程中,如果简单地将标准化等同于现有法律规范和部门既有的规范,有可能使标准化变成部门利益锁定的工具,走向标准化的反面。

采取分步推进的策略。行政审批标准化是对传统审批行为的根本性改造,是对原有行政方式、行为习惯的极大挑战,推进过程中要充分考虑到可能遇到的阻力,要制订合理的实施意见,最大限度降低行政审批标准化过程的阻力,增加标准化改革工作的可操作性。可以采取先易后难、先单后联、突出重点、试点先行的方法。即先细化各个部门单个事项的行政审批标准,再综合形成行业、领域涉及多个部门的联合审批标准体系;先选取基础较好、关系经济社会发展大局的部门作为试点,再在试点成熟的基础上加以总结推广和深化提升。

(三)围绕行政审批改革提高政务公开的质量

公开透明是服务型政府建设的重要目标。围绕公民和企业关心的审批制度改革,深化政务公开,提高政府工作透明度,有利于人民群众加强对政府行政行为的监督,促进政务服务建设。

1. 公开信息

政务服务中心承担政府信息公开的重要职能,除了做好审批事务的公开透明以外,政务服务中心要进一步丰富政务公开的内容。要加大政府信息公开力度,重点推进财政预算、公共资源配置、重大建设项目批准和实施、社会公益事业建设等领域的政府信息公开。规范和监督医院、学校、公交、公用等公共企事业单位要重点公开岗位职责、服务承诺、收费项目、工作规范、办事纪律、监督渠道等内容。建立健全政府信息公开的监督和保障机制,定期对政府信息公开工作进行评议考核。努力把政务服务中心建设成为发布法律、政策、重要决定、重大事项等政务信息的窗口,收集群众对政府工作及当地经济社会发展的意见建议的重要渠道,进行重要决策和行政许可、行政复议、行政处罚等听证、质证的重要场所,受理相关咨询投诉等政务公开的平台。

2. 透明权力

政务服务中心通过形式集中,达到审批职能集中、审批事项集中和审批人员集中,最终逐步实现决策、执行和监督的分离。要把公开透明作为政府工作的基本制度,拓宽办事公开领域。所有面向社会服务的政府部门都要依法公开办事依据、条件、要求、过程和结果,充分告知办事项目有关信息。要着力推进行政权力运行公开透明和程序化。要按照权力的取得要有据、配置要科学、运行要公开、行使要依法、监督要到位的要求,把公开透明要求融入权力运行的全过程,保证公开内容真实可信、过程有据可查、结果公平公正。

3. 强化监督

完善现有的行政审批电子监察系统,逐步推进行政权力和各类行政程序网上公开,接受群众监督。充分发挥电子监察的优势,加强对重点领域、重点部门、关键环节的监控,强化对行政审批全过程的监督。建立健全行政审批和服务公众评议制度、第三方评价制度、人大代表质询制度和绩效评价制度,提高监督的针对性和有效性。

(四)加强体系化建设,完善综合性公共服务集合体

综合性新型公共服务集合体的建设是一项复杂的系统性工程,需要依托体系化、标准化、信息化和网络化管理分步骤推进。2007 年 9 月,广西壮族自治区政府首次在全国率先提出了将自治区各级政务服务中心建成区、市、县三级联网,区、市、县、乡(镇)四级联动,行政审批、资源配置、效能监察、社会服务“四位一体”的综合性新型公共服务集合体。经过三年多的探索,综合性新型公共服务集合体的雏形基本确立,为我国政务服务中心建设提供了有益的借鉴。

1. 横向体系化建设

横向体系化建设以行政审批为中心,以业务流程再造为重点,通过部门之间的业务协同,将涉及联审联办、并联审批的前置、后置环节连接起来,经由流程再造之后,形成高效、完整的审批服务链条,最终实现无缝隙政府。

2. 纵向体系化建设

纵向一体化建设以服务功能下沉为中心，推进政务服务逐步向农村、社区延伸。具体来说，省至县级政务服务中心以服务标准化为中心，以上下协同为重点；乡镇以下的便民服务中心以服务便捷化为中心，以服务整合为重点。两者互为补充、相互呼应，分层推进。

3.“四位一体”整体推进

综合性新型公共服务集合体是在政务服务中心原有审批职能基础上，实现服务职能的进一步扩展，是对政务服务中心的再次定位，也是适应建设服务型政府要求的必然选择。要依托政务服务、政务公开、政府信息公开“三位一体”管理体制，实现政务公开、行政审批、公共服务、公共资源交易“四位一体”整体推进，进一步完善政务服务中心功能体系化建设。

（五）有步骤推进网上与大厅审批服务一体化

国内外的实践充分表明，在信息时代，没有信息技术的有效支撑，政务服务中心的“一站式”服务很难有效发展下去。2008 年，广西壮族自治区依托“政务服务及监察通用软件”，率先建成三级联网的政务服务体系，实行政务服务三级联动和电子监察三级联网，收到了很好的效果。“十二五”期间要充分发挥国家电子政务已建立的网络和数据库的优势，在进一步完善“政务服务及监察通用软件”功能基础上，紧紧围绕政务服务标准化、体系化、无差异行政审批，加快网上与大厅审批服务一体化步伐，为政务服务中心的进一步发展提供坚实的技术保障。

1. 依托政务外网实现审批服务业务横向一体化

要将政务服务中心的信息化建设纳入电子政务建设的总体规划，统筹规划、同步推进。要依托国家统一的政务外网，从横向上实现各级政府政务网络平台与政务服务中心及部门局域网的联网，真正实现网上审批、电子监察等跨地区、跨部门的协同办公，做到政务服务中心与窗口之间、窗口前台与部门后台之间、各部门之间的信息共享、协调联动。

2. 依托标准化实现行政审批服务业务纵向一体化

要依托标准化建立省级行政区域内政务服务中心行政审批系统和便民服务系统信息技术标准，通过统一的数据交换平台，从纵向上形成全区政务服务中心之间规范统一、上下联动的行政审批电子网络体系,有效解决同一行政审批业务在不同层级机关之间的沟通协作问题。

3. 依托政府门户网站实现网上和大厅审批服务一体化

公共服务网络化已经成为"一站式"服务的主导方式,2005 年底,OECD 国家已经完成了政府服务全部上网的目标,所有政府手续都可以实现上网办理。"虚拟政府"会自动将客户的资料分发给各相关部门,并在规定的时间内监督其审批,公民便可以足不出户地享受政府服务。"十二五"期间,政务服务中心的信息化建设要与国家电子政务外网建设形成有机的整体,通过政务外网"一网式"办公支撑,扩展政务服务中心审批和服务职能,最终实现互联网虚拟审批服务与大厅实体审批服务一体化整合。

基于“最佳实践”的政府绩效管理研究*

* 出自2012—2013年度中国行政体制改革研究会行制改革研究基金资助课题“政府绩效管理最佳实践案例研究”。课题组负责人：刘旭涛，国家行政学院公共管理教研部副主任、教授；李海超：证监会研究中心副主任。执笔人：刘旭涛。

一、研究背景

政府绩效管理是创新政府管理方式和加强政府自身建设的重要手段。党的十八大报告提出“创新行政管理方式,提高政府公信力和执行力,推进政府绩效管理”,十八届三中全会通过的《关于全面深化改革若干重大问题的决定》中,又进一步要求“严格绩效管理,突出责任落实,确保权责一致”,这标志着在我国行政体制改革的进程中,政府绩效管理将成为创新政府管理方式、提高政府效能、改进公共服务质量的重要方式和有效工具。

政府绩效管理,从名词概念、理论体系以及方法工具等方面,应该说是从西方国家借鉴过来的“舶来品”,在西方国家有近百年的实践历史。特别是上世纪 80 年代以来,以英国新公共管理运动和美国企业家政府改革为代表的行政改革运动开始兴起,主张将分权化管理、责任机制、结果导向、顾客为本等企业管理理念引入到政府的内部管理中。在这一过程中,企业普遍流行的绩效管理和评估工具也随之被引入政府管理中,成为推动政府改革和管理创新的重要工具。而从我国行政改革的历程看,从上世纪 80 年代开始,类似于西方国家政府绩效管理的实践和探索活动在我国也同样存在。虽然在早期我们并没有冠以“绩效管理”“绩效评估”或“绩效考核”的名称,但这些活动的内容、形式和做法与西方国家的做法非常相似。但是,由于这些实践活动主要是由一些地方政府和基层部门自发开展,缺乏系统理论的指导和中央的统一部署,而且与西方国家的政治行政体制、政府管理方式、行政文化等环境因素存在着诸多差异,因此,我国政府绩效管理的实践探索在理念塑造、制度建设、绩效文化以及技术工具等方面仍存在许多问题,有着进一步改进的空间。

政府绩效管理是实践性非常强的工作,不同地区和部门之间相互学习借鉴经验对于促进我国政府绩效管理水平的普遍提高具有不可替代的重要作用。近年来,我国一些地方政府和部门借鉴西方国家政府绩效管理的先进理念和经验,结合本地区、本部门的实际情况,积极探索和实践政府绩效管理,取得了非常好的成效,成为其他一些地方政府和部门学习、效仿的“标杆”。[①]尤其是2011年,国务院专门建立了政府绩效管理部际联席会议制度,并在包括中央部委和地方省市的范围内开展试点工作,极大地推动了我国政府绩效管理的开展和普及。

本研究报告首先从总体上介绍了我国政府绩效管理的发展历程,然后针对课题组收集的十五个国内实践案例进行系统分析,并在此基础上梳理相关的经验和问题,最后提出相关的对策和建议。这十五个案例的选择主要基于“最佳实践”[②]的理念和方法,按照政府绩效管理的不同模式,分门别类选择了在我国政府绩效管理中有代表性的十五个实践案例,通过找出在同领域中做得相对比较好的典型案例,分析其成功经验和具体做法,供同行学习借鉴,从而产生示范带动作用。此外,通过案例分析,深入了解我国政府绩效管理最新的发展特征,发现需要进一步改进和提升的空间,对推进和完善我国政府绩效管理工作具有十分重要的意义。

二、总体发展

我国的政府绩效管理实践最早可以追溯到上世纪80年代,主要是由一些地方政府和基层部门自发开展的。由于缺乏系统理论的指导和中央的统一部署,这些做法在名称上不尽相同,刚开始并没有冠以“绩效管理”“绩效评估”或“绩效考核”的名称,而且具体形式也有所不同。但是,从具体实施的过程看,或多或少与近年来提出的绩效管理做法相类似,也可以理解为我国政府绩效管理的早期实践。从近三十年的实践历程看,我国政府绩效管理大致经历了以下四个发展阶段。

(一)20世纪80年代的起步阶段

这一阶段虽然还没有形成对组织绩效进行系统评估的理念,但为督促政府

① “标杆法”(benchmarking)是改进政府绩效管理工作的有效方法之一。各地各部门通过对绩效管理经验的学习、借鉴或模仿,不仅对有效实施政府绩效管理、营造良好绩效管理氛围发挥积极作用,而且也能促进各单位相互学习,在实施过程中少走弯路。

② “最佳实践”(best practices)并不意味着绝对的“最佳”“最好”,只是强调在某些方面取得较好的经验,具有一定的示范作用。

部门及其工作人员有效完成各项任务，一些地方政府开始实施自上而下的、阶段性、运动式的大检查、大评比、专项调查等活动。这些检查、评估活动并没有固定的评估模式与评估指标，是一种典型的粗放式评估。虽然一些地方和部门贯彻人事部的要求，探索实施岗位责任制，并依照岗位职责对工作人员进行评估，但由于当时政府组织的岗位规范化程度低，也缺乏有效指导的规范性文件，评估实践仍具有很大的随意性。与针对岗位进行绩效评估相适应，一些地方政府和部门又将绩效评估与干部考核工作开始结合，因此，至今国内一些地方政府和部门还把绩效管理与评估工作放到组织人事部门或由组织人事部门牵头负责。此外，还有一些单位开始从考核岗位绩效延伸到组织绩效，80 年代后期开展的目标考核责任制就是这方面的探索。从绩效管理模式的角度看，这一时期产生了对我国政府管理有重要影响的目标考核责任制的雏形。

(二)20 世纪 90 年代的探索阶段

在这一阶段，政府工作的许多领域都出现了考核评估活动。这时开始出现了普适性的政府绩效评估模式，其特征是绩效评估作为特定管理机制的一个环节，在很多政府机关、事业单位开始普遍应用。具体包括目标考核责任制、社会服务承诺制、效能监察、行风评议、社会评议等，各类专项评估模式逐步成型。如北京市 1991 年、陕西省 1991 年、四川省 1992 年都发布了目标管理规定；烟台市建委率先提出了社会服务承诺制，掀起了政府的“承诺”浪潮；行风评议成为政府自我约束的重要手段，不同地区把不同行业作为评议重点，如铁路、电力、通讯、旅游、司法等诸多行业都曾是受关注的重点对象；纪检监察部门推动效能监察，对提高政府工作效率、转变工作作风起到了很好的促进作用。

(三)21 世纪头十年的发展阶段

随着政府绩效管理实践在地方蓬勃发展，作为有效的管理工具，绩效管理在公共领域受到了更多的关注。中央高层领导和有关部门也开始日益重视政府绩效管理和评估的重要作用，并决定在全国推行政府绩效管理。在 2005 年和 2008 年的国务院政府工作报告中分别提出“抓紧研究建立科学的政府绩效评估体系”和“推行政府绩效管理制度”；2008 年 2 月，党的十七届二中全会通过的《关于深化行政管理体制改革的意见》明确提出“推行政府绩效管理和行政问责制度”，从而把我国全面推进政府绩效管理工作列入了议事日程。这一阶段，绩效管理的理念开始被大多数政府部门所接受，一些地方政府和部门开始借鉴西方国家的经验,并结合自身地区和部门的特点,在原有目标考核、社会评议以及效能监察的基础上,积极引进现代绩效管理的先进理念和做法,对原有的做法进行调整和改进,探索绩效评估体系的构建,在评估内容、评估主体、评估程序和方法等方面更加系统和科学,其特征是采用系统的绩效评估指标体系对特定的评估对象进行定期评估。在中央国家机关中,农业部于 2010 年率先开展了绩效管理。这一阶段,政府绩效管理模式更加丰富,不断演化,效能建设、全面质量管理等模式出现并发展,社会评议模式在更大范围使用,综合管理绩效管理模式逐渐成形,典型代表如北京市"三效一创"绩效管理模式。

(四)自 2011 年以来的试点和高位推进阶段

如果说前一阶段政府绩效管理更多地发生于地方,中央也只是在相关文件中有所表述,那么,2011 年以来就成为中央开始试点、实施高位推进的阶段。2010 年 7 月,中央纪委监察部增设绩效管理监察室,其职责包括组织开展政府绩效管理情况调查研究和监督检查工作,指导协调各地各部门绩效管理监察工作等。绩效管理监察室的设立标志着中央层面终于有了主抓政府绩效管理的实施机构。2011 年 3 月 10 日,国务院批复同意建立由监察部、中央组织部、中央编办、发展改革委、财政部、人力资源社会保障部(公务员局)、审计署、统计局、法制办等九个部门组成的政府绩效管理工作部际联席会议制度,进一步强化推进政府绩效管理制度的领导体制和实施机制的保障。同年 6 月,政府绩效管理工作部际联席会议印发《关于开展绩效管理试点工作的意见》并召开政府绩效管理试点工作动员会。八个试点地区是北京市、吉林省、福建省、广西壮族自治区、四川省、新疆维吾尔自治区、杭州市、深圳市等。六家中央试点部门及其试点内容分别是发展改革委(节能政策绩效管理)、财政部(预算绩效管理)、国土部(政府部门及直属事业单位绩效管理)、环保部(减排绩效管理)、农业部(政府部门及直属事业单位绩效管理)、国家质检总局(中央垂直管理部门绩效管理)。开展政府绩效管理试点工作的目的是为全面推行政府绩效管理制度探索和积累经验。试点工作发挥了很好的示范引导作用,有力带动和推动了全国政府绩效管理工作的持续发展。截至 2012 年底,已有 27 个省、直辖市、自治区和新疆生产建设兵团、科技部、工业和信息化部、海关总署等一些国务院机构开展了机关或重大专项绩效管理工作。政府绩效管理实施范围逐步扩大,内容不断丰富。

三、典型案例分析

(一)案例介绍

课题组通过大量文献检索、实地调查访谈、承担咨询课题、参加国务院政府绩效管理部际联席会议办公室(监察部)组织的试点工作推进会和试点验收、有关部门推荐等方式,系统收集和整理了近年我国政府绩效管理开展效果较好的十五个典型案例(见表7-1)。案例选取主要遵循以下两个原则:

一是覆盖性广,尽可能包括我国政府绩效管理实践的不同模式。这些案例的实施范围不仅有一级政府的,也有部门的;不仅有地方的,也有中央的;不仅有综合性的政府绩效管理做法,也有针对专项工作的绩效管理做法;不仅有结合预算管理的,也有结合领导干部考核的;不仅有重点强调执行力和完成各项工作任务,也有突出效能建设、社会公众评价等方面;当然也有几乎将所有方面进行综合的模式。当然,仅凭十五个案例肯定不能囊括我国政府绩效管理的所有类型,但大体涵盖了在我国政府绩效管理实践中存在的政府绩效管理的主要模式。

二是典型性强,在某一政府绩效管理模式中做得较好,积累了丰富的经验。这些案例,有些是国务院政府绩效管理工作部际联席会议办公室确立的试点单位,如福建、广西、杭州、深圳、农业部、环保部,有些是开展多年并取得积极成效和经验的单位。

表7-1 十五个典型案例的简要介绍

案例	功能目的	体制机制	制度和方法	评估体系	结果运用
福建省	在全省范围内,结合机关效能建设开展政府绩效管理。	纪检监察部门牵头,成立省效能办,多部门协作。	建立了以绩效目标、绩效责任、绩效运行、绩效评估、绩效提升为基本框架的绩效管理制度。评估方法主要采取指标考核、公众评议、察访核验相结合的方式。	设区市政府指标体系包含可持续发展、现代化进程、构建和谐社会、勤政廉政四个方面。省直部门指标体系包含业务工作实绩和行政能力建设两个方面。	评估结果通报,省效能办向被评估单位反馈问题,促进整改和提升绩效。

续表

案例	功能目的	体制机制	制度和方法	评估体系	结果运用
广西壮族自治区	在全自治区范围内开展综合绩效管理。	设立正厅级常设的自治区绩效考评领导小组办公室，下设两个处。有专门编制、经费保障。	制定五项绩效管理制度：目标量化管理制度、责任细化分解制度、内部考核评价制度、外部监督评议制度、考评结果运用制度。	设区市的地区政府设置了经济建设、社会管理、民生工作、生态建设、地方特色、党的建设和效能建设等七大类指标。区直各部门设置了职能工作、党的建设、效能建设等三大类指标。	绩效考评与问题整改挂钩。 绩效考评与公务员年终考核、领导干部的选拔任用挂钩。 与绩效奖励挂钩。
辽宁省	对各市政府开展综合绩效管理。	设立了省政府绩效管理工作领导小组办公室，挂靠省人力社保厅。	出台相关制度，形成了包括战略分解、目标设置、过程管理、考核评价、察访核验、结果运用的闭环管理机制。	“5＋X”指标体系顶层设计范式：“5”指经济振兴、社会和谐、文化繁荣、生态文明、自身建设五个固定的考评维度。“X”指根据省情时情灵活设置的考评维度。	反馈考评结果和分析报告以及整改意见。 表彰先进。 考评结果报送省委组织部。
杭州市	对市直单位和区、县（市）实施综合绩效管理。	单独设置的正局级常设机构，直接对市委、市政府和市考评委负责，具有较强的独立性与权威性。	建立了较为全面的绩效管理制度，包括体制机制、绩效考评办法、民主参与机制、问题反馈和改进机制等。	市直单位设目标考核（45分）、领导考评（5分）、社会评价（50分）和创新创优（3分）四个维度。其中，创新创优为加分项。 区、县（市）设目标考核（65分）、社会评价（30分）、领导考评（5分）和特色创新（5分）。其中，特色创新为加分项。	发现问题，查找差距，协同相关部门研究解决问题、改进绩效的办法。 建立健全了社情民意信息的公开发布制度，解决突出问题和深层次矛盾。 表彰先进。
深圳市	对市直单位和区、县（市）实施综合绩效管理。	成立市政府绩效管理委员会，市长任主任。委员会办公室设在市监察局，由市监察局局长兼任主任。	颁布了《深圳市政府绩效评估与管理暂行办法》及《指标确定及数据采集规则》《方法和程序操作规则》《结果运用规则》等三个配套文件。	指标体系分为客观评估指标和主观评估指标。客观指标，2012年对市政府工作部门设置行政业绩、行政质量、行政效率和行政支出四个一级指标，对区政府设置公共服务、社会管理、经济调节和市场监管四个一级指标。主观评估指标包括市委市政府领导评价和公众满意度调查两个方面的内容。	加强内部通报，评估结果每半年向市政府常务会报告，每年向市委常委会和市政府常务会报告。 建立与干部考核的衔接机制，体现奖惩。

续表

案例	功能目的	体制机制	制度和方法	评估体系	结果运用
北京市海淀区	对区政府工作部门和乡镇街道开展综合绩效管理。	成立区政府绩效管理工作领导小组，区政府督查室加挂区政府绩效管理办公室的牌子。	出台《海淀区政府绩效管理办法（试行）》及二级指标的专项考评实施细则。形成“一向三维”的绩效管理模式，即突出结果导向、过程维、方法维、应用维。	建立了“职能履行、效能建设、服务效果、创新创优、重大事项一票否决”的指标体系框架。二级指标分别明确相关责任部门并制定考评实施细则。	实行适度绩效奖励措施。 与部门领导班子考核及公务员考核挂钩。 突出绩效改进，实施绩效分析和反馈报告制度。
农业部	对部内各司局和部分试点事业单位开展综合绩效管理。	成立绩效管理领导小组，由党组副书记、副部长任组长，相关部门作为成员单位。下设办公室，承担领导小组日常工作。	出台《农业部绩效管理办法（试行）》及五个实施细则、《关于开展部属事业单位绩效管理试点工作的意见》等文件。	以职责履行、依法行政、领导班子建设和争优创新、违规失职为主体内容的“3＋2”评估考核体系。	对绩效评估结果为优秀档次的单位予以表扬。 鼓励试点事业单位与绩效工资、绩效奖金挂钩。 强化绩效改进。
北京出入境检验检疫局	对局机关及所属分支机构和事业单位全面推行绩效管理。	建立了绩效管理联席会议机制。抽调专门人员成立办事机构，负责推行绩效管理的组织协调工作。	《北京检验检疫局绩效考评管理办法》。创建了把质量管理、绩效管理和能级管理整合到一起的“三位一体”综合行政管理体系，以质量管理定规范、以绩效管理抓落实、以能级管理强素质。	绩效管理指标包括基础工作、质量管理体系执行情况、重点工作、同级评价、上级评定等五个方面的内容。	应用于先进集体、先进个人的评选。 与干部选拔任用、培训等挂钩。 设置单项绩效奖，用以表彰某一方面突出的单位。 突出绩效改进，并制定改进措施。 对不合格单位进行提醒或诫勉谈话。

续表

案例	功能目的	体制机制	制度和方法	评估体系	结果运用
长沙市	对区县(市)市属机关,按领导班子、班子正职、班子副职三个层次开展分层分类的绩效考核。	成立市绩效考核领导小组,市委组织部(绩效办)作为牵头责任主体。	较好整合了各种“考事”“考人”的考核资源,消除了多头考核的弊端,实现了对事、对人全方位考评。	班子绩效由工作目标、社会公认评估、自身建设组成。领导干部绩效由履行岗位职责、分管市领导(或单位正职)评分、民主测评、考核情况综合评价组成。	对考核对象分类排名。领导班子评出一、二、三等,领导干部评出一、二、三、四等,对应于公务员考核等次。将考核结果与干部教育、管理、使用、奖惩挂钩。实行绩效考核通报讲评制度。
广东省鹤山市	对镇(街道)、县级党政工作部门实施综合绩效管理。	成立领导班子实绩考核工作领导小组。日常工作由下设办公室(简称考核办)负责,由市纪委、市委组织部牵头,相关单位参与。	出台针对镇级领导班子和市级机关的绩效考核办法。绩效评价的实施包括收集数据、数据反馈、民主测评与群众满意度调查、计算得分、审核确认、公布结果、实施奖惩等七个步骤。	镇级政府考评指标包括经济发展情况、社会发展情况、人民生活情况、生态环境保护情况和党的建设等五个方面。市公共部门绩效考核指标包括职能工作指标和共性工作指标。职能工作指标包括单位主要职能完成情况和市委重大督办事项或市政府主要年度考核目标工作完成情况、“两代表一委员”提案和建议完成情况、市委市政府交办的其他重要工作。共性工作指标包括突发事件应对、办文质量和实效等十九项常规工作。	评价结果运用主要是政治激励、经济激励和风险激励三种方式的相互组合。
环保部	围绕“十二五”时期污染减排目标开展污染减排政策落实情况绩效管理。实施范围为各地区、有关部门和中央企业。	成立污染减排政策落实情况绩效管理试点工作领导小组,由部长任组长。领导小组办公室设在总量司,总量司主要负责人任办公室主任。	出台《污染减排政策落实情况绩效管理试点工作实施方案》《“十二五”期间全国主要污染物排放总量控制计划》《“十二五”主要污染物总量减排目标责任书》《“十二五”节能减排综合性工作方案部门分工》《“十二五”主要污染物减排核算细则》等文件。	针对各地区和八家中央企业,对化学需氧量、氨氮、二氧化硫、氮氧化物等四项约束性指标削减比例进行量化评估。对污染减排工作组织领导、“十二五”减排规划编制和减排任务分解、政策措施落实、目标责任书项目等重点减排项目进展、资金投入、减排三大体系等能力建设、环境质量改善情况等七项重点工作进行定性评估。	通过采取约谈、通报、挂牌督办、经济处罚、责任追究等措施,环境保护部强化考评结果运用,进一步推进绩效管理工作深入开展。

续表

案例	功能目的	体制机制	制度和方法	评估体系	结果运用
海关总署	对各地海关，开展以提高海关财务管理水平、降低财务管理风险为目的的预算绩效管理。	总署下发文件，由总署财务司牵头，由总署监察局、督审司、关务保障司等多部门参与，负责实施预算绩效管理。	出台《海关财务绩效评价办法（试行）》《海关财务管理绩效评价实施细则（试行）》《海关预算支出绩效评价实施细则（试行）》等文件。	《海关财务管理绩效评价实施细则（试行）》的评价指标体系包括12个一级评价指标（按财务管理职能设立）和84个二级评价指标，覆盖了现行海关财务管理的所有职能。《海关预算支出绩效评价实施细则（试行）》的评价指标体系则由3个一级指标、7个二级指标、20个三级指标构成。	绩效突出的单位按当年行政经费基数的一定比例予以奖励。 对于绩效管理问题较多者，由总署下达督办通知书，限期整改。严重者扣减当年预算，以此增强制度刚性。 对于优秀绩效管理案例进行汇总选编，加以正面宣传。
国土资源部	为更好地履行国家土地督察职责，完善国家土地督察制度，委托第三方开展国家土地督察制度实施五年情况的绩效评估。	受国土资源部委托，南京大学、中国人民大学、浙江大学、兰州大学等单位联合成立了国家土地督察制度实施五周年绩效评估课题组，开展独立第三方评估。	评估组研究制定国家土地督察制度实施五周年绩效的评估方案、评估指标及评估程序，分别对普通群众、地方政府领导及国土资源系统干部开展了问卷调查，围绕典型问题进行了案例剖析，对报纸、电视、网络等媒体的相关报道作了抽样统计分析。	评估指标主要包括工作制度建设、职责履行、实施效果、社会影响等四个大的方面。	形成评估报告，并向社会公布。向国家提出改进土地督察制度的建议。
青岛市	对青岛市直部门，用“民考官”“外考内”的方式不断增强政府工作的透明度和公信力，构建公众参与政府绩效评估的新机制。	市政府成立了由市委常委、常务副市长牵头，市政府办公厅、市监察局、市统计局、市政府新闻办、市政府纠风办等部门组成的联席会，领导和协调整个活动的组织实施。	2009年开始，在全市持续大规模开展了“向市民报告、听市民意见、请市民评议”活动（简称“三民活动”）。科学客观公正地筛选民众代表，及时畅通政府与民众互动平台。	市联席会议办公室每年都制定年度政府部门民主测评票，由参加活动的市民代表填写，对市政府部门的工作作出总体评价。测评票共设有七个问题，内容涉及对市政府部门年度工作完成、履行职责、政务（办事）公开情况、办事效率、服务态度、廉洁自律以及总体情况等七个方面的评价。	根据评价结果分析查找部门的薄弱点与不足之处，经过反馈整改，达到修正错误、促进工作的目的。

续表

案例	功能目的	体制机制	制度和方法	评估体系	结果运用
广东省	对广东省市、县两级政府开展独立第三方评价。促进政府改进绩效，引导公民有效参与。	自2007年开始，由华南理工大学政府绩效评价中心每年独立组织开展政府绩效评价工作。	4个客观领域层37个具体指标的基础数据来源于广东省统计年鉴及各市统计年鉴或统计公报，满意度指标由抽样调查取得。	2012年包括促进经济发展、维护社会公正、保护生态环境、节约政府成本、实现公众满意等5个领域层（一级指标）、52项具体指标，其中37项为客观指标。	向社会发布评价结果。

（二）结构化分析

针对选择的案例，我们提取功能模式、理念认识、制度建设、绩效文化、结果运用等几个重要的政府绩效管理要素进行结构化分析。

1. 功能模式

收集的十五个案例基本代表了我国近年来政府绩效管理发展典型应用模式，大体可分为综合绩效管理模式和专项绩效管理模式。综合绩效管理模式是指覆盖内容较为全面、涉及评估对象较为广泛的绩效管理模式，通常在一级政府范围内实施，共有八个案例，分别是福建省、广西壮族自治区、辽宁省、杭州市、深圳市、北京市海淀区、农业部、北京出入境检验检疫局。专项绩效管理模式是指重点对某个方面的内容或者基于特定目的开展的绩效管理模式，共有七个案例，分别是长沙市（领导班子和领导干部绩效考核）、广东省鹤山市（领导班子和领导干部绩效考核）、环保部（污染减排政策落实情况绩效管理）、海关总署（预算绩效管理）、国土资源部（国家土地督察制度实施五年绩效第三方评估）、青岛市（公众参与政府绩效评估机制）、广东省（独立第三方评价政府整体绩效）。

从绩效管理的覆盖范围看，既包括中央部门，又包括省级政府、副省级城市政府、地级市政府、区县政府；既包括一级政府，也包括行业系统；既有覆盖党政所有部门的，也有仅限于政府系统的。

从绩效管理的实施主体来看，大部分地方政府和部门都成立了高层次的领导小组或委员会，由单位主要领导牵头，相关部门共同参与。但具体办事机构有很大差异，有的是独立设置，如广西壮族自治区和杭州市；有的放在纪检监察部门，如福建省、深圳市；有的放在政府办公厅（室），如农业部、北京市海淀区政府；有的放在党委组织部门，如长沙市、鹤山市；有的放在人事部门，如辽宁省。此外，由第三方开展的评估由专业机构组织实施。第三方评估越来越引起各级地方政府和部门的重视，大部分的综合绩效管理模式中都包括了社会评议或公众评价的内容，但这种形式仍然是由政府主导的第三方评价。真正独立的第三方评估在我国目前仍不多见。广东华南理工大学政府绩效评价中心开展的第三方评估属于独立第三方评估，但仅限于广东省范围。

从绩效管理的评估对象来看，多数主要针对单位，如所属工作机构和所辖下一级政府，还有的涉及对机构领导班子、领导个人以及公务员的考核；另外，专项绩效管理除长沙市、鹤山市主要围绕领导班子和领导干部考核外，多数主要针对某些重要的专项工作进行评估，如国土资源部对土地督察制度执行情况的评估、环保部对环保政策执行情况的评估。

2. 理念认识

目前，各单位在开展绩效管理过程中，突破了以往"重考核、轻管理，重结果、轻过程，重评比、轻诊断，重奖惩、轻改进"的考核思路，对于绩效管理先进理念的认识更加理性、丰富、系统、平衡和人性化。

一是坚持落实执政理念，发挥绩效管理的导向和激励约束作用。政府绩效管理的取向从重点推动经济发展转向兼顾经济发展、关注民生、促进社会和谐、强化政府责任机制和改善公共服务等方面，促进经济社会全面协调可持续发展。福建省机关效能建设始终围绕中心、服务发展，注重在实践中总结提升，在探索中深化拓展，着力在三个方面进行突破：围绕转变政府职能，着力推进审批制度改革，努力转变政府职能；围绕落实科学发展观，着力开展绩效评估，优化政府管理模式；围绕实施依法行政，着力规范权力运行，促进建设为民、务实、廉洁政府。深圳市实行公共服务白皮书制度，各区政府和政府各部门年初以白皮书形式向社会公布年度重点任务及目标进度，接受社会监督，并进行全程评估，推动工作落实。

二是把改进工作放到了更加重要的位置。广西壮族自治区在实践中突破了单纯就考评而考评的观念，淡化打分排名，明确绩效管理的最终目的在于持续改进提升。发挥绩效管理发现问题、改进工作的功能。把绩效沟通、改进提升的要求贯穿于绩效管理的各个环节，在目标决策环节充分听取各方面意见，在目标执行过程中抓好调整纠偏，在考评结果环节强调整改提高，组织各级各部门及时分析问题和不足、及时改进，特别是把群众评议的意见和建议列入下一年度的考核内容并进行专项评议，增强了各级各部门责任心和回应性。

三是强化了结果和过程并重的认识。农业部坚持把监测与评价贯穿于绩效目标实现的全过程，建立了年初“建账”、年中“查账”、年底“结账”的动态监控机制。制定绩效管理任务落实进度表，明确时间节点和阶段性目标，开展日常、月度、季度绩效沟通，及时发现不足和偏差，采取有针对性的改进措施。实行绩效管理年中评估，每年 7—8 月份对计划任务和绩效指标进展情况进行跟踪检查，对进展缓慢、落实有难度的指标加强督查督办。

四是发挥绩效管理为其他工作提供重要依据和有效信息的作用。绩效管理是政府工作中重要的综合性基础管理工作，绩效评估信息的应用是绩效管理发挥作用的重要方面。北京市海淀区将绩效管理评价所得结果应用到评价对象的各方面权利与义务上去，实现有效挂钩，从而增强结果应用的权威性、有效性，实现赏罚准确分明、区领导高位协调、工作持续改进提高。同时，依托政府绩效管理信息平台，建立“领导驾驶舱”，将全部绩效任务纳入平台进行管理，各分管区领导可以随时了解、调度分管任务，主要区领导可以掌握所有部门的任务进展情况及各分管区领导的调度推进情况，实现高位协调的全覆盖和全程化，推动实践提升到更高层次的科学发展阶段。

3. 制度建设

我国早期的考核工作往往更重视单一的指标体系的设立和年底的考核环节。目前我国地方政府和部门在推进绩效管理的过程中，逐步认识到绩效管理是一个“闭环管理”的过程，而不是“单一考核”的阶段性工作，因此，绩效管理的制度建设日趋完善。

一是领导体制和工作机制更加健全。案例单位都专门设立了高层次的领导机构和确定或设置办事机构开展绩效管理工作。农业部建立健全了部党组领导下的部绩效管理领导小组统筹协调、成员单位协同推进的领导体制。绩效管理领导小组由党组副书记、副部长任组长，中央纪委驻农业部纪检组组长等部领导任副组长，成员单位包括办公厅、人事劳动司、产业政策与法规司、直属机关党委、驻部纪检组监察局，负责绩效管理的组织、指导、协调工作，下设办公室承担领导小组日常工作。杭州市市委副书记任考评委主任，四位市委常委（常务副市长、市委秘书长、纪委书记、组织部长）担任考评委副主任组建正局级的杭州市综合考评委员会办公室（绩效管理委员会办公室）。

二是绩效管理规范化程度不断提高。十五个案例单位制定了一百多个管理办法、实施细则等有关管理制度来规范绩效管理工作。农业部出台了绩效管理办法和五个实施细则，还制定了事业单位绩效管理试点工作指导意见和绩效管理办法、创新项目评估方案、省级农业部门延伸绩效管理实施方案等。

三是绩效评估指标体系更加科学。一方面，设计指标体系紧紧围绕主题主线和中心工作，落实科学发展观的要求，体现绩效管理工作提升执行力的突出作用。广西壮族自治区坚持符合科学发展观和体现政府职能转变的考核要求，对设区市的地区，设置了包括经济建设、社会管理、民生工作、生态建设、地方特色、党的建设和效能建设等七大类指标，加大了与群众利益密切相关的民生工作和体现地方发展重点、区域差异的特色工作考核力度，突出自治区总体目标与各市分目标的有效衔接。另一方面，指标体系体现个性化，符合单位业务特点。十五个案例单位都针对不同评价对象个性化设计指标及其目标值。环保部开展的减排绩效管理，根据各省区市所在地区所处功能区、经济发展状况等多方面情况并依据“十二五”规划纲要所确定的化学需氧量、氨氮、二氧化硫和氮氧化物排放量削减值的要求，分别确定了各省区市的指标。深圳市对评估指标的计分标准和方法也根据实际需要逐步得到完善。例如，按照是否具有行政审批和行政执法职能，是否直接提供公共服务，将政府工作部门划分为 A、B 两类：A 类是对外提供公共管理和服务的部门，B 类主要是政府内部进行协调管理的部门。根据法律地位和功能定位的不同，将各区分为行政区和功能区两类，根据不同的对象，实行有差别的指标设置、权重分配和评分方法。又如，考虑到各区客观基础、资源禀赋、区域定位的不同，各部门在职能职责、业务特点的差异，在评估计分时改变以往“一刀切”的做法，变为弱化横比、强调纵比的计分方法，以重点反映各单位自身工作的进步情况，降低个体客观差异对评估结果的影响。为此，单项指标的分值结构原则上由“水平分、横比分、纵比分”组成，分别反映绩效评估指标任务的当期完成情况、与同类可比单位相比较的优劣状况、与过去相比的改进程度。

四是基础管理制度逐步健全。福建省在机关效能建设工作中规范权力运行，推行阳光行政。在持续推进政务公开、办事公开，促进阳光行政的基础上，按照权力“取得有据、配置科学、运行公开、行使依法、监督到位”的原则，围绕梳理权力、细化标准、规范流程、公开执法、监督制约五个主要环节，着力开展“清权、确权、亮权、督权”工作。省直行政执法机关明确了行政职权 7 489 项，九个设区市市级执法机关明确了行政职权 46 232 项。在清权确权的基础上，重点对常用的、具有自由裁量幅度的行政处罚权进行规范，明确每一项处罚权的条件、幅度，减少了“关系案”“人情案”。目前，这项工作正逐步向行政许可、行政征收、行政强制、行政确认等领域拓展。通过规范权力运行，促进权力公开化、责任化、规范化、自由裁量权的细化，最大限度地压缩权力寻租空间，提高运行效能，促进源头预防腐败。北京出入境检验检疫局通过绩效管理把质量管理和能级管理结合起来，使质量体系的执行有监督能力等级的确定有依据、能力和工作成绩的差别有体现，逐步实现人员实际能力与岗位履职要求匹配，把工作标准管理、工作能力管理和工作业绩管理紧密联系起来，环环相扣，既激发了工作人员个人提高能力素质，又有效保证了全局工作水平稳步提高。

4. 绩效文化

如果说制度建设是一种硬环境建设，绩效文化就是一种软环境建设，它是指绩效管理利益相关者的认同和参与、相关组织文化氛围的依托以及社会力量的积极推动。十五家案例单位在推进绩效管理过程中，都十分重视营造良好的绩效文化氛围，以推动政府绩效管理健康持续发展。

一是信息公开的程度稳步提高。所有十五家案例单位都通过网站、报纸、电视和广播等多种渠道宣传和公开有关信息。2008 年，杭州市建立起向社会公开发布年度社会评价意见报告制度，对年度社会评价意见的主要内容和基本特点作出梳理分析，并提出对策建议，增强综合考评的透明度，促进社会评价意见的整改。深圳市在推行政府绩效管理过程中，实行公共服务白皮书制度，各区政府和政府各部门年初以白皮书形式向社会公布年度重点任务及目标进度，接受社会监督，推动工作落实。

二是绩效沟通得到加强。在绩效管理的全过程中，上级和下级的沟通逐渐增加。在绩效计划的确定、绩效执行和监控过程中，绩效评价和诊断、绩效反馈和改进的各个环节中，沟通发挥了重要作用，共识得以初步建立。很多案例单位的绩效计划和指标的确定都经过几上几下的过程。在绩效结果反馈方面，越来越多的正式绩效反馈报告开始被使用，其中详细列明了一年中做得好和需要改进的方面，沟通信息全面、准确，对促进工作帮助很大。辽宁省在设计指标的过程中，建立了国家部委、省政府、市政府、省直部门、市直部门、省绩效办六方沟通机制，广泛征询意见与建议；在确认考评目标的过程中，要求省绩效办、省考评部门、市承接部门达成三方共识，保证任务设置客观合理。

三是评估主体多元化，越来越多的公众意见被列为评估内容。十二个案例单位把公民参与环节纳入绩效管理过程。青岛市从 2009 年开始持续开展“向市民报告、听市民意见、请市民评议”活动(简称“三民活动”)，用“民考官”“外考内”的方式不断增强政府工作的透明度和公信力，构建了公众参与政府绩效评估的新机制。杭州市在市直单位综合考评中，社会评价占高达 50%的权重。农业部等单位还组织相关专家学者对创新创优项目进行现场评价。许多案例单位还大力宣传绩效管理理念和做法，吸引社会公众关注政府职能履行情况、积极参与绩效管理工作。第三方评估也在逐步兴起，国土资源部委托四所大学课题组开展了国家土地督察制度实施五年绩效第三方评估，华南理工大学政府绩效评价中心自 2007 年起连续开展独立第三方评估广东市县两级政府绩效，并公开发布评估报告。

5. 结果运用

绩效评估结果运用是保障绩效管理激励约束作用有效发挥的重要环节。由于政府机关缺乏企业组织天然的激励约束机制，因此，如何突破传统单一的奖惩思路，有效运用绩效评估结果，对政府机关建立合理的激励约束机制，是一项十分重要的课题。十五家案例单位尽管在绩效管理模式上有所不同，但都在绩效管理的结果运用方面做了有益的探索。

绝大多数案例单位都将绩效改进作为绩效管理的重要结果运用之一。北京市海淀区自 2009 年实施政府绩效管理以来，就将绩效改进作为绩效管理的重要内容，近年来不断强化绩效分析和诊断，建立全区政府绩效的整体分析研判制度，并在每年年底撰写不同层面的绩效分析和反馈报告。广西壮族自治区的绩效管理结果运用之一是将绩效考评与问题整改挂钩，建立考核评议结果反馈与改进成效再考评机制。各级各部门根据领导评价和公众评议中反映的意见建议，及时制定整改方案，明确整改内容、措施和期限，整改的成效列入年终绩效考评、年终核验和公众评议的内容，使机关管理实现了“计划—监管—考评—整改—提高”的良性循环。2012 年，十四个市认真分析梳理上年度反馈的 6 978 条意见建议后，共明确了 1 655 条具体整改措施，分解落实给 440 个市直部门，并将存在问题、整改措施、进展及成效在相关媒体上向社会公示，推动了一批群众反映强烈问题的有效解决。

四、经验与问题

(一)主要经验

所有十五个案例单位都对本单位开展政府绩效管理工作给予了积极充分的肯定,认为政府绩效管理推动了中央和地方政府决策和政策的贯彻落实,改善了公共服务,规范了政府行为,推动了政府管理创新,明确了政府责任。

一是推动贯彻中央决策,促进了科学发展。如农业部绩效管理工作有力推动了中央强农惠农富农政策措施落实和各项工作落实,有力促进了农业农村经济又好又快发展,为稳增长、控物价、保民生做出了重要贡献。广西壮族自治区的绩效管理工作有效推动广西各级机关管理创新,政绩导向发生新的变化,进一步提高机关的执行力和公信力,有力地推动广西科学发展、和谐发展、跨越发展。

二是推动提升公共服务,改善民生。杭州市综合考评和绩效管理工作在机关提能增效、优化发展环境、扩大人民群众有序政治参与、促进民生问题解决、推动杭州经济社会又好又快发展等方面发挥了积极的导向助推作用。鹤山市逐步建立了镇级政府整体绩效考核评价制度和市(县)级政府公共部门绩效考核评价制度,能够科学、全面和动态地把握绩效考核指标,体现结果导向与过程控制结合,在推进政府转变职能、提高行政效率、强化服务意识、实现人民满意等方面成效显著。

三是引导公众参与,增强政府公信力和执行力。青岛市公众参与政府绩效评估机制("三民活动")增强了政府工作的透明度和公信力,构建了公众参与政府绩效评估的新机制,促进了服务型政府的建设,为经济社会又好又快发展提供了保障。环境保护部减排绩效管理充分发挥了导向和激励作用,引导公众参与,污染减排工作扎实推进,着力解决群众关心的环境问题,提高政府公信力和执行力。

四是促进科学管理,加强了政府自身能力建设。深圳市政府绩效管理呈现出系统化、电子化、实时化、标准化和精细化五个鲜明的特点,对贯彻落实科学发展观、加强服务型政府建设、提高政府执行力和公信力、改进机关作风发挥了积极的作用。长沙市落实科学发展的根本要求,确立了民意评价的主体地位,提升了公共服务的整体效能，强化了激励约束的管理机制。

（二）存在问题

由于政府绩效管理在我国开展时间不长，目前全国各地各部门仍在不断探索之中，其中仍有许多问题值得进一步改进和完善。从案例单位的实践探索看，主要存在以下问题。

1. 政府绩效管理的体制机制不明确

绩效管理是一项系统工程和难度很大的创新工作，实质上是一场政府管理的变革，国内外的实践表明，没有强有力的领导体制和工作机制，是不可能有效推进的。从十五个案例单位的情况看，基本按照“主要领导高度重视、有关单位牵头负责、多家单位协同配合”的模式进行，也是许多地方政府和单位推动某些重大事项和重大工作的主要方式。由于在早期中央层面自身并没有开展绩效管理，也没有过多关注地方政府绩效管理的实践活动，在政府绩效管理的体制机制上没有出台明确的规定，因此，各级地方政府和各部门的绩效管理牵头单位也是五花八门、各不相同，往往取决于当地主要领导的偏好，并结合牵头单位的法定职责特点。虽然 2011 年后中央明确中纪委监察部牵头负责政府绩效管理工作，但 2012 年十八大后由于中纪委监察部职能重心的调整，该项职责被调整出去，目前究竟由哪个部门牵头负责，中央仍没有明确的规定。考虑到中国政治行政体制的特点，地方政府和部门都希望中央能尽快明确政府绩效管理的牵头部门，从体制机制上确保政府绩效管理的顺利推进。

2. 政府绩效管理的制度规范不稳定

良好和稳定的制度环境是政府绩效管理工作顺利推进的重要保障。目前虽然许多地方和部门的绩效管理都出台了相关的文件和配套措施，但多以“红头文件”的形式出现。搞不搞绩效管理主要取决于主要领导的想法，并且随着主要领导的调整，会出现“人走政息”的问题。一些地方政府从事政府绩效管理工作的领导积极呼吁中央出台相关文件，或者有条件的地区实施地方立法，也是希望解决制度规范不稳定的问题，同时也希望通过加强制度建设，为开展政府绩效管理提供良好的环境。

3. 良好的绩效文化尚未完全形成

传统行政文化的影响依然很深，正确的绩效文化尚未形成，有部分政府单位或公务员对绩效管理认识还不足，绩效意识不强，对绩效管理的理解仅限于评比、打分，过于关注评估结果的分数与等次，但对如何应用绩效管理来改进行政效率、提升管理能力、强化服务效果重视不够。除此以外，由于政府信息公开程度不高，社会公众对政府部门的相关绩效管理信息缺乏了解，加之他们本身对参与政府绩效管理的认识不足，缺乏参与的积极性，从而导致对政府工作的绩效管理信息存在偏差和失真，进而影响绩效管理的效果。

4. 绩效管理对政府工作的统领性不够

当前，全国各级政府各部门组织的各种考核评比过多，主要表现为项目太多，考核评比内容重复，导致重复考核或多头考核，同时考核内容烦琐，指标设置不科学，导致下级部门或基层单位疲于应付，甚至严重影响其本职工作。而绩效管理全面且系统、综合性强、覆盖面宽、涉及领域广的优势，尚未成为其他考核评比的统领形式。

5. 绩效评估结果运用仍然乏力

绩效评估结果的恰当运用是绩效管理工作实效得以发挥的关键手段，否则绩效管理工作在很大程度上将流于形式。虽然许多地方和单位在绩效评估结果运用上的刚性和强度有所增加，但其形式较为单一。与此同时，当前的绩效评估结果运用范围还没有实现全覆盖，而且结果运用和施行奖惩涉及的主管部门又较多，特别是奖励方面的政策限制较多，导致评估结果运用的效果大打折扣。

五、对策建议

十五家案例单位的政府绩效管理实践在我国是非常具有典型性的，对它们的经验和问题进行梳理和总结，并在此基础上提出改进的对策建议是非常有意义的。课题组运用“四位一体”绩效管理系统改进和优化思路[①]，结合上述案例分析，提出进一步推进和完善我国政府绩效管理工作的建议。

① “四位一体”绩效管理系统优化思路，是课题组近年来提出系统改进和优化政府绩效管理的思路，主要从“理念认识、制度建设、绩效文化、技术工具”四个方面对政府绩效管理系统进行诊断和分析，并提出改进建议。

（一）强化绩效管理理念，形成持续改进的自觉行为

理念认识解决政府绩效管理的方向和定位问题。课题研究中，案例单位都把诊断问题、促进工作的持续改进作为政府绩效管理的首要价值定位；但目前政府绩效管理的最终结果在很大程度上仍然体现在打分排名上，往往不自觉地又回归到“评优罚劣”的传统思路上来。由于打分排名的压力，迫使被评估对象更多考虑获得好的评分，甚至不惜造假，引起了政府绩效管理“持续改进工作，提升组织绩效”的先进理念与实际操作在一定程度上的冲突。因此，随着绩效管理工作的不断推进，不仅需要从中央到地方、从领导到全员进一步转变思想观念，加强对政府绩效管理先进理念的宣传，而且还要在具体制度设计上充分体现这一理念，最终在行动上转化为所有绩效管理参与者的自觉行为。

（二）强化制度建设，相关基础性管理制度要配套跟进

制度建设解决政府绩效管理的基础问题，实际上也是为绩效管理的评估活动提供客观公正的评估标准和科学有效的事实依据。长期以来，很多政府绩效管理方案在打分排名的方法选择上，往往是人和人之间、部门和部门之间进行简单的“横向比”，而缺乏来自工作岗位、部门职责以及绩效计划等方面的具体、客观的评估标准；经常采取简单地凭经验、凭印象打分，而不是根据有效的事实和证据来做出客观判断。这种做法看似简单、容易操作，但实际上是一种片面追求指标绝对量化、忽略指标所反映的全面性和整体性的极端做法，也容易造成评估对象片面追求分数的博弈行为。在课题案例的绩效管理工作中，大多将绩效评估工作与组织的基础性管理制度结合起来。比如，加强规范化管理，健全单位职责范围、岗位职责、工作流程、工作记录等为开展绩效评估提供了客观的比较标准和依据，使绩效评估更加准确；再比如，在任务管理方面，五年规划、年度计划和目标、行动计划以及保障措施是评价一项任务完成程度的重要标准。这些基础性的管理制度也恰恰是绩效评估标准和事实依据的主要来源。因此，推进和完善政府绩效管理必须要与政府组织制度建设相结合，一些基础性的管理制度必须循序渐进地配套跟进。

（三）营造开放和谐的绩效文化，引导利益相关者的认同和积极参与

绩效文化解决政府绩效管理有关各方的心理感受和动力问题。如果说制

度平台是一种硬环境建设，绩效文化就是一种软环境建设，是指绩效管理利益相关者心理上的认同和行为上的积极参与，是决定政府绩效管理是否成功的更为深层次和关键的问题。目前一些政府和部门的绩效管理并没有形成从上级到下级的全员认同，尤其在一些地方仍把考核作为单一的上级对下级的施压工具，从而对考核对象造成了较大的压力，势必会产生一定的抵触情绪，甚至会产生弄虚作假、"掺水兑水"等现象。加强政府绩效管理参与者之间的绩效沟通是解决绩效文化问题的有效措施，这种沟通应当贯穿于绩效管理的全过程，从绩效计划、绩效执行、绩效评估和绩效反馈等各个环节都需要沟通。唯有如此，绩效管理才能在组织全员时形成思想上的认同和行动上的积极参与。在案例研究中，我们看到，案例单位在开展绩效管理过程中，不只是在个别环节中开展了绩效沟通，而且注意在整个工作流程中加强各方面的沟通，大大促进了绩效管理的开展。因此，在开展绩效管理过程中，必须要坚持以人为本的理念，认识和理解参与者的心理和行为，通过有效沟通达成共识，并最终引导绩效管理各利益相关方积极参与。

(四)合理运用绩效管理技术，认识技术工具的局限性

技术工具解决政府绩效管理的保障问题。绩效管理与其他管理工具的显著区别就在于它拥有相对有效的指标设定和测量评价方法等技术手段，从而为提升组织绩效提供有效的工具保障。但是，绩效管理的技术手段又有自身的局限性。在访谈和调研中，绝大多数调查对象认为政府绩效很难完全通过客观量化的数据反映出来，但事实上又有一些单位在片面地追求精致的"量化考核"，从而造成理想与现实之间的矛盾。其实，任何涉及行为、过程以及工作表现的测量评价，都存在着评价内容和评价指标之间的效度问题，"测不准"是普遍性的原理。从这个意义上讲，绩效评估只是一个相对有效的模糊的测量工具，我们应该对它的局限性有清醒的认识。近年来世界各国逐渐把绩效评估引导到诊断问题和发现问题上，这种做法是合理和有效的；而片面追求打分排名，甚至精确到小数点后几位的极端做法，其实是无效的，也容易出现"数字化陷阱"。因此，考核评价要坚持定量与定性相结合、事实判断和价值判断相结合的原则，以往出现的要么"完全定性"要么"完全量化"的极端化做法都应该予以纠正。

信息技术的应用水平对绩效管理水平影响很大。所选案例单位大多开发了专门的绩效管理系统。这些系统担负记录分析的作用，即记录工作计划、工作流程节点的状况；根据事先确定的评价标准，通过一定的计算提供评价参考

意见;对全局工作的进展情况和问题进行分析研判,提供决策参考。目前,大部分单位在记录这个功能上基本做到了满足要求,但在与现有系统的融合及实时记录方面还需要加强,在分析方面还需要下大气力开发和挖掘。在大数据时代,整合各类数据资源,深入分析趋势、问题根源的功能需要不断提高。

(五)发挥政府绩效管理统领作用,强化与政府日常工作有效融合

经过了三十年的探索实践,绩效管理工作发挥了越来越大的作用,但各级政府和部门对绩效管理这一管理工具的使用还很不够。我们看到,领导们在决策会议上研究工作和日常工作中,往往还是延续传统的习惯,使用传统的管理方法,很少利用绩效管理工作产生的绩效信息做决策;对于工作执行情况的监督检查也习惯于听取专业部门汇报、审阅报告、视察等方式。这也是绩效管理系统得不到充分利用的原因之一。在大数据时代,政府领导者要适应需求和条件的变化,充分构建、利用和挖掘政府工作中产生的海量信息,定向重点分析,把政府工作的方式向更高层次提升,从而更好地建设创新型政府,更好地服务社会。

参考文献

[1] 监察部网站:http://jxgl.mos.gov.cn/mos/cms/html/162/536/201208/20742.html。

[2]刘旭涛:《政府绩效管理开始驶入快车道》,《紫光阁》2012 年第 9 期。

[3]刘旭涛等:《我国政府绩效管理制度的环境优化问题研究报告》,国家软科学研究计划(编号:2009GXS5B089),2012 年。

[4]桑助来编著:《中国政府绩效评估报告》,中共中央党校出版社 2009 年版。

[5] 吴江:《基于价值管理的政府绩效评估体系研究》,吉林大学博士毕业论文,2007 年。

[6] 中国政府网:《关于印发〈预算绩效管理工作规划(2012—2015 年)〉的通知》(财预〔2012〕396 号),http://www.gov.cn/zwgk/2012 - 10/30/content_2253898.htm。

[7] 周志忍:《我国政府绩效管理研究的回顾与反思》,《公共行政评论》2009 年第 1 期。

适应转变经济发展方式要求推进政府改革创新*

* 出自2012年中国行政体制改革研究会行政改革研究基金资助课题“转变经济发展方式与推进行政体制改革研究”。课题组负责人：丁茂战，国家行政学院办公厅副主任兼研究室主任(研究室)；执笔人：傅松华，国家行政学院教授。

一、深入研究和加强全面深化政府改革的顶层设计

习近平总书记在党的十八届二中全会的重要讲话中指出:“要深入研究全面深化体制改革的顶层设计和总体规划。”这既是对我国体制改革三十年实践经验的深刻总结,又是对新形势下深化体制改革的深入思考和正确指引。我们要深刻领会认真贯彻习总书记的这一重要指示精神,充分认识深入研究和加强全面深化政府改革顶层设计的重要意义。

(一)从改革实践经验及存在的突出问题看加强政府改革顶层设计的必要性

党的十一届三中全会以来,我国先后进行了几次较为集中的行政体制改革,其中国务院机构经过六轮改革(目前正在进行第七轮改革),初步形成了基本适应社会主义市场经济体制的组织架构和职能体系。多年来政府体制改革坚持以精简机构、调整人员为主要方式,以简政放权、职能转变为核心要求,以体制机制调整、制度建设为重要内容,以科学行政、民主行政、依法行政,建设服务型政府为努力方向,经历了一个由表及里、由浅入深、由易到难、相互衔接的渐进过程,总体呈现出从以精简机构人员为重点转向以政府职能转变为核心,从主导经济发展转向社会管理,从管制转向服务,从结构调整转向制度建构。改革取得了重要进展,为推动我国经济、政治、文化、社会建设,推进科学发展、促进社会和谐提供了有力保障。但也要看到,现行政府体制仍存在许多不适应新形势新任务需要和与完善社会主义市场经济体制、转变经济发展方式要求不相适应的地方。如:各级政府和政府部门在职能定位、机构设置、职责分工、运行机制等方面还存在不少问题;政府社会管理和公共服务的能力和水平与人民群众的期待和实际需要不相适应;有效的权力运行机制、责任机制和考核机制没有完全建立起来;政府结构不合理,职权与责任、事权与财权不匹配;对行政权力的制约监督机制不完善,以权谋私、贪污腐败等现象尚未得到有效遏制等。

三十年改革的实践启示我们,对于政府改革,需要从一个更宏观的视野来看待。政府改革或者说行政体制改革,涉及党政关系、政民关系、政企关系、政事关系和政社关系的调整,涉及政府内部权责关系的调整、组织结构的调整和人员的调整,涉及各级公务员的切身利益。因此,如何在中国特色社会主义理

论的指导下，按照经济发展方式转变和社会转型的现实需求，推进政府体制改革的顶层设计和统筹安排，使行政体制改革、经济体制改革和政治体制改革相互促进、相互协调，显得非常必要。

（二）从深化改革的迫切要求看加强政府改革顶层设计的重要性

自从党中央在关于制定“十二五”规划的建议中提出要更加重视改革的顶层设计和总体规划以来，有关加强改革顶层设计问题一时间成为社会的热门话题，各部门的领导和专家都在研讨如何进行与本部门改革有关的“顶层设计”。但由于对一些问题思想认识上的不明确不一致，加上实际工作中遇到的各种难题，加强改革顶层设计的呼声逐步降低，在一部分人的思想上存在着一种误区，他们认为，中国的改革特别是政府改革的特点和优点就在于“摸着石头过河”，没有也不需要什么“顶层设计”。这种思想认识是不符合实际的，也不利于改革的深入推进。经过三十年的攻坚克难，改革已经进入新阶段、“深水区”。改革越深入，就越要触及深层问题、体制弊端。就政府改革而论，如政企不分、政资不分的问题不解决，政府与企业的行政关系、资产纽带直接存在，规范的现代企业制度就不可能完全建立，企业也难以成为真正的能动性市场主体；行政性垄断及地区性封锁不打破，统一、开放、竞争、有序的现代市场体系就不可能最终形成；不理顺庞杂、错位的政府职能，不改变以行政手段为主管理经济的方式，就不可能建立灵敏有效的宏观调控体系，也不可能建立完善的社会保障制度；政府提供的公共服务不能满足民众的需求，再分配体制不建立，贫富差距就会越拉越大……可见深入推进政府管理体制改革，已成为全面推进改革的关键。

改革要改得准、走得好，需要把继续“摸着石头过河”和搞好顶层设计结合起来。“摸着石头过河”摸的是规律，讲求的是对群众实践经验的尊重，激发的是实践热情。在历史的新变局中，试错是必要的，这个过程同时也是破除旧体制、适应新规则的过程。顶层设计，看的是全局和长远，发挥的是制度的力量和导向引航作用。只有不断加强宏观思考、顶层设计，政府改革才会更具系统性、整体性和协调性；同样，只有把改革的顶层设计同群众实践、试点经验有机结合，才不至于使顶层设计脱离实际，才会使之更加科学，尽可能地减少改革决策的失误。从系统论的观点看，建立适应市场经济体制需要的现代行政管理体系是一个既复杂又精致的巨大系统，要构筑这样的系统，不能采用“边设计、边施工”的办法，也不能由各个部门各自按照自己的意愿进行设计和施工，然后把它们组装成一个体系，因为这样的体系是无法协调运作的。

(三)要明确新阶段加强政府改革顶层设计的总体要求

中国正站在历史的新起点上,在全面建成小康社会的历史条件下,政府体制改革具有明显的结构性、综合性和配套性的特点,要求我们审时度势、把握时机、整体部署、周密安排、统筹协调。只有在总体设计科学的前提下,才能够统筹安排和兼顾行政管理体制改革的长期目标和短期措施,使行政管理体制改革沿着既定的方向分步骤地推进。为此必须明确进入新阶段时政府体制改革顶层设计的总体要求,它应该是:建立和完善与社会主义市场经济体制相适应,与民主政治相配套,既符合国际规则与国际惯例,又兼顾中国实际的公共行政体制,具有科学决策、权责对等、立足服务、依法行政、注重绩效、有力监督等特征,使政府管理体制成为一个获得公民认可、依托公共财政、提供公共服务、满足公共需求、奉行公共参与、恪守依法行政、承担公共责任、接受公众监督的公共行政体制。

有鉴于此,我们建议在中央和省两级政府层面有必要设置一个超脱于部门利益、具有高度权威性的改革领导机构,由其牵头,组织包括有关方面专家参加的专门班子,深入研究包括全面深化政府体制改革在内的行政体制改革的顶层设计和整体规划,提出改革的总体方案,为上级正确决策提供科学依据。

二、政府改革的目标模式:建设中国特色法治服务型政府

顶层设计的核心就是要确立改革的目标模式,并由此设定改革的原则及基本路径。

(一)什么是政府改革的目标模式

“目标模式”这个词近年来经常出现,但现有词典并没有标准的解释。在此我们也不想作一般性词义的考证。按照当前理论界多数学者的理解,主要是指长远性战略性目标的一种范式选择。政府改革的目标模式与政府管理模式紧密相关。作为行政科学的范畴,一般认为政府管理模式是指有效运用国家权力,把国家的人力、物力、资金、信息等各种资源合理地组织起来,协调政府内部与外部的各种关系,经过组织、领导、控制等一定的行政过程,向社会和公众提供公共产品或服务,以实现国家职能和目标等一系列活动的集合。政府管理模式体现了不同历史

阶段及不同社会条件下政府管理的基本走向与基本特征，凸显政府在不同时期调整其与市场、企业、社会及公民关系的重心。从这个意义上说，政府改革的目标模式可以理解为一种全新的政府管理模式的建立。但作为改革的目标模式不仅仅局限于政府管理模式的重构，更有其深刻的内涵，包括政府理念重塑、政府体制改革、政府职能转变、政府运行机制优化、政府运作方式调整、政府管理和服务创新等各项改革要求。通俗地讲，政府改革的目标模式就是通过改革选择并确立我们所要建立的到底是一种什么类型的政府。

(二)正确认识和确立我国政府改革的目标模式

随着改革的深入，近十多年来，各级政府部门对我国通过改革应建设何种类型的政府进行了有益的探索，理论界也作了很多研究，有不少的提法，比如有限政府、责任政府、廉洁政府、阳光政府、法治政府、服务型政府、节约型政府、创新型政府、人民满意的政府，等等。其中“法治政府”和“服务型政府”两种提法曾多次出现在党和政府的文件中，也是国内多数学者比较普遍认同的两种提法。应当说，以上各种提法都在一定程度上反映了政府现代化建设的一般要求和基本特征，反映了党和政府对政治体制改革的思考和价值追求，也从不同的侧面反映了社会和人民群众对于政府改革的期许和愿望。但进一步研究我们发现，以上这些提法如果一个一个单独地抽出来均难以全面表达我国政府改革的长远目标和总体特征；如果把这些提法集合起来整体罗列，作为政府改革的目标模式，显然也是不合适的。作为一种“范型”必须是高度凝练而又能准确反映事物本质的集中表述，既不能把改革的阶段性目标或某些现实性的价值追求当作政府改革的目标模式，也不能误认为总体目标就是各阶段目标和具体目标的加总。为此，我们建议把建设“中国特色法治服务型政府”作为我国政府改革的目标模式。

(三)为什么应把建设“中国特色法治服务型政府”作为我国政府改革的目标模式

1. 作为政府改革的目标模式，“中国特色法治服务型政府”包含和体现了“四个基本要素”，全面准确地反映了我国政府的本质属性和根本要求

一是“制度要素”，即中国特色社会主义制度要素。我国的改革开放是社会主义制度的自我完善和发展，这是改革开放的逻辑起点，又是今天深化改革必须坚持的正确方向。不管政府改什么、怎么改，目标都是完善在中国共产党领

导下坚持中国特色社会主义制度、全心全意为人民服务的政府。

二是“价值要素”，即坚持以人为本，以保障和服务于中国最广大人民群众的根本利益为政府改革的价值追求。要确定改革的目标模式，首先要弄清楚为什么要改革、改什么、为了谁。从这个意义上说，中国政府改革只有一个指向，为人民而改革，这是改革的唯一价值；只有一个标准，尊重人民意愿，这是改革的唯一立场。“积极回应广大人民群众对深化改革开放的强烈呼声和殷切期待”，就是要从人民群众对政府工作的期待和反映最强烈的问题入手，从社会经济发展对政府工作的需要入手，使改革不停步，稳步深入地向前发展，并把“以人为本，执政为民”作为检验政府工作和改革成效的最高标准。

三是“国情要素”，即我国正处于并将长期处于社会主义初级阶段的基本国情。正确认识、把握国情，坚持走符合国情的改革之路是走向成功的必然选择。同时国情既是现实的、客观的，又是变化的、发展的，这就要求我们时刻牢记国情，正确把握国情，从现实的基本国情出发，确立适合我国经济社会发展要求的政府改革目标模式，并以此为依据制定改革的总体规划及推进措施。同时，又要时刻把准国家、社会、人民发展的脉搏，高度关注和正确处理好改革发展稳定的关系，使政府改革和现代化发展同步、稳步、快步、不停步。

四是“国际(世界)要素”，即符合世界发展潮流和政府现代化的基本规律。每一个国家和民族，在社会发展进程中必然会有自己的特色，但任何特色和模式都不能违抗社会发展规律和世界发展潮流，政府现代化过程也是这样。综观当今世界各国政府改革和推进政府现代化建设的历程，既有成功的模式，也有失败的模式；既有发达国家模式，也有后发展国家模式；既有自下而上的促动模式，也有自上而下的推动模式。认真分析世界各国政府改革的实践进程，学习借鉴其正反两方面的经验，以我为主，为我所用，对于推进我国政府改革和现代化建设具有重要的意义。

“中国特色法治服务型政府”作为我国政府改革的目标模式选择，符合以上要素要求，它既具有“公共性、民主性、法治性、服务性”等法治政府和服务型政府的一般属性，同时又具有与中国特色社会主义国家相适应的本质属性。

2.“中国特色法治服务型政府”所具有的六个鲜明特征，体现了政府改革的正确方向

从根本上说，我国的改革开放都是社会主义制度的自我完善和发展。“中国特色法治服务型政府”作为中国特色社会主义根本制度体系的重要组成部

分，是坚持以马克思主义（中国特色社会主义理论）为指导思想，坚持中国共产党领导的核心地位，坚持执政为民本质要求的政府。它具有六个鲜明的特征，即“以公民为本位、以法治为基础、以公平为准则、以责任为核心、以社会为伙伴、以服务为目的”。基于上述考量，我们定义“中国特色法治服务型政府”应是：坚持中国共产党领导，坚持以中国特色社会主义理论为指导，在社会主义民主与法治体制下，通过法定程序、按照人民意愿组建起来，以公民为本位、以法治为基础，以不断满足广大人民和社会日益增长的公共需求和公共利益诉求为导向，以全心全意为人民服务为宗旨并承担公共服务责任的人民满意的政府。

3.“中国特色法治服务型政府”集政府的政治职能、管理职能和服务职能于一体，完整体现了现代政府“三位一体”的功能要求

政府是国家行政管理的主体和国家权力最主要的执行者，从最一般的意义上说，政府的角色可以概括为：公共利益代表者、公共行政管理者和公共服务保障者。其功能包括保障人民民主和维护国家安全，负责组织国家经济、社会、文化建设，承担经济调节、市场监管、社会管理和公共服务职能。由此可见，尽管“服务”是政府的本质属性和根本职责，人民需要和期盼一个能了解民情、体恤民意、集中民智、珍惜民力、执政为民的政府，但人民同时也需要和期盼一个有权威、善治理、负责任、精干高效、清正廉洁的政府。现代行政的最大特点是法治行政，法治是现代政府的基本管理方式和管理手段。法治行政体现了党的领导、人民当家做主、有机统一的依法治国方略和建立社会主义法治国家的本质要求，具体体现为：依法行政，合法行政，合理行政，民主行政，责任行政。把建立“中国特色法治服务型政府”作为我国政府改革的目标模式，不但具有很强的包容性——有限政府、责任政府、廉洁政府、阳光政府、廉价政府、节约型政府、创新型政府、人民满意的政府等各项要求，都是它的外在表现、重要特征和具体目标，而且具有很强的针对性和实践性——体现了政府全面履行经济调节、市场监管、社会管理、公共服务职能的总体要求，体现了政府依法行政、科学行政、民主行政的现代法治目标，彰显了中国共产党领导下的人民政府服务人民、执政为民的根本宗旨和本质属性。改革开放三十年的深入探索和实践经验，使政府、社会和人民群众都切身感受到了建设“法治服务型政府”的必要性、必然性、合理性及其对经济社会发展具有的强大的保障和推动作用。

三、深入推进改革，建设法治服务型政府要进一步处理好两个关系

（一）要正确认识和处理坚持一般规律与中国基本国情创造性结合的关系

世界各国政府改革的经验为我们提供了有益的借鉴。但中国法治服务型政府的构建，不能照搬别国，特别是西方国家的经验，在很多方面也无法照搬西方的经验，这是由我国的社会制度和特定的发展阶段所决定的。中国社会主义初级阶段这一基本国情，决定了党和政府工作的中心和大局，也是我国行政体制改革和构建中国特色法治服务型政府的根本出发点和立足点。不坚持从这个最大最基本的国情出发，就会把握不住中国特色法治服务型政府建设的大方向、发展目标、基本任务和当前的工作重点，在路径选择和行为方式上也可能出现失误。比如政府的职能定位问题。当前我国尚处于工业化发展的前期，进一步贯彻落实科学发展观，要求政府全面履行经济调节、市场监管、社会管理和公共服务职能。鉴于我国社会建设相对滞后，公共产品和公共服务的供给与人民群众日益增长的物质文化需求不相适应，这就要求在法治服务型政府建设中，必须“把社会管理和公共服务摆在更加突出的位置”，正确把握政府经济职能和公共服务职能的关系。各级政府抓经济发展，主要是为市场主体服务和创造良好的发展环境，为更好地提供公共产品和公共服务创造条件。再比如：在公共服务的内容上，我们既要学习借鉴国际经验，又要坚持从国情出发。我国是一个发展中国家，一个处于转型期的国家，一个实行社会主义制度、处于社会主义初级阶段的国家，我国的公共服务体系建设只能是从最基本的阶段做起，以保障现阶段社会公众最基本、最迫切的公共需求为主。比如：公共服务社会化建设问题，政府一方面要积极培育和更多地发挥社会组织在公共服务中的作用，另一方面又必须从我国现阶段的社会条件和现实环境出发，坚持以政府为主导、公民和社会组织积极参与，逐步推进公共服务社会化进程。

（二）要正确认识和处理加强党的领导与深化行政体制改革的关系

现代政治是政党政治，共产党组织是当代中国政府过程中核心、主导的体

制化因素。中国共产党是执政党,是我国社会主义各项事业的领导核心,在政府改革和建设中必然居于领导地位。坚持党的领导,是中国特色法治服务型政府建设最根本的政治和组织保证。也就是说,中国政府改革必须坚持在党的领导下进行,有利于实现党的领导、人民当家做主和依法治国有机统一,归根结底要有利于巩固和加强党的执政地位。反之,必然偏离社会主义方向,偏离人民的根本利益,也就背离了法治服务型政府建设的根本目的。再者,党的领导是推进政府改革、实现中国特色法治服务型政府建设目标的根本动力和政治保障。中国政府的整个过程——从利益表达、综合和政治沟通,到政策制定和执行等,都与党组织有着极为密切的关系,这是党的领导原则在政府过程层面的具体展开。其三,政府文明是政府发展的最高目标,也是社会主义政治文明的重要组成部分。政府文明要求政府理念民主化、政府行政规范化、政府行为法治化、政府人员廉洁化、政府公务公开化、政府服务主动化,这些正是法治服务型政府的本质特征和根本要求。只有加强党的领导,才能促进政治文明和政府文明的协调发展,并充分发挥政治文明对政府文明的先导性作用。其四,行政管理体制改革的深化和法治服务型政府建设的推进,也有赖于并要求以党的执政体制和领导体制改革为核心内容的政治体制改革配套进行。在当代中国条件下,政府职能转变的背后是政党职能的转变,而政党职能转变的背后是政党执政体制的改革。因此,当我们在为确立合理的政企关系、政事关系、政社关系而进一步推进政府改革时,也不能忽略党政关系、党企关系、党事关系、党社关系以及党与其他方面关系的调整与定位。而这些都有赖于政治体制改革的总体推进。

四、以职能转变为核心推进政府改革创新

在深入改革开放和全面建设小康社会的大环境下,随着我国社会主义市场经济体制的逐步完善,适应经济发展方式的转变,进一步推进政府改革创新,需要我们在深刻总结改革开放以来特别是近几年来行政体制改革实践经验的基础上,高度关注和认真解决当前政府改革中的一些关键性问题,重点是以下六个方面。

（一）要进一步树立“法治行政、服务为本”两个理念

深化政府改革，建设“中国特色法治服务型政府”，思想仍然是先行，关键是要进一步树立“法治行政、服务为本”的理念。

法治行政是指政府的一切权力来源于法律，法律优于行政，行政受制于法律，政府受法律支配，并严格按照法的规定以及法的宗旨和原则行事。法治首先是依法治权、治官，依法规范政府机关及其公职人员的行为，而不是仅仅依法治民、治事，只用法律规范和约束行政相对人的行为。法治行政的核心是用法律控制政府，防止政府越位、错位与缺位，避免行政机关失职、越权和滥用职权，从权力源头上最大限度地控制行政权的唯我独大，切断行政权的无处不在，限制行政权的无事不管，转化行政权的无所不能。法治行政以“良法”为前提，以反映民意、追求公平正义为价值原则，以保障公民的权利与自由为根本目的。推进法治行政、建设法治服务型政府，要求行政者真正把法治行政观念深植于各级政府和每个政府工作人员的头脑中，切实转变传统观念，增强法治意识——变“权力至上”为“法律至上”，变“官本位”为“民本位”，变“随意行政”为“程序行政”。

要牢固树立“服务为本”的理念，使政府工作更好地服务于民生，服务于经济社会发展，这既是“主权在民”的根本要求，也是政府改革创新、建设法治服务型政府的根本出发点和最终目的。要坚持以公众需求、经济社会发展需要为政府工作的基本导向，以公众满意度为检验政府工作好坏的根本标准，不断强化服务意识，创新服务方式，使政府工作具有简约性、回应性，做到“三个贴近”，即：贴近人民群众，高度关注民生，构筑保障民生的服务平台；贴近企业，搞好市场监管，为各类企业、事业单位和其他社会组织构筑公开、公平的发展平台；贴近社会，做好公共服务，构筑优质高效的公共服务平台，营造优良的政策法制环境、稳定和谐的社会环境。

（二）要切实抓住职能转变、简政放权两个关键

转变政府职能是我国行政体制改革的关键环节和核心内容，实质上是要解决政府应该做什么、不应该做什么，重点是政府、市场、社会的关系，即哪些事应该由市场、社会、政府各自分担，哪些事应该由三者共同承担。从根本上说，改革开放三十多年来，我国行政体制改革的过程，就是从计划经济条件下的政府职能体系不断向社会主义市场经济条件下的政府职能体系转变的过程。党的

十四大、十五大、十六大、十七大、十八大都对转变政府职能提出了明确要求。特别是党的十八大在总结行政体制改革经验的基础上，进一步提出了要建立中国特色社会主义行政体制，深化行政审批制度改革，继续简政放权，推动政府职能向创造良好发展环境、提供优质公共服务、维护社会公平正义转变的任务，为深入推进政府改革、促进法治服务型政府建设指明了方向。总体上看，改革开放以来，我们在转变政府职能方面取得了重大成就，积累了宝贵经验，有力推动了社会主义现代化建设。同时，我们也应看到，政府职能转变还不到位，政府对微观经济运行干预过多过细，宏观经济调节还不完善，市场监管问题较多，社会管理亟待加强，公共服务比较薄弱。这些问题的存在与全面建成小康社会的新要求是不相符合的。因此，我们必须下更大决心、以更大力度推进政府职能转变，以更好适应深化改革开放、加快转变经济发展方式、维护社会和谐稳定的迫切要求。

以政府职能转变为核心深化行政体制改革还必须切实抓好进一步向市场、社会和地方放权问题。向市场放权，意味着在更大程度和更广范围发挥市场在资源配置中的基础性作用，推进政府经济管理方式由管微观、管审批、管短期向管宏观、管监管、管中长期转变。向社会放权，就是要在培育成熟社会组织的基础上，政府向社会充分放权，让社会组织和群众依法实行自我管理、自我服务，以更好地发挥社会力量在管理社会事务、反映利益诉求、协调利益矛盾、促进社会和谐稳定中的作用，为“五位一体”的全面改革创造良好的社会环境。向地方放权，就是要进一步明确中央与地方政府的权责关系，逐步将中央和各级地方政府的公共服务职责明确化、法定化、可问责。主要是明确划分中央、地方的事权，强化地方政府公共服务职责，下放相应的财权，使各级政府的事权与财力相匹配，确保地方政府履行社会管理和公共服务的必要财力。

(三)要继续推进政府机构、行政层级双重调整

继续深入推进政府机构改革和职能转变，需要认真处理好加与减、分与合、大与小、收与放、权与责、简与效、管理与服务的关系。通过对政府职能有机整合、机构合理调整、完善制度体系、调整和理顺不同层级政府职责关系等，使政府职能定位更加明确，政府机构设置更加科学，政府权力边界更加清晰，政府行为更加规范，政府管理方式更加合理，政府行政能力更加提高，从而推进政府管理体制的根本性转变。

党的十八大明确提出，要稳步推进大部门制改革，健全部门职责体系。稳

妥推进大部门体制改革,有利于减少职能重复交叉,防止推诿扯皮,提高行政效率,降低行政成本;有利于加强战略管理,提高政府对社会经济生活的统筹安排能力;有利于逐步建立决策、执行、监督相对分离、合理分工、相互制约的科学管理机制;有利于形成政府—社会—公民协调互动的治理格局等。当然,也不是所有的部门都要搞大部门,实行大部门体制治理结构,绝不是部门越大越好,更不是政府机构设置越少越好。其权力应与其承担的责任相匹配,规模应与其承担的公共事务的管理规模相匹配。应坚持从政府履行职能的实际需要出发,也不是所有相关的职能都要往一个筐里装,关键要看怎样设置符合实际、科学合理、更有效率。推进大部门制改革,关键在于真改革,而不是像有的试点地区那样,设立一个大部门,然后将相关部门降格为二级局。如,某市设立文新广局,下设文化局、新闻局、广电局、文物局、外宣局、体育局等若干个二级局,机构、人员与运行机制依旧。有人统计,如果将二级局都算上,反而是机构增加了,人员增加了,行政成本也增加了。这样叠床架屋的改革,人为增加了一个行政层级,反而降低了行政效率,增加了行政成本,正好与改革的目标背道而驰。

减少行政层级,优化纵向行政结构,推进政府组织结构扁平化已成为世界各国行政改革的基本趋势,也是我国政府组织机构调整的重要方向。目前我国五级政府层级设置使得管理链条过长,其结果是中央对地方的两个最主要行政管理手段——公共政策和财政转移支付难以正常落实,形成所谓“漏斗效应”。适度减少政府层级最大的好处在于可以从根本上遏制公共政策执行过程中的“漏斗效应”,减少中央政策的扭曲变形,保证中央政策落实到位。要积极创造条件,加快推进政府管理层级体制改革,当前要以省直管县为重点,理顺各级政府关系,特别是省级政府要向县级政府更多地下放行政审批权;同时,改革财政管理体制,增强县乡政府财力,使事权和财权相匹配;调整和完善垂直管理体制,进一步理顺权责关系,建立健全协调配合机制;合理核定县级机构设置,强化县(市)级政府社会管理和公共服务职能,加强权力下放后的有效监督。

(四)要坚持提高效能、降低成本两个标准

作为一个现代政府,应该是负责任、低成本、高效能的政府。通俗地讲,就是政府要以尽可能少的投入——用尽可能少的人力和时间,花尽可能少的钱,办好更多该办的事,既不缺位不作为,也不越位滥作为,即尽职、高效而又“廉价”。这既是人民群众对政府的共同期待,也是各级政府共同面对的一个重要问题。从这个视角出发,政府管理体制改革大体有四种结果:第一种是高效

率—低成本；第二种是低效率—高成本；第三种是高效率—高成本；第四种是低效率—低成本。很显然，只有第一种结果即高效率—低成本，是广大人民群众所期待的，也应是我国政府体制改革的价值选择。应当说，在以往的改革中，在一部分政府机构和政府工作人员的思想中，更多地关注提高政府效率问题，而对降低政府成本重视不够。行政成本是衡量政府行政效率、行政管理能力和水平的重要指标。在行政目标既定的情况下，对行政成本的有效控制程度，是衡量政府是否高效廉洁、政府管理是否现代化的重要依据。一个企业成本过高肯定没有市场竞争力，一个政府成本过高不仅会失信于民，而且也难以为继。因此世界很多国家都把行政成本明确作为对政府工作评价的重要内容。推进政府建设和管理创新，不仅要求建立一个效能型政府，而且要求建立一个效益型政府；不仅要求建立一个廉洁的政府，而且要求建立一个“廉价”的政府。长期以来，我国各级政府机关不同程度地存在行政费用膨胀、行政成本居高不下、行政效率低、公共消费浪费等现象。深化行政体制改革、推进政府改革，必须把控制和有效降低行政成本，建设高效能、节约型政府作为重要目标。在各级政府部门和工作人员中，要深入贯彻中央八项规定，大力倡导厉行勤俭节约、反对铺张浪费，严格落实各项节约措施，杜绝各种公款浪费现象。

（五）要进一步建立健全政府绩效管理、监督问责两个机制

进一步建立健全强化两个机制是深入推进政府改革创新的重要保证。党中央国务院对政府绩效管理高度重视，国家“十二五”规划把“推行政府绩效管理和行政问责制度”作为推进行政体制改革的四项重要任务之一。在多年试点探索的基础上，有关部门和一些地方政府逐步摸索形成了与目标责任制相结合、与经济社会发展指标相联系、以加强机关效能建设为目标、以组织考察和群众评议相结合为主要方式的绩效评估模式。因考核对象、实施主体、目的内容等方面的不同，具体衍生出诸如“党政干部考核模式”“目标考核责任制模式”“社会评议模式”“委托第三方或独立第三方政府绩效评估模式”“综合绩效评估模式”等。这些探索实践为树立正确的政绩观、改进政府工作、提高行政效能和公共服务水平发挥了积极作用。但由于缺乏系统的理论指导和规范性的总结，实际应用中还存在很多问题。因此，必须进一步推进政府绩效管理系统的改进和优化，使绩效标准更加统一规范，绩效评估指标和评估方法更加科学合理，绩效评估技术更加先进适用，绩效评估信息更加准确可靠，绩效管理工作更加制度化和规范化。

要强化对政府权力运行的监督。完善政府监督机制既包括政府系统内部的监督,也包括政府系统外部的监督,主要包括:政党的监督、人大的法律监督、政府自身的行政监督、人民群众的监督、新闻舆论监督和司法监督。其中政党监督包括执政党的监督和各民主党派的监督,政府自身的监督包括行政监察、行政复议和审计监督,司法监督包括检察院监督和法院监督。由上述各部分组成的政府监督机制在反腐倡廉提高行政效率推进法治服务型政府建设过程中起到了一定的作用,但由于各部分在监督的法律依据、监督的方式方法、监督机构的设置、职能分配以及对监督结果的执行上还存在着较多缺陷,使其在实际操作过程中没有发挥应有的作用。围绕建立依法行政、廉洁高效的法治服务型政府的目标,必须从体制和机制上进行创新,以形成外部监督与内部监督相结合、实质性监督与程序性监督相结合、宏观监督与微观监督相结合、直接监督与间接监督相结合的政府工作监督体系,进一步完善以法律为依据、职责分明、相互补充、相互协调的政府监督机制。要全面推进行政问责制。明确划分行政责任,建立健全政府责任体系;强化行政首长、行政机关和政府工作人员的问责制;对违法决策和严重不当决策行为,对政令落实不力、治政不严、应为不为或乱作为,对疏于管理、特别是在社会管理、处置突发公共事件方面失职渎职行为、放任自流或滥用职权、以权谋私、损害群众切身利益的行为以及个人言行失检、严重损害政府形象行为等要严格问责,强化行政责任追究。

(六)要着力推进政风建设和管理方式两个根本性转变

以习近平同志为总书记的新一届中央领导集体高度关注作风建设,中央政治局制定了关于改进工作作风、密切联系群众的八项规定,并以身作则,率先垂范,以此凝聚起推动事业发展的强大力量。李克强总理在新一届国务院第一次全体会议上再次强调:“要加强政府政风建设,树立风清气正、办实事、能干事的形象,这样政府才有公信力,人民才会和政府一道攻坚克难。政府说到要做到,不能放空炮。”这充分体现了中央政府对树立优良政风,建设廉洁、勤政、务实、为民、高效、人民满意政府的坚定决心和崇高责任感。政风建设的根本出发点和核心问题,是树立群众观点,坚持群众路线,实现群众利益;最根本的要求就是在任何时候、任何情况下,政府与人民群众同呼吸共命运的立场不能变,全心全意为人民服务的宗旨不能变,人民群众的国家主体地位不能变。政风建设的着力点,是克服形式主义、官僚主义、腐败现象。形式主义的要害是贪图虚名、不顾实情、不干实事、不务实效,习惯于做表面文章,沽名钓誉,甚至劳民伤财,热衷于搞“形象工程”“政绩工程”。官僚主义的要害是脱离实际、脱离群众，不讲科学、不调查研究，随意决策、作风粗暴，高高在上、做官当老爷。腐败的直接表现就是以权谋私、权钱交易。

加强政风建设，关键是要坚持两手抓、两手都要硬，即一手抓思想教育和制度建设，一手抓惩治腐败。思想教育是基础，制度建设是保证，惩治腐败是重拳。思想教育是晓之以理、导之以德，在于引导和帮助各级干部和公务员树立正确的世界观、人生观和价值观，提高其抵制个人主义、享乐主义等腐朽思想影响和抗腐拒变的能力。制度建设则是约之以典章、规之以法纪，通过制度设计和安排，有效规范政府及各级工作人员的行为。同时通过严明纪律，坚决查办违纪违法案件，反对特权思想、惩治腐败分子，把权力关进制度的笼子里，并形成不敢腐的惩戒机制、不能腐的防范机制、不易腐的保障机制，切实提高政府的公信力。实现三者的有机结合，是政风建设的治本之策。

政府管理方式创新是政府改革的重要内容。一个统一、效能的现代政府，必然是一个与社会、与市场、与整个外部世界保持紧密联系、信息交流通畅、反应灵敏、应对有度的开放系统。随着全球化的迅猛发展和改革开放的深入，社会变动加剧，不确定性和不稳定因素增加，要求各级政府要以更加开放的心态、开放的视野、开放的体制机制、开放的运作方式履行职能，使政府具有更强的应变力、驾驭力、公信力和执行力，政府管理更富有预见性、回应性和创造性。同时，随着电子信息技术、现代办公自动化技术尤其是网络技术在政府的广泛普及与应用，使得政府结构、公共管理和服务打破了时间和空间上的限制，公平、公正、高效、民主、参与式的政府管理，也要求政府的管理和服务方式发生根本性转变：变革政府的决策方式，提高政府决策的科学化、民主化和透明度；推动政府领导方式转型，政府管理由控制型向参与型、自主型、互动式转变，从规制型管理向以人为本的人性化管理转变，从行政命令式管理向服务式管理转变；政府运行具有更大的开放性和协调性等。同时，要求政府办事更加便捷和高效，服务质量更好，更具公正性和公平性。与此相适应，政府工作人员的工作方式也要发生相应的变化：从体能操作型向知识智能型转变，从专业分工型向综合多能型转变，从被动执行型向自主创新型转变，从注重发挥单体效能向更加注重团队合作的方式转变。

政府职能理论与政府职能转变的问题*

* 出自 2012—2013 年度中国行政体制改革研究会行政改革研究基金资助课题“政府职能理论与我国政府职能深化转变研究”。课题组负责人：刘熙瑞，国家行政学院教授。执笔人：刘熙瑞，国家行政学院教授；马德普，天津师范大学政治与行政学院院长、教授。

一、政府职能的产生、演变与发展

政府职能作为国家权力的具体实践形式，是随着国家的产生而产生的。人类社会本来经历过没有国家、没有国家权力、也没有政府的时代。但后来，由于一种自然的历史作用力，人类社会开始分化。阶级出现了，而新的分化带来新的整合，于是，产生了作为国家机器的政府，产生了政府职能。现在研究政府职能，就应从国家的产生开始。

（一）国家与政府——人类社会的不速之客

国家不是天生就有的，它是人类社会在发展中渐渐“生长”出来的。而且这种发展还有一个漫长过程。我们并不认为它是人们一朝醒悟共同订立“契约”而出现，相反肯定它是一个为实现“强者”的谋利企图而自然生长出来。这是研究此问题时必须把握的一个基本理念。

在氏族社会晚期，尽管氏族制度还有一定生命力，但否定的条件渐渐成熟。主要是生产力的发展，剩余产品的产生，加之父权制度的出现，使家庭逐渐成了财产的所有者和承继者，变成了与氏族相对立的力量；而财产的差别，又使社会权力进一步向一部分人手中集中，甚至出现了世袭显贵和王权的最初萌芽。而随着阶级的分化、阶级特权的发展，阶级的对立日益严重；社会危机出现了，它需要一种新的机关，这个机关可以保护个人所获得的财富不受原来氏族公有制度的侵犯。而这样的机关也确实出现了。这就是国家，或者叫政府。它是应社会的需要，随着社会发展而自然诞生到人间的。

在政府产生初期，其职能的特点主要是：第一，由于社会生产力的发展程度很低，社会分工还不很发达，所以政府的职能比较简单，职能的专门化程度也比较低；第二，在这比较简单的政府职能中，镇压性职能远比社会管理性职能重要得多。这些特点，可从我国历史中得到证明，而在其他国家也都有类似的表现。但另一方面，我们也看到，统治者为了满足自己的贪欲，为了更好地维持社会的统治秩序，也使政府承担了一定的社会公共职能，如管理和承担农田垦殖、修建道路、修筑堤坝、整治水利工程、发展畜牧等事务，这在统治者获取更大财富的同时，也在一定程度上改善了被压迫阶级——奴隶的生活。

我们可以得出的结论是：

首先,国家的产生完全是一个自然历史过程。如恩格斯指出的,这种变革“人们不知道它是怎样发生的”,它是一种人们“并未参与策划并且又确乎违反他们意志的状况”[①],但它却自然而然发生了。实际上,不是人们预先设计出建立什么制度,而是制度自然来到人们中;不是人们预先想好什么是应该或不应该,而是像水一样地渐渐向低处流了过来。同时,我们也看到,人的感情色彩,喜欢与否、高尚与否,均是无济于事的。我们现在研究政府职能,就应以这样一种社会自定的观点、历史发展的观点,来看待其意义,判断其价值。

其次,所有的国家都是阶级的国家,因而其政府职能又都打着阶级的烙印。它照例是最强大的,在经济上占统治地位的阶级的国家。这个阶级借助于国家在政治上也成为占统治地位的阶级,并获得了镇压和剥削被压迫阶级的新手段。从这个意义上说,国家的职能,总是有着明显的阶级标记,它是国家机器为统治阶级服务的总任务在各个方面分配的表现。

再次,阶级的统治必须以社会发展为基础,舍此便失去其历史合理性。因此任何政府的职能中,都应有组织社会发展的内容。最初的国家职能本身就是社会发展的呼唤,之后的延续也要以社会发展为支持。这一点,从国家一产生就继承氏族组织管理公共事务的大量职能得到说明,而从以后科学的日益发展、生产力的日益提高、财富的巨大增长中也可得到佐证。

(二)政府职能演变原因与内容

政府职能的变化是和其他社会系统的变化紧密联系在一起的。它们互相影响,互相促进。但这里情况很复杂,因为政府与社会各系统既有相关性又有一定的独立性。这就是说,各个系统都有自己运动变化的逻辑。外在的相互影响,只有通过内在的逻辑才能发生作用。

社会和政府职能的相互影响关系一般是:社会的进化一般可以引起政府职能的进化,但也可以引起它的退化。当然退化也有两种,一种是孕育着进化的退化,或者说是为进化创造条件的退化,这种退化可以称作是良退化;另一种退化则是绝对的退化,它不能催发新的因素,而是把系统推向灭亡,或者至多把系统推向另一个循环,所以这种退化又可称作恶退化。

除了社会进化以外,社会的退化也对政府职能有双重影响。它一方面可以引起政府职能的恶退化,另一方面,在特殊情况下,它也可能激起政府的振兴,

① 《马克思恩格斯选集》第4卷,人民出版社1995年版,第110页。

刺激政府的改革,推动政府职能的发展。

再从政府方面看,它也不是完全被动的客体,它不仅会因内在的逻辑而引起政府职能的变化,而且这种变化也会对社会的发展或退化产生重大影响。这一点也是非常清楚的。

总的看来,政府职能的变化,无论是内因引起的,还是外因引起的,一般会出现三种情况:一是政府职能的退化,即政府职能陷入紊乱,现有的职能不能有效地履行,政府调控社会的能力降低;二是在社会变革过程中政府新旧职能的冲突,使政府职能陷入一种内部斗争过程;三是政府职能随社会的发展而进化,建立起一种适应社会需要的新职能。

(三)历史上政府职能的两次大的发展

人类历史上政府职能经历了两次明显的发展过程。第一次是在奴隶社会转向封建社会的时候。主要表现是:首先,随着阶级矛盾由奴隶主和奴隶的对立转变为地主(庄园主)和农民(农奴)的对立,政府在维持秩序时依靠暴力的镇压职能下降,道德教化的职能上升。这一点不仅可以从中国封建社会强调"德主刑辅"的治国原则中得到证明,而且可以从西欧封建社会中教会的至高无上地位中得到佐证。另外,即使是暴力镇压职能,现在也是更多地强调"刑"(法),而不是更多地强调"戎"(兵)。所以,中国奴隶社会中有所谓"国之大事,在祀在戎"①的说法,而到封建社会则变为"治国有二机,刑德是也"②的新说法。

其次,政府的行政管理职能有所扩大,结构的分化和功能的专门化有所发展。由于生产力的提高、分工和交换关系的发展,社会和经济生活进一步复杂化,政府需要管理的公共行政事务就自然随着增多。另一方面,履行专门职能的官僚机构也发展了起来,职权的划分也比以前更明确。

人类社会的第二次巨大变化是从封建社会向资本主义社会过渡。在这个过渡中,以农业自然经济为基础的整个社会关系遭到了破坏,而建立了以工业经济为基础的全新的社会关系。随之政府及其职能自然也经历了一番脱胎换骨的变化。主要是:首先,在政府维持秩序的整合机制中,道德机制的作用在下降,而大众自主意识与政治参与意识在上升,法律的重心也由强调惩罚的刑法转移到强调调节利益、保护权利的民法和宪法上。其次,现代政府在社会行政

---

① 《左传·成公十三年》。

② 刘向:《说苑》。

事务管理方面，也因社会的日益复杂化使管理职能日益扩大。这突出表现在政府的职能机构日益增多，管理的事务日益繁杂上。可以预料，随着社会有序化程度的进一步提高，政府的社会行政事务管理职能必然还会进一步加强。

二、现代社会与现代政府职能

现代政府职能是适应现代社会的需要逐渐发展出来的。但我们发现，世界各国的政府职能是千差万别，并不断变化。那么，现代不同国家的政府职能为什么有如此的差异？同一个国家的不同历史阶段为什么有如此的变化？要理解这些问题，就必须弄清楚现代社会中是哪些因素影响了政府的职能。

首先，前现代社会的遗产对现代政府职能有着明显的制约作用。其次，社会的发展时序对现代政府职能产生着重大影响。但最重要的，还是经济发展阶段、经济性质与经济运行机制对政府职能有更大的制约作用。

（一）经济发展阶段与政府职能的变化

研究过经济发展阶段的人很多。马克思就曾把工业经济生产方式的发展过程划分为行会手工业、工场手工业、机器大工业三个阶段。后来，其他人又把资本主义经济的发展分为自由资本主义、私人垄断资本主义和国家垄断资本主义三个阶段。美国经济学家罗斯托则把所有社会的经济发展划分为五个阶段，即传统社会阶段、为发动创造前提条件阶段、发动阶段（又译为起飞阶段）、向成熟推进阶段和高额群众消费阶段。[①] 后来，他在 1971 年出版的《政治和成长阶段》一书中，又在高额群众消费阶段之后加了一个追求生活质量阶段，并把这个新的阶段看作是和标志着工业化开始的发动阶段同样重要的一个阶段，是“工业社会中人们生活的一个真正的突变”。[②] 另外，他还根据康德拉捷夫的周期理论，把工业革命以来的经济发展划分为四个周期，即在 1790 年前后开始的以纺织机械的发明使用为主要内容的第一周期，1840 年前后开始的以蒸汽机车的推广和铁路建设的高潮为主要内容的第二周期，1920 年开始的以内燃机的使用和汽车工业的兴起为主要内容的第三周期，60 年代以来以电子计算机的推广应用

① 罗斯托：《经济成长的阶段》，商务印书馆 1962 年版。

② 罗斯托：《政治和成长阶段》，剑桥大学出版社，1971 年版，第 253 页。

为主要内容的第四周期。除了罗斯托以外,美国未来学家卡恩在70年代还提出了一个“大过渡”理论,他把工业革命的扩展过程看作是“现代化”或“大过渡”时期,期间要经历四百年(即从1776年开始到22世纪末为止)和三个发展阶段,这三个发展阶段是:工业经济社会—超工业经济社会—后工业经济社会。[①]其他还有丹尼尔·贝尔的工业社会和后工业社会的划分法[②]、托夫勒的三次浪潮划分法,以及工业和信息社会的划分法等。而这些不同的发展阶段,都会对政府职能产生不同影响。因为在每一个阶段中,经济活动有着不同的特点,需要不同的条件,所以,它会给政府管理提出不同的任务,从而促进政府职能发生变化。政府的经济职能是这样,其他职能也是这样。

(二)经济性质和经济运行机制对政府职能的规定

经济性质主要是指所有制关系。所有制不同,表示在经济活动中的主体及其相互关系不同,也表示经济活动的目的不同。与此相适应,政府作为经济秩序的维持者,它的职能内容、履行职能的目的和作用的方向,自然会因所有制的不同而不同。

我们先看公有制的情况。公有制的主要特点就是生产资料不归任何一个具体的个人所有,而是由全体公民共同占有或由部分公民集体占有。最典型的公有制就是国家所有制。而国家所有制自然要求政府承担国有资产的管理工作。这里除了政府应对国家行政事业单位的国有资产进行监管外,更重要的是对国有企业的资产(国有资本金)进行监管,使其保值增值,并使其保持经济活力和控制力、影响力。

私有制的情况就与此不同。在私有制情况下,政府自然要少承担许多经济职能。它用不着为私人企业进行资产评估,也无需操心由谁去具体地经营管理这些资产,更不用劳心资产的收益(资本的红利)如何去使用。因为这一切都是私人资本所有者的事情。当然,政府也要履行保护私有财产的职能,否则这种经济就无法正常地进行。而它在保护私有财产时也并不绝对排斥对公有财产的保护,以及对人民福利的照顾,但本质上还是保护私有者的利益。美国金融危机后爆发的“占领华尔街”运动及提出的“百分之一”和“百分之九十九”人口的财产关系问题,已经再次触及了这个问题的本质。

而经济运行机制则对政府职能有着更深刻的影响。经济运行机制可以简

① 陆象淦:《走向二十二世纪——卡恩的大过渡理论》,辽宁人民出版社1986年版。

② 丹尼尔·贝尔:《后工业社会的来临》,商务印书馆1984年版。

单地划分为市场经济型、计划经济型、计划与市场结合型三种。纯粹的市场经济意味着政府对经济活动采取放任主义的态度，也就是说政府在资金的积累、投资方向的确定、产供销的组织、企业人事安排和机构设置、国民经济各部门比例关系的协调等活动中均不承担责任，政府的职能就是制定和维护竞争的规则，对经济中违反市场规律和反市场、非市场行为充当裁判员或警察的角色。与此相反，纯粹的计划经济意味着政府要管理一切经济活动，包括国民经济和社会发展计划的制订，资源的配置，生产活动的组织和指导，资金、物资和人力的调拨与调整，生产、流通、分配、消费各个环节的协调，等等。

在社会政治职能上，纯粹的市场机制倾向于要求政府维持一种开放和流动的社会分层结构，要求政府用法治的形式履行职能，要求政府把保护个人自由作为重要的职能内容。相反，纯粹的计划机制倾向于要求政府维持一种相对封闭和凝固的社会分层结构，要求政府主要用行政命令作为履行职能的基本方式，要求政府把促使个人服从作为重要的职能任务。

在思想文化职能上，市场机制由于是一种竞争性机制，所以，它对政府提出的要求就是容许价值(目的)的多样化，维护外在规范的统一性。文化的核心内容就是价值意识的自由表达。在思想文化管理上，一般注重对法治意识的培养，而在个人观念的表达上则持相对放任的态度。计划机制与此相反。在纯粹计划机制下，政府规定了统一而具体的社会目标系统，并把每个人的个人目标纳入其中，这实际上是把每个人的个人目标也作了限定；另外，为了达到这个统一的目标，政府又必须根据情况变化，随机调整具体任务，而要求所有人跟随。

以上两种经济运行机制是现代社会中的两个极端现象。在实际生活中，几乎所有的现代社会都采用计划和市场的某种混合形式，只不过有的计划成分多一些，有的市场成分多一些。这些各种各样的混合形式，构成了对政府职能的各种各样的影响。比如，在资源配置上政府起决定性作用与市场起决定性作用是完全不同的，而对经济运行的宏观调控与市场自律也有重大差别。前述的这两种极端经济运行机制只是在特殊环境中的特殊表现形式，并没有多少普遍性。不过，了解了这两个极端的情况，对它们的各种混合形态也就容易了解了。

三、国外政府职能理论透视

(一)“守夜人”与“有限政府”理论

近代西方思想界对政府职能问题的系统看法，最早表达在资产阶级革命时期。主要是针对封建统治阶级任意践踏人民生命、自由、财产等权利的专制暴政，明确提出了有限政府原则。一般以自然法和契约论为理论武器，批判封建等级制度和君主专制的不合理性，论证政府的权力不能是任意的和专横的，它应该被严格地限制在保护人权的范围之内，这种政府被后人形象地比作"守夜人"政府，这种国家也被称作"警察国家"。由于这种政府职能主要是消极地保护个人权利，而不是积极地促进个人和社会发展，因此有人也把这种国家称作"消极国家"。

这种思想的主要奠基人是洛克。他像17、18世纪的大多数思想家一样，用自然法、社会契约等理论假设来论证自己的政治理想。他首先设想了一个自然状态，是一种人人自由而平等的状态。在这里，人们在自然法的范围内，按照自己认为合适的办法，决定他们的行动和处理他们的人身与财产，而无须得到任何人的许可或听命于任何人的意志。同时，人们的一切权力和管辖权都是相互的，没有一个人享有多于别人的权力。但是，这种自然状态并不是完美无缺的，为了克服其缺陷，人们转让了某些权力，于是有了国家和政府。但人们转让的权力是有限的，因此政府的权力也必定是有限的。而且，人们之所以要放弃部分自然权力，就是为了使政府来确保人们不可转让的生命、自由和财产权的安全。显然，在洛克那里，政府是一个有限的手段，而人的不可转让、不可剥夺的权利才是目的。

另一个类似思想是功利主义者的政府职能观，代表人物是边沁和约翰·密尔。他们批评自然法、天赋权利和社会契约是一种虚构，认为虚构的东西不应作为理论论证的基础。他们吸取了18世纪法国唯物主义者的一些思想，发展出一套系统的功利主义理论，并以这种理论为基础，论证了政府职能的原则。所谓功利，就是事物所具有的能够给人带来快乐或避免痛苦的一种特性。功利主义强调要以趋乐避苦作为社会政治制度的基础，以能够增加社会利益或"最大多数人的最大幸福"作为政府活动所应遵循的原则。但他们又认为，社会并不是一个独立的实在，而是一个想象的团体。因此，只有个人利益才是唯一现实的利益；如果不了解个人利益，就说不上社会利益。因此，他们一再强调政府不要干涉私人经济生活，政府的格言应当是"安静些"，其行动应尽可能受到限制。他们还认为，私有制最符合功利，因为它是一切进步的根源。没有它，人们就会厌恶劳动，不爱祖国和后代，社会就会停止积累财富。故此，他们攻击财产公有违反功利原则，主张在经济领域实行以私有制为基础的自由竞争和自由贸易。而其中，对自由思想发挥最多的是密尔，他一再强调，"进步的唯一可靠而永久的源泉还是自由”。

亚当·斯密的“看不见的手”理论是又一代表。他发展出了一套系统的、至今仍被一些人奉为圭臬的市场经济理论。他认为,正是市场价格机制的自动调节作用,使经济体系在没有人有意识计划的情况下,实现了各方均衡;在每人都追求个人利益时,也实现了整体的利益。他把这种自动调节的市场机制形象地比喻为一只“看不见的手”,认为有了这种看不见的手,就用不着政府去用“看得见的手”对经济活动指手画脚。所以,他反对重商主义者的政府干预主张,批评限制竞争和贸易的各种规章制度,要求实行自由竞争和自由贸易,也即要求政府不要干预经济活动,实行放任主义政策。

此外,还有以斯宾塞为代表的极端放任主义的政府职能理论。他把政府职能严格地限于保护个人自由,所以,他反对政府管理工业,也反对设立国家教会。另外,政府也不应救济穷人,不应经营公共卫生,因为这会使自然选择规律失去作用。最后,他还反对政府推行儿童义务教育、设立国有造币厂和管理邮政系统,甚至认为政府也绝不能去建立灯塔。在他看来,对于自然惩罚的明智的严酷性国家无需干预,因为这种自然惩罚是促使适者生存和个体发展的必要手段。斯宾塞显然把“小政府”职能理论推向了极端,但这同时也蕴含了对这种政府职能理论超越的必然性。

(二)政府干预与福利国家理论

19 世纪末,由于社会贫富分化的加剧,阶级矛盾和阶级斗争日益尖锐,无产阶级政党纷纷建立,社会主义运动日益高涨。于是,一些资产阶级哲学家、政治学家和经济学家开始修改原来的政府理论和政策主张,试图通过政府干预和发展社会福利来改善政府的形象、缓和社会的矛盾。其中最早意识到这一点的是 19 世纪末叶的英国唯心主义哲学家、新自由主义创始人托马斯·格林。他不满意传统的以个人和社会对立为前提的自由观念,主张从积极的意义上去理解自由。认为自由只能是实现善良意志的自由,是追求这种意志向它本身提出的种种目标的自由。因此,自由不是无拘无束的消极现象。而国家的任务就是疏通自由意志向外表现为行动的渠道,拆除妨碍社会成员使自己变得更好的障碍,使其能够做那些“值得去做的事情”。用格林的话来说就是:“政府的职能在于维持道德行为可以在其中得到表现的生活条件,而道德行为在于无私地履行自愿承担的职责。”这些积极的内容已经为政府干预和发展社会福利事业打开了一道大门。对政府干预论证最有力因而对政府政策影响也最大的是活跃于 20

世纪上半叶的英国著名经济学家约翰·梅纳德·凯恩斯。

凯恩斯主义是1929—1933年资本主义世界大危机的产物。这次危机打破了自由市场的神话，也迫使资本主义国家放弃自由放任政策，走上政府干预的道路。凯恩斯强调，资本主义经济由于“边际消费倾向递减规律”或“边际储蓄倾向递增规律”、人们把一定量的货币保存在手边的偏好以及“资本边际效率递减规律”的作用，既引起了消费的不足，又引起了投资的不足。这是资本主义经济危机和失业的根源。因此，只有扩大政府的权力，加强政府对经济的调节，才能避免这种灾难。他提出了以宏观财政政策和宏观货币政策作为政府调节经济手段的思想。更主要的是，他在自由放任主义无能力救治社会弊病的背景下，正确指出了政府这只“看得见的手”的作用，为各国政府在经济管理中“两手”并用提供了理论根据，这一点到现在也还是有一定指导意义的。这也是当时人们称之为“凯恩斯革命”的原因。

另外，凯恩斯的理论也促进了“福利国家”的发展。按照西方学者的说法，所谓“福利国家”，主要包括混合经济、充分就业、收入平均化和社会福利设施等内容。凯恩斯虽然不是“福利国家”或“福利经济”的最早倡导者，他也没有明确提出“收入均等化”的目标和措施，但他对充分就业的重视、对政府投资和举办公共工程的建议、对刺激消费需求的主张等，都包含着“福利国家”的内容。

(三)新自由主义经济学的政府职能观

新自由主义经济学除了哈耶克和联邦德国的新自由主义以外，还包括美国的“货币主义”思潮、“人力资本”理论、“所有权”运动和“公共选择”学派等。这一流派在政府职能问题上的理论，主要是对政府干预经济生活的消极作用作了大量的分析和实证研究，并对如何限制政府权力的扩张和改善政府的经济职能，提出了一些自己的建议。

一是对政府过分干预经济生活导致的政治危害的分析。这方面的代表人物是英籍奥地利经济学家和政治思想家弗里德里希·冯·哈耶克。他认为，政府统治一切经济活动的后果，一是必然导致民主的毁灭，二是与法治不相容，三是也不利于实现真正的自由。尽管他的分析带有资产阶级烙印，更多地体现了资产阶级的利益，但他反对政府权力过分集中，特别是反对政府统治一切经济生活，还是有合理之处的。虽然计划经济在特定的历史条件下也有其合理性，市场机制也有其失灵的地方，但在今天的和平发展时期，政府统治一切的管理方式应该是一去不复返。因此，正确处理政府管理和市场机制的关系，探讨符合社会发展根本利益的新的政府治理模式,是时代提出的迫切要求。

二是对政府干预的社会与经济后果的分析。这方面的代表是公共选择学派。他们的一个理论特点,就是把“经济人”的假设运用到政治等“非商品”选择行为的研究中,试图通过对影响公共决策者的态度以及决定性选择的动机和限制的推理分析,来解释人们观察到的公共决策人的行为。他们得出的一个重要的结论就是:在其他条件不变的情况下,官僚主义的解决办法即通过政府官吏解决问题的办法,必然使社会财富的使用效率低于市场解决办法。之所以会造成这种情况,有以下三个原因:第一,缺乏竞争;第二,超额服务;第三,无力监督。结论是:(1)社会中官吏越多,“官吏敛取物”就越有可能增长得更大;(2)选择“官僚主义”解决的做法永远只应该是第二等的最好做法:只有在其他一切办法都被证明确实不能发挥作用的情况下,才有必要采取。

凯恩斯主义政府干预政策推行后的直接消极结果就是预算赤字、通货膨胀和政府规模的日益增长。关于通货膨胀,凯恩斯主义者的辩护是:“温和”的通货膨胀可以刺激经济的增长。但布坎南和瓦格纳等新自由主义经济学家们却对此进行了批评,把通货膨胀看成是一种对资本主义的毁灭性力量。也正因为如此,20 世纪 70 年代末以后,西方保守主义经济政策的一个最基本目标之一就是治理通货膨胀。

此外,他们还对凯恩斯主义的赤字政策和福利国家的各种政策进行了批评,开出的药方,自然是倾向于限制政府的职能。比如弗里德曼就认为,政府的目的就是保护人们的自由。他把自由分为经济自由和政治自由,其中经济自由不仅本身就是一个目的,而且也是政治自由的必要条件。自然的结论就是把维护市场的正常运转看作是政府活动的主要任务。

(四)对新自由主义政府职能观的批评——重新澄清政府作用

物极必反,当把自由放任强调过了头的时候,人们出于对原来实行亚当·斯密所主张的“守夜人”政府职能论的反思,更出于对几十年正反两方面各种实践经验的检视,自然会客观地冷静地对待这个问题。于是,不少学者提出,新自由主义理论对政府作用的论述有些虽有一定道理,但走得太远,必须纠正;而他们的政策主张又离政府实际太远,缺乏实行的基础,事实上各国也并不完全那样做。正是在这种背景下,西方又产生了新凯恩斯主义和其他要求政府适当干预社会与经济生活、为政府权力适度恢复名誉的种种理论主张。代表人物包括美国的格雷格里·曼丘、约瑟夫·斯蒂格利茨、本·伯南克等人。从更广泛的意义上说，发展经济学中的一批人，如英国的托尼·基利克等，也应包括在内。此外，还应包括政治学界、社会学界、管理学界主张政府干预的理论家。

新凯恩斯主义经济学诞生于原凯恩斯主义在各种新自由主义思潮抨击下从主流经济学地位跌落的背景下。一批中青年学者继承原凯恩斯主义的基本信条，同时又对原凯恩斯主义进行了深刻反省，而对反凯恩斯主义的新自由主义理论也进行了一定的吸纳与融合，从而对原凯恩斯主义实现了某种变革。

新凯恩斯主义的政府职能主张的重要支点之一，就是对市场失灵的再次确认。在他们的著作中，包含大量对市场缺陷的论述。英国经济学家托尼·基利克就曾把美国原总统经济顾问委员会主席、世界银行首席经济学家、负责经济开发工作的资深副行长斯蒂格利茨对市场缺陷的分析进行了很好的概括。在指出了市场缺陷的种种表现之后，新凯恩斯主义者又从正面强调了政府在纠正市场失灵方面所具有的各种优势。此外，他们还区分了政府大小与政府管理手段的问题。事实上，许多问题不是政府管不管的问题，而是怎么管的问题。对这些问题，只要在如何管上进行研究并实现变革，就能解决。但新自由主义者一律得出了政府退出的结论，显然这是不恰当的。此外，新凯恩斯主义还指出了发达国家与发展中国家在政府职能上应有的区别，特别要防止后者教条主义地按前者模式行事。这一点也是非常难能可贵的。

还有一种对新自由主义的批评也很有参考意义，这就是把政府角色从“裁判员”转为“舵手”的“重塑政府”理论。新自由主义经济学家强调政府制定和执行规则的作用，用弗里德曼的话说，就是把政府看作“裁判员”。这种政府职能观虽然与“守夜人”的政府职能观多少有些差异，但同样反映了西方的自由放任传统。80年代西方国家的私有化浪潮和“大砍”福利的政策，以及1980年里根竞选美国总统时提出的“管得最少的政府是最好的政府”的口号，都是这种影响的表现。美国的某些“新民主党人”对此提出：今天我们政府失败的主要之处，不在目的而在手段。因此，他们认为研究的主要问题，不是政府应做什么，而是政府如何运作。结论是，我们不需要什么大政府或者小政府，我们需要一个更好的政府，说得更加精确一点，我们需要更好的政府治理。他们对政府职能的主张是，要把“掌舵”和“划桨”区分开来，政府只履行“掌舵”的职能，而把“划桨”的任务交给社会去承担。这种把政府的职能规定为“掌舵”的思想，与新自由主义者主张的“裁判”职能显然是有重大区别的。同时，他们在强调“掌舵”与“划桨”分开时，并没有放弃服务的责任，而只是把许多服务项目的具体生产移交给非政府部门，而政府则起组织作用。显然这也是很有新意的。

四、国外不同政府职能模式分析

政府职能模式是由各种历史和现实因素相互作用而形成的，并且会随着情况变化而不断演变。此处根据现实情况，大致概括出某些有代表性的职能模式，以为研究我国的政府职能模式提供参考。

(一)放任型政府职能模式

放任型政府职能模式即“小政府”模式，是指政府职能的行使较多地依赖于市场机制的作用，凡是市场能够解决的问题，政府不再干预。我们以英国、美国等作为代表。

自由放任型政府职能模式最初源于英国古典经济学家亚当·斯密在产业革命时期所提出的经济自由思想。而美国由于立国后没有封建制度和国家教会的阻碍，自由主义一向比较流行。因此，这两个国家一直把高度分散的市场竞争型经济体制视为理想的体制，始终认为政府干预应降到最低程度。

美国的放任型政府职能模式的大致特点是：第一，按照分权原则划分中央与地方权力。第二，政府不干预企业的经营活动，完全由企业依据市场上的价格机制作用，以市场竞争为基础进行。第三，政府服务与社会保障职能较强。美国政府虽然不干预企业的经营活动，但尽量给企业提供优质服务。为了缓和社会矛盾，美国政府还大力加强社会保障职能，举办各种社会福利事业。英国政府的职能模式与美国大体上相似。

(二)集权型政府职能模式

集权型政府职能模式即“大政府”模式，是指一切权力高度集中，政府无所不包、无所不管，企业作为政府的附属物被置于政府直接支配下而没有独立性的模式。集权型政府职能模式主要在实行计划经济体制的社会主义国家实行，尤其以苏联为代表。

集权型政府职能模式的形成有一个发展过程。它既有马克思、恩格斯的相关论述，也有列宁的具体设计。加之当时新生的苏维埃政权还面临着击败外国武装干涉和平定国内反革命叛乱的紧急任务，以致实行了战时共产主义政策，从而更催生了高度集权的管理体制。尽管列宁后来推行了新经济政策，希望通过市场来发展商品经济,但同时,他也认为新经济政策是一种不得已的“退却”,退到一定程度就要停止并转入反攻。可见新经济政策也是一种临时的举措。

集权型政府职能模式的特点是:第一,权力集中于中央,中央政府职能过于膨胀,几乎囊括了所有的政治、经济、行政管理职能。第二,政府直接管理企业。既然是单一的社会主义生产资料公有制,政府自然成了企业生产经营的直接决策者和管理者,生产什么、如何生产、为谁生产都由政府来决定。个人消费什么、如何消费,政府也要通过一定的方式进行干预。第三,政府职能过于宽泛,并与各种社会职能相混同。许多应该由社会成员或公民自己管理的事务也由政府管下来,否定了社会治理原则。社会个人权利丧失殆尽,个人成了依赖于政府及企事业单位的附属品。

这种模式的弊端显而易见。首先,市场经济是人类社会经济发展中的一个必要手段,任何国家都不可摒弃。而市场决定资源配置是市场经济的一般规律,经济发展中必须遵循这条规律,以推动资源配置实现效益最大化和效率最优化。而集权型政府职能模式却不承认市场经济的存在。其次,过度的中央集权压抑了地方的积极性,必然产生管理僵化、运转不灵、人浮于事的弊端,也会加剧中央与地方的矛盾。再次,政府职能过于庞大,超出了政府的行政能力,会带来政府机构臃肿、效率低下,还给官员提供了以权谋私的条件和机会,导致政府机关的腐败和官僚化。

(三)辅助型政府职能模式

辅助型政府职能模式是由放任型政府职能模式发展而来的。其主要特征是:政府在一定程度上介入社会生活,尤其是经济生活。通过制定经济规划和产业政策,进行一定程度的宏观调控。同时,在对市场进行某种干预的情况下,又注意发挥市场机制的作用。实行辅助型政府职能模式的国家主要有日本、德国和法国等。

日本实行辅助型政府职能模式是有其历史根源的。从 1868 年“明治维新”时就比较明显。以后,这种传统一直保存着。德国也是历史上实行统制经济的国家。第二次世界大战后,为恢复经济,采用了著名经济学家路德维希·艾哈德的学说,建立推行了“社会市场经济”的一套政府职能体系,实质上是一种以自由竞争为基础,国家进行适当调节,并以社会安全为保障的资本主义市场经济。法国则是一个具有相对集权传统的国家,社会民主主义思想一直在法国有着广泛的社会基础。第二次世界大战结束后,在戴高乐总统“国家必须领导经济”思想指导下,政府加强了对经济的干预。

辅助型政府职能模式主张政府对经济进行适度干预和宏观调控,其特点为:

第一,编制国家经济发展计划,对企业进行经济诱导。这是日本、德国、法国三国政府采取的共同做法。日本的计划分短期、中期和长期三种,都对企业的经营活动产生着巨大影响。德国的国家计划是在社会市场经济原则范围内对国民经济进行的一种总体调节,内容只限于为宏观经济发展提出的几项综合性的指标。法国的包括国家计划和地区计划两种。主要内容是规划未来几年经济发展方向,提出总体目标和长远战略,确定国内生产总值、工农业生产进出口、某些部门指标和产品指标等。

第二,采取各种手段对宏观经济进行调控。日本政府主要采取制定产业政策和加强政府行政指导的方式来调控企业的经济活动。产业政策包括产业税制政策和补助金制度、产业金融政策、进出口措施、产业技术政策等。行政指导则是凭借国家行政权力和其他方面的优势直接干预经济的方法。德国政府则主要通过经济立法和价格控制来行使政府宏观调控职能。为了防止市场竞争可能引起的垄断和经济社会的无政府状态,德国政府还把建立正常的竞争秩序作为自己的重要职责。

第三,强化政府的社会保障职能。德、日、法三国政府通过强化政府的社会保障职能,尽量为企业和公民提供必要的服务和良好的外部条件。德国政府实行的原则是“把市场上的自由与社会公正结合起来”。日本政府也注意发展社会福利事业,负责社会保障工作的机构是厚生省。法国也有较完善的社会保障体系。

(四)国外政府职能模式的比较与借鉴

第一,现代社会经济发展一定要发挥市场在资源配置中的决定性作用,同时也要更好地发挥政府作用。市场经济能推动资源配置依据市场规则、市场价格、市场竞争实现效益最大化和效率最优化,能让一切劳动、知识、技术、管理、资本的活力竞相迸发,让一切创造社会财富的源泉充分涌流。通过鼓励竞争,优胜劣汰,达到社会资源的合理配置。但是市场经济并不是完美的,它本身也有缺陷,比如盲目性、形成垄断和分配的不公平等。这些必须靠政府作用来纠正。市场与政府相结合,自由竞争与宏观调控相交织,已成为世界各国通往现代化的必由之路。

第二，政府对市场的干预是有限度的。由于政府缺少一种"非市场机制"，它的干预一旦超过了限度，就会束缚市场发展，产生负面效应，同样出现失效。实际上，政府的干预并不意味着由政府完全取代市场的作用，而是要以市场机制为基础，运用行政力量遏制或限制市场机制自发运行所产生的种种弊端。

第三，政府干预的方式可以多样化。由于各国社会经济制度不同，生产力的发展水平不同，历史文化背景不同，政府与市场怎样结合、采取什么样的经济干预和宏观调控政策，各国应根据自己的国情来决定和选择。

此外，其他国家在政府与企业的关系上，也有许多经验是值得我们借鉴的。

五、现代政府根本职能

任何国家的政府职能都会受到其社会环境的影响。它在某种意义上，是政府应对内外环境挑战的产物，但本质上说，它还是社会系统的根本性质决定的。因此，我们研究现代政府究竟应该干什么，就要从现代社会系统的一般属性开始。

（一）现代社会系统的一般属性或特征

1. 先驱者的探讨

最早对现代社会进行剖析的思想家之一是马克思。他把它的特征大体概括为以下几点：(1)高度分工的机器大工业代替了传统的手工作坊和农业劳动；(2)高度发展的商品经济代替了自给自足的自然经济；(3)资本主义的私有制代替了封建的所有制关系；(4)冷冰冰的金钱关系代替了温情脉脉的宗法血缘关系；(5)各民族的相互影响、交流和依赖代替了狭隘的、地方性的闭关自守状态；(6)城市生活代替了乡村生活；(7)经济和社会的不断变革代替了中世纪相对静止凝固的状态；(8)自由平等观念代替了等级特权观念；等等。后来，法国社会学家迪尔克姆用"机械团结"和"有机团结"这一对范畴，划分传统社会和现代社会人们相互结合的不同方式，并在此基础上区分了这两种社会的主要特征。德国社会学家马克斯·韦伯是从另一个角度。他从合理性概念出发分析现代社会，认为现代西方社会的发展就是一种特殊形式的合理性的稳步增长。这种合理性的增长主要表现在以下几个方面：(1)个人日常经济活动的合理性，即精确地计算如何最有效地利用资本,通过降低成本和增加投资而求得企业的发展,努力提高竞争力,竭力适应消费者的需要等。(2)社会组织形成的合理性,即科层制社会组织的形成与发展。(3)权威结构的合理性,即权威是建立在遵守正式制定的非个人专断的法规基础上的合法权威。而现代化理论的代表 T. 帕森斯等人则从社会行动分析入手,把行动者在价值取向方面做出的可能选择作为传统社会和现代社会的差异。这些差异是:(1)感情投注与感情中立;(2)集体取向与自我取向;(3)特殊主义与普遍主义;(4)先赋与自致(或身份与表现);(5)扩散性与专一性。

马克思以后的这些分析曾受到某种批评,其中最主要的就是认为,这些所谓"现代"(或"现代性")的标准,主要体现了西方的社会制度与价值观念,并不一定适用于非西方社会。就是说,它是"西方本位"的,一切以西方的价值为准;另外,也没有考虑到是否有可能超越的问题,似乎这就是最完美了。

2. 现代社会基本特点与政府的一般职能

现代社会最基本的质的规定性有以下几点:第一,在物质生产领域中,工业化的现代生产代替了传统社会中简单地以人工劳动为主的生产。第二,在社会关系领域中,与社会分工高度发展相联系的交换关系和相互依赖关系的高度发展,代替了传统社会的包括自给自足特征在内的封闭隔绝状态。第三,在价值观念的层面上,物质价值取代了宗教伦理价值在社会价值观念体系中的首要地位。这些基本特点又派生出了其他一些特点,如:现代的工业生产力具有不断的、快速发展的能力,而这必然引起社会关系的不断调整和持续的变迁;工业化促进了社会分工,社会分工又促进了交换的发展,因此,在现代社会的稳定发展时期市场机制作为商品交换关系的调节工具必然成为资源配置的主要形式,并发挥其决定性作用;随着交换关系的扩展,社会流动的规模、范围和速度的增加是其必然结果;与社会分工的发展相适应,社会组织结构的分化和功能专门化也是必然趋势;分工和专门化提高了系统的适应性和征服自然的能力,但也对社会整合机制提出了更高的要求,政府必须协调日益增多的矛盾和冲突,并用统一的规范约束社会成员的活动(即法治化);人们公民权意识的觉醒需要更广泛的民主,以把从事各种工作的人容纳到政治生活中;等等。现代社会的以上特点,无疑对现代政府职能提出了新要求。它是现代政府职能定位的基础。

为此,现代社会政府的职能应围绕以下几个方面展开:促进现代社会发展,需要全面推动社会生产力发展;而生产力发展是和高度的社会分工、发达的社会交换、合理的资源配置方式、精细的社会组织机制联系在一起的。生产力发展还需要调动社会每个人、每个组织单元的积极性，市场机制就是把这种积极性连结起来的具体途径。因此，政府必须组织市场、维持市场、服务市场，并把社会发展奠定在依赖市场制度基础上；但同时，市场又不是万能的。在市场发生缺陷时，政府还要去纠正；在市场失败的地方，政府还须介入。除此之外，政府还要稳定整个社会系统的运转，为市场提供一个稳定的环境，创造良好的运行条件。包括：促进社会的全面发展包括人的发展，为最广大人民群众参与社会事务管理创造充分条件，发展政治民主；搞好社会治理机制建设，最大限度激发社会发展动力，让一切创造社会财富的源泉充分涌流，让发展成果更多更公平的惠及全体人民；围绕建设符合社会发展需要的社会价值体系建设先进的社会文化，推动社会文化发展和繁荣；在工业发展的同时，必须考虑发展的可持续性，保护好生态环境，形成人与自然和谐发展的新局面；还要处理好发展的国际环境和内外关系问题。

（二）政府基本职能的某些重要方面

1. 市场的组织者、维持者和服务者

单纯的计划经济是特殊历史条件下的产物。虽然它在一部分后发展国家，尤其是社会主义国家的经济发动阶段曾发挥过积极作用，在社会动员、资金积累、工业基础的奠定等方面取得了比市场体制还好的效益，但是超过了这个阶段，进入经济持续增长阶段后，这种体制的积极作用就逐渐减弱，并开始向反面转化。那时，抛弃这种体制就是必然的了。因为从理论上讲，政府的组织结构压根就不是保证经济效益的最好形式。它没有动力以最小的投入达到最大的产出，也没有客观的评价生产单位经济效益的尺度。纯粹的计划体制是生产者主权体制而非消费者主权体制，这里不仅有因错误信息和无法准确测定的信息（如需求量）而造成的错误决策和浪费，而且更为重要的是，它极易用计划决策者的个人偏好代替全体社会成员各种各样的复杂偏好，使大多数人的需要和偏好得不到满足。相对来看，市场机制就比计划机制有效得多。因为，在消费者主权体制下，市场通过需求和价格反映消费者的偏好和愿望，厂商根据价格信息安排生产提供商品，这才能在有支付能力的范围内最大限度地满足消费者的需要。因此，社会的发展，要求我们必须通过政府的努力，尽快形成企业自主经营、公平竞争，消费者自由选择、自主消费，商品和要素自由流动、平等交换的现

代市场体系。

在组织市场体制方面,最重要的就是制定市场的规则。市场规则一般分为两类,一类是制度性市场规则;一类是运行性市场规则。制度性市场规则是市场赖以形成的一些基本制度,主要是对构成市场的基本要素的一些规定。市场的基本要素主要有:需要交换的商品,交换行为的主体即商品所有者,以及交换的媒介即货币。其中,真正对市场形成起关键作用的是对商品所有权的规定、对行为主体法律地位的规定,以及对货币制度的规定。因为市场要能够形成,就必须有保护商品所有权的规则;如果它得不到保护,或者它归属不明,人们就没有占有的积极性,因而利用的积极性也会丧失,自然也不能进行等价的交换。运行性市场规则主要是对市场中交换行为的一些规定。它是政府根据市场运行的规律,按照效益、公正、统一等原则制定的一套经济法规和条例,主要用以规范各交换主体(也即利益主体)的行为,以及处理相互之间的关系。

市场规则建立后,还必须有一些经常性的工作机构来执行这些规则。比如工商行政管理机构,金融市场管理机构,司法仲裁机构,劳动争议调解机构,卫生、安全、质量等监督机构,资产评估和清理机构等。这些经常性工作机构的主要任务就是通过执行市场规则来维持市场的良好秩序。为此,它们必须公平执法、不徇私情、讲求效率、严肃法纪。如果不能做到这些要求,那就会由市场秩序的维护者变成市场秩序的破坏者。

要保证市场的正常运行,政府还要为市场提供一些基础设施,搞好对市场的服务。比如提供信息服务、人力资源开发方面的服务、科学技术的服务以及社会保险的服务等。提供这些服务活动,就是为市场的运转提供良好的外部环境。

2. 市场缺陷的纠正者

这方面的职能,主要是从社会效益、整体的长远利益等角度对市场活动进行调节和干预,减少市场自发运转产生的消极影响,尽量扩大社会的整体利益。市场的一个缺陷是由于企业各自规划自己的行为,经济的宏观发展得不到关照,这时就对政府的宏观介入提出了要求。政府对经济进行宏观调控的职能,主要就是保持经济总量平衡,促进重大经济结构协调和生产力布局优化,减缓经济周期波动影响,防范区域性、系统性风险,稳定市场预期,实现经济持续健康发展。另外,还有企业出于谋利的考虑而发生的各种损害社会、损害公共环境、损害消费者权益的非法行为甚至反法制行为,也需要政府进行监管和纠正。

因为对于这种种行为,市场自身或是没有能力纠正它,或是纠正起来很不得力。

政府纠正市场缺陷、调节市场活动的手段主要有以下几种:(1)指导性计划,即政府通过制定宏观的长、中、短期计划,在国民经济发展方向、产业结构的重大比例关系、投资规模、消费的增长幅度等方面,为企业的经营活动提供指导。(2)财政政策,即政府通过收入和支出的方法支配一部分社会产品,以达到对国民收入进行再分配的目的;通过少收税或扩大支出等方法,稳定经济或促进经济增长。(3)货币政策,即政府通过对利率、汇率、贴现率、货币供应量等方面的控制影响市场的经济活动。(4)工资政策,即政府主要通过对最低工资标准的规定,调节影响分配和消费。(5)价格政策,即政府通过反对垄断价格或稳定物价等方法,使价格机制发挥正常的调节供求关系合理配置资源的作用。

在以上这些手段中,最主要的就是财政手段和货币手段。政府通过这些手段,主要从以下四个方面对市场进行调节或纠正市场缺陷。一是对国民收入进行再分配,克服市场分配不公的弊端;二是限制或减弱市场自发力量引起的周期性波动,保证国民经济稳定、均衡和可持续发展;三是反对私人垄断,保证自由竞争和消费者利益;四是组织或经营公共产品的生产,弥补市场在这种产品生产方面的不足。

3. 和谐、有序社会的建设者

和谐、有序是政府建设社会的基本目标之一。没有秩序,社会就无法运转,社会生活和个人生活也都无法进行;但这种秩序不应是强制条件下的,它应是发自成员内心的,“和”而后才能有真正的“序”。而且,“和”也是“快乐”之源,有“和”才能有“乐”,因此和谐也是我们社会生活追求的目的。

怎样使和谐、有序的社会建设取得进展?首要的措施,就是制定规范各种社会要素也即社会主体的普遍行为规则(即法律),并确保这些规则的遵守和实施。现代社会的规则制定既需要满足普遍性(包括平等性)要求,又需要满足合理性要求。普遍性要求就是强调所有公民在法律面前一律平等,任何个人或团体都不得凌驾于法律之上、不受法律的约束;同时,任何法律也不能是针对特定个人或人群所订立,以赋予他(们)以特权或剥夺他(们)的权利。合理性的要求主要是,规则的内容应尽量避免主观任意性的因素,尽量按社会有序性的客观需要合理地安排规则体系。这种规则的合理性,也同时要求规则的制定制度与程序的合理性和规则执行制度与程序的合理性。这后两种合理性同样是现代法治的特点,是维持高度分工的现代社会之有序性的客观要求。

其次，就是建设道德价值体系。道德与法律历来是相辅相成的两种规范人们行为的机制。法律规范人的外部行为，道德规范人的内心动机。具体来说，现代政府必须培育一种与现代社会的价值要求相适应的道德观念，要力图使每个公民成为有道德的人；特别要倡导一种公共精神，使每个公民能够超越自身及其狭小共同体的狭隘利益的局限，自觉从公共利益的角度考虑问题，进行选择。这里应指出，一些自由主义思想家反对政府在道德教育问题上承担任何责任，主张完全的道德中立和个人的良心自由，是不对的。这显然不符合现代社会发展的要求，是一种极端消极的观念。

道德培育应该而且必须走社会化的道路。不仅在现代的学校系统要有意识地推行，还必须在全社会蔚然成风。社会要有这种自觉，方方面面都要有一种道德意识。而其中，尤应发挥政府公务员特别是官员的带头作用，因为官场风气实为一个社会道德风气的引领者和决定者，从未见有官风不好而社会风气好的先例，而一个社会风气之变坏，也无不是从官场开始。因此，官箴的建设和完善，实为社会风气良好、清正的先决条件。

再次，调节阶级与阶层关系。这种调节除了调节经济利益关系之外，还包括调节政治关系。如果生产力中的主要因素(即人的因素)不能有与之相适应的经济利益和政治地位，那就会影响他们的积极性，阻碍生产力的发展。生产力不能发展，社会稳定也得不到根本保证。因此，现代政府调节阶级阶层关系，应该以促进生产力的发展为目标，把发展和稳定结合起来。这里包括：在促进发展的同时，要为弱势群体提供基本的社会保障，抑制社会过分的两极分化，使不同的阶级阶层和集团都有表达利益诉求的政治渠道，并通过健全的利益综合机制合理地协调各阶级的利益关系。

4. 社会进步的促进者

促进社会的不断进步，是现代政府职能区别于传统社会的一个重要特征。何谓社会进步？最根本的标志就是生产力的发展。生产力的发展意味着人支配自然的能力提高，意味着人在自然面前的自由程度提高。生产力的发展也能够引起社会关系的改善，社会的经济关系、政治和法权关系能适应生产力的发展而变化，这是社会关系进步的标志。

19 世纪的自由主义者曾经把自由主义传统作为进步的条件，认为只要政府履行“守夜人”的职能，生产就会自然而然地发展，社会也会自然而然地进化。现代的一些自由保守主义者仍试图重步传统自由主义的后尘，试图把政府的经济职能推回到放任主义时代中去。实践证明，这种做法是很片面的。

促进生产力的发展，除了要完善市场机制之外，最重要的就是要促进教育和科学技术的发展。现代社会的生产力更是科学技术化的生产力，离开了科学技术的发展，现代生产力就不可能有真正意义的发展。科学技术的发展离不开政府的扶持，不仅要提供经费，而且要制订科技发展计划和科技政策，还要鼓励知识分子的创造性劳动，提高他们的经济政治地位，以便把更多的人才吸引到科技领域中来。同时，还要发展公共教育，鼓励和提倡重视知识、尊重科学、热爱真理、珍惜人才、崇尚创造的价值观念和社会风尚，为科学技术的发展创造适宜的政治、社会和文化环境。

六、合理确定我国政府职能必须把握的基本问题

合理确定我国政府职能，不仅要从一般性上去总体把握现代政府到底应该干什么，还要从我国的特殊性上找出现实的支持理由。因此，合理确定我国政府职能尤其是现实职能的时候，必须清晰我国目前所处的历史方位、面临着什么任务、在用市场机制去完成这些任务时会遇到什么问题、在发挥政府作用时又会遇到什么问题，总之一切要结合我国的特有国情考虑。

(一)现时中国的历史方位

历史方位是指一个国家在历史发展中所处的地位。具体到我国目前，就是在国家现代化过程中处在什么位置。总体来看，我国仍处在发展中国家的中游。对我们的位置可从三个方面来看。

一是基本方位。现代化理论在世界和我国的提出虽只有几十年时间，但人们思考这一问题并进行这方面探索，却有几百年历史了。我国如果从鸦片战争后学习西方先进技术、学习西方政治和文化的行为算起的话，也已有一百多年的历史。但真正有机会认真践行却是新中国成立后的事。当然，由于领导人的急于求成心理，加上对经济发展规律和社会主义本质认识上的失误，也曾使中国的现代化进程受到某种干扰和耽搁。中共十一届三中全会以后的这三十多年，在我们对经济发展规律尤其是市场经济规律和社会主义本质有了进一步认识之后，加之我们遇到并争取了一个相对稳定的国际国内政治环境，我国的现代化才真正走上了健康发展的道路。改革开放以来我们取得了巨大成就，这一

点已为世界所公认。但我们也要清醒地认识到，我国的现代化还在进行中，所以，我们目前仍然处在发展中国家行列。比如，尽管我国经济总量已居世界第二位，可人均国内生产总值仅是世界平均水平的 60%左右，而且发展中还面临一系列新的突出矛盾和挑战。我们与先进国家还有很大差距。因此，我国在世界上属于发展中国家的历史地位没有变。从国内说，则是人民日益增长的物质文化需要同落后的社会生产之间的矛盾这一社会主要矛盾也没有变。按照我国规划，到了 2020 年，我们也只是建成小康社会，离全面实现现代化的目标还很远。这样一个基本的历史方位无疑对我国政府职能有着某种决定性作用。

二是重大变革时代的新问题。目前，我国正经历着现代化的重要发展时期，在旧问题解决的同时，必然会带来新的深刻矛盾和问题。我们的发展中国家地位决定了我们必须把发展作为最硬的任务，但公认的规律是，发展必须在市场机制非常健全情况下才有可能。而市场机制在我国的建立是一个深刻的社会革命过程。在这个过程中必然伴随着巨大的震荡，利益调整幅度是空前的。况且现在世界的经济社会环境变得极为复杂，更增加了我们向现代化前进中的困难。

一般说，社会的经济发展要经历起飞阶段和持续增长阶段，而起飞阶段完成后，社会新的阶级阶层关系会发生很大变化。社会再向前发展，就会出现新的激烈的博弈。况且起飞阶段都是依靠传统的工业生产模式，而这种模式有一般的技术和劳动力就可组织起来，但持续发展就得凭借新的高端技术和高端组织形式，这就不是容易实现的了。这就是我们经济转型之所以艰难的原因所在。一般国家最常陷入的“中等收入陷阱”，实际就是指的这个阶段。在这时，最易发生的情况就是经济停滞，社会矛盾加剧，新技术迟迟发展不起来，社会就业困难，严重者陷入社会动乱。我国的发展恰恰已进入中等收入国家行列，而经济结构也正是面临转型任务，这无疑对我国的政府职能结构提出了很多要求。

对这方面的问题，很多学者有过研究，我们只举出亨廷顿的有关论述。解决这些问题，我们只能靠进一步推进市场化改革，让市场在社会经济资源配置中发挥决定性作用，从而减少问题发生的机会；另一方面，则是政府通过民主政治建设强化社会给予的权力约束以及强化自身的自我约束。这些无疑都是我们思考政府职能时不可忽视的重要问题。

三是我国社会主义初级阶段的现实。讲“社会主义初级阶段”，主要有两个方面的含义。第一方面，它意味着我们的社会性质是社会主义，即我们的社会是以社会主义的基本价值目标也就是最广大人民的根本利益为指向的。这点决定了中国的现代化不是西方式的现代化,也不是其他非社会主义道路的现代化,而是由共产党领导、以社会主义为目标的现代化。邓小平同志讲社会主义的本质,实际上提出了两方面的任务:发展和分配。这使我们的任务更为繁重。本来,后发展国家在追赶先发展国家时,先发展国家在不同阶段产生的许多问题和历史任务将同时出现在后发展国家面前,这种"一揽子解决"式的历史发展,使政府的担子已过于沉重。而社会主义现代化的这种"双重超越"性质,无疑更会加重政府的任务。

"社会主义初级阶段"的第二个方面含义,是强调我们的社会主义还不是完全意义上的,它只是初级的。邓小平生前曾说,我们还是不够格的社会主义。这种情况到现在也没有根本改变,并且还将长期处于这个阶段。之所以如此,最根本的是我们还没有完善的社会主义的强大物质基础。因此,我们必须坚持发展仍是解决我国所有问题的关键这个重大战略判断,以经济建设为中心不动摇,推动经济社会持续健康发展。由此,大力发展生产力在目前这个阶段就仍然具有紧迫、重要的意义。

(二)市场机制的作用与市场缺陷问题

讨论现代政府职能,最主要的就是政府和经济系统的关系问题。现代社会的主要任务既然是实现现代化,而其中工业化又是重点,那么,怎样把人从自然的束缚中解放出来,满足人们不断增长的物质生活需要就成为主要任务。可见,政府管理经济的职能必然具有非常重要的地位。而现代政府的经济职能问题,主要就是政府和市场的关系问题。那么,市场应有什么样的作用范围,其作用力度如何,它在目前中国的实际状况怎样,运行中有什么障碍发生等,这是需要我们去认真研究的。

市场机制的资源配置作用是通过价值规律和价格机制来实现的。价值规律就是商品的价值量由生产该商品所需的社会必要劳动的质量和数量来决定、商品按照价值量相等的原则进行交换的规律。商品价值的货币表现就是价格。不过价格除了受必要劳动的质量和数量决定以外,还要受供求关系的影响。正是价格的这种波动,使价格成了给社会提供信号的工具,它指示着社会依据市场规则、市场价格、市场竞争实现效益最大化和效率最优化的资源配置。

讨论市场作用,首先要弄清市场机制的积极方面。它包括:

首先,市场机制能够迫使企业改善经营管理,在微观层次上提高资源的利用效率。其次,市场机制能够促使企业不断创新,增强企业自身的活力。再次,市场机制能够丰富商品的供应,满足消费者不断增长并表现为多种多样的需求。另外,市场机制也能在一定程度上促进平等和个人自由。最后,市场机制也有利于减轻政府的负担,防止政府过分地集权。

但市场也有着自身固有的局限和缺陷,这些局限和缺陷是随着商品经济的发展而逐渐显露并被人们认识的。其主要表现是:

第一,市场信号带有很大的局限性。第二,市场机制在资源的宏观配置方面也有一定的局限性。第三,市场机制在公共产品包括社会基础设施方面表现出某种程度的无能为力。第四,市场机制本身无力消除垄断。第五,市场机制的作用容易形成两极分化,导致社会不公正。市场的这些局限或缺陷,就是所谓的"市场失灵"。在存在市场失灵的地方,就为政府的介入和干预提出了根据和要求。但我们必须注意,市场失灵问题虽然在中国会逐渐显露出来,但市场不足在目前将仍是需要我们解决的一个主要问题。因此,体制改革、制度创新中我们必须把发挥市场作用和更好发挥政府作用结合起来。

(三)社会主义市场经济对我国政府职能的影响

我国的政府职能配置固然受市场机制建设程度的制约,但我们未来发展的总目标是建成富强民主文明和谐的社会主义现代化国家,在经济方面,也是建立社会主义市场经济体制,那么,社会主义的丰富内容和含义对我国政府职能的影响也将是非常关键的。

我国市场经济的社会主义性质主要表现在它是以公有制为主体、由最广大人民掌握的政权所调节和以社会主义基本价值为取向的经济,其中最广大人民群众的政权性质是一个关键性因素。我国政权的这一性质决定了它必须是为最广大人民群众服务的,因而其职能也必须以后者的利益需要为原则。

这一点也就决定了,政府不能自己主观决定管什么,更不能仅仅从自身的利益需要出发去决定管什么,而必须根据人民或社会的需要来决定自己的职能。但是,人民和社会的需要是什么,不能仅由政府自身来判定,而必须由社会或人民直接来表达。虽然有时政府对人民和社会需要的认识可能比群众更深刻、更符合实际,但同样真实的是,有时政府即使真心从人民或社会的需要出发去考虑问题,也仍然会把自己想象的虚假的需要强加在人民头上,结果是背离了人民群众的根本利益。

但另一方面,社会主义市场经济除了社会主义性质方面的影响外,市场本身的发展也同样深刻影响着我国政府职能的变革。

在政府职能结构的配置上,原先直接指挥经济活动的许多职能将逐渐让位于对经济发展的促进和调控职能,并配置因市场经济而产生的各种新的政治文化和社会职能。

因此,我国的政府职能转变,并不是一般意义上的弱化和缩小问题,而是一个如何"正位"问题。它意味着,该管而过去没有管的要坚决管起来,该管而过去管得不力的要加强起来,不该管过去又管了的要坚决放下去。此前我国政府管了许多不该管、管不了也管不好的事,同时也大量存在该管而没管或没管好的事,这实际上就是政府职能的一种错位。这样做的结果是,既导致了机构臃肿、官僚主义盛行、效率低下、社会各方面的积极性受到极大压抑,又使政府该有的管理和服务付之阙如。

随着政府职能结构的逐渐"正位",政府职能的总体特征将由传统的指挥、控制为主转变为创造良好发展环境、提供优质公共服务、维护社会公平正义等方面。市场经济使社会组织和社会成员成了自主活动的主体,使市场机制和一般规则成了引导人们行动、协调人们关系的主要手段。这种情况不仅提高了人民的主体意识,而且也增强了人民的参与愿望。他们对政府将不再从过去的"仰视"角度看成至高无上的命运主宰,而是看成一种特殊的社会组织、一种特殊商品(即公共物品)的生产机构。政府生产的特殊商品由于较多以公共服务的形式出现,所以市场经济下的政府职能也就具有较多的服务特点,甚至人们还把政府的这种生产活动划入了第三产业。它也有成本核算问题,有供需平衡问题,有生产和交换问题等。在这里,通行的将是调节其他商品生产的一些相同准则:一个机构或厂家能否存在下去,全看你能否以较小的投入实现较大的产出,在市场交换中能否取得顾客或其他社会组织的认可,生产的是否是适销对路的产品。

与此相联系,社会也将改变传统的服务观念,而赋予它现代的"平等"的意义,并对政府的服务提出了更高的要求:第一,服务必须讲求效率,降低成本;第二,服务的内容要符合顾客即人民的需求,因而要有人民进行选择的机制;第三,政府生产服务过程中,应有人民的监督制约机制,并在人民权益受损失后落实追责制度;第四,当政府的服务不是质优价廉时,人民有权要求政府安排替代的社会机构生产该服务,并由政府购买后安排给人民(实际上政府也应该主动这样做);等等。

(四)对效能政府的需求与政府职能扩张的危险

效能政府是中国特殊国情的特殊要求。首先,中国作为最大的发展中国家,仍然面临着在经济上追赶发达国家的历史任务。在这个追赶过程中,由于中国和发达国家之间存在着很多差距这一事实,在客观上就要求有一个持续的较高的经济增长率,而这离不开政府的强有力的规划与推动。其次,中国作为一个从传统要素较多、包袱较重的国家向社会主义现代化转变的国家,制度短缺是一个严重的现实,因此体制改革、制度创新一直是政府面临的重大任务,而且这一任务也因必须维持可持续的发展而显得格外沉重。同时,加速发展的追赶效应和各种困难环境影响所加剧的各种张力和社会矛盾,增加了政府维持秩序的困难,也加大了政府减压和促进和谐的职能。另外,市场经济的发展虽然减轻了政府在微观经济领域中的管理职能,但宏观管理的职能却大大增加了,而且显示了异常的困难。最后,我国的社会主义性质决定了,在利用资本主义因素加快经济发展的同时,还要力图避免资本主义因素带来的弊病,并要力促社会主义因素的成长。特别是在保持社会效率的同时,如何保持和发展社会的公平正义,使发展成果更好满足人民日益增长的需要,更是我们面对的一个重大任务。总之在我们从事中国特色社会主义这种空前事业的过程中,道路、理论、制度的创新任务仍繁重无比,我国政府的职能、责任都将是广泛而沉重的。这实际上就是我们提出效能政府的背景和根据。

效能政府不是什么都管的政府,而是在中国目前所处的这个特殊历史时期,由社会的生存发展需要决定了其具有较为广泛和沉重的职能、而行使又较为有效的政府。这里有两方面的含义。第一方面,职能的广泛性和沉重性。第二方面,强调它“有效能”,即能够把所管的事情管好。效能政府的这两个方面,意味着它是一个高生产能力的政府,即能够生产量大、质优且成本低廉的公共物品。要实现这些显然不容易,因此,效能政府需要有以下条件:第一要有充分的合法性基础,第二要有足够的权力,第三要有较高的政府理性,第四要有较强的政府自律性。这四个方面对于一个效能政府来说是缺一不可的。很明显,我们的效能政府不仅不同于计划体制下的万能政府,而且也不同于自由资本主义时代的放任主义政府和强调政府干预的辅助型政府。

但我们这样做时,一定要避免另外一种倾向,即过分地信赖政府的能力,看不到政府能力的限度和过分增大政府功能所面临的危险。有些领域是政府不应该进入或应慎重进入的。

首先,经济的微观活动领域是政府不应进入或应慎重进入的。其次,即使在宏观经济领域市场容易失效的地方,政府的进入、干预或调控也应该是慎重的。第三,个人的私生活领域也是政府不应进入的领域。

政府不适当地扩大自己的职能可能带来的危险则是:首先,不适当地过分扩大政府职能会降低或不利于增加其他要素的活力,从而降低整个社会系统的适应能力,阻碍社会的发展。其次,不适当地扩大政府职能容易使社会自发的调控机制萎缩或丧失,从而也不容易使整个社会长治久安、协调发展。再次,不适当地扩大政府职能容易造成机构膨胀、运转不灵、人浮于事、效率低下等官僚主义弊端。最后,不适当地扩大政府职能,会为政府官员提供更多的寻租机会,从而会加剧腐败的蔓延。

七、建设中国特色社会主义政府职能体系

党的十八届三中全会明确提出:“全面深化改革的总目标是完善和发展中国特色社会主义制度,推进国家治理体系和治理能力现代化。”这对我们研究政府职能问题提出了四个方面的基本要求:第一,它必须是“中国的”,即在中国土地上生长出来,适应中国现实社会和未来社会发展需要的政府职能体系;第二,它是在社会主义的框架内,体现社会主义基本原则、内涵和价值的职能体系;第三,它必须是在国家治理体系内,和体系内各要素相结合,共同实现国家治理的政府职能体系;第四,它又是现代化的,即满足现代社会需要、符合现代社会价值和社会原则的政府职能体系。由于这些要求的全面性,实际上给我国政府职能体系规定了“独树一帜”的性质,和任何其他国家相区别。我们把它概括为“中国特色社会主义政府职能体系”。

这种政府职能体系的基本结构是:从内部说,它必须全面而科学地配置于社会的经济建设、民主政治建设、先进文化建设、和谐社会建设、生态文明建设以及国防外交等各重要方面,并且有自我约束、自我完善的功能;从内外关系说,它必须把实现职能的政府机制和市场机制结合起来,把政府和各种社会主体结合起来,共同形成现代政府治理体系。

这种政府职能体系的基本特点是:第一,它是把坚持中国共产党领导、人民当家做主和依法治国有机统一,推动社会主义法治国家和服务型政府建设的政府职能体系。第二,它是立足于我国社会主义建设,坚持发展仍是解决我国所

有问题的关键这个重大战略判断，以经济建设为中心，发挥经济体制改革牵引作用，推动生产关系同生产力、上层建筑同经济基础相适应，推动经济社会持续健康发展的政府职能体系。第三，它是推动我国基本政治制度与市场经济深度结合，使市场在资源配置中起决定性作用同时更好发挥政府作用，达到二者合力最大、效率最佳的政府职能体系。第四，它是在统一思想指导和单一制框架下，决策权相对集中而执行权相对分开，能够使国家集中力量办大事优势得以发挥又有很强活力，"让一切劳动、知识、技术、管理、资本的活力竞相迸发，让一切创造社会财富的源泉充分涌流"的政府职能体系。第五，它是坚持"以人为本"的核心价值，尊重人民群众主体地位，一切依靠人民，同时坚持为人民服务理念，致力于维护社会公平正义和追求社会和谐，"让发展成果更多更公平惠及全体人民"，不断完善收入分配制度，促进共同富裕，推进基本公共服务均等化，确保社会既充满活力又和谐有序的政府职能体系。第六，它是推动政治体制改革和民主政治发展，使公民能在政务公开的氛围里有序参与参加和具体管理国家和社会事务，实现国家治理体系和治理能力现代化的政府职能体系。第七，它是在继承人类社会优秀文化成果基础上，根据社会主义基本原则，发展社会主义先进文化，完善社会主义价值体系，有助于培养社会新人的政府职能体系。第八，它是紧紧围绕建设美丽中国的目标，建立起完善的生态文明制度，在国土空间领海开发、资源节约利用、生态环境保护等方面起主导作用，推动形成人与自然和谐发展的政府职能体系。第九，它是在经济全球化背景下始终不渝走和平发展道路，同时努力维护国家核心利益，维护国家经济和社会安全的政府职能体系。

从本义上说，社会主义从开始就是一种以社会为本位、从社会角度出发来看待和处理一切问题的思想和社会制度体系，和资本主义以个人为本位、本质是从资本利益出发观察和处理问题的思想和制度安排有原则区别。在坚定中国特色社会主义道路、理论、制度自信的前提下，把握中国特色社会主义行政管理体制建设的大方向，研究如何建设一个中国特色社会主义的政府职能体系，无疑是我们的一个非常重要的任务。

中国公共服务年鉴(2012)*

* 出自 2012—2013 中国行政体制改革研究会行政改革研究基金资助课题“中国公共服务年鉴”，该课题已出版《中国公共服务年鉴(2012)》一书，课题组负责人：徐鸿武，国家行政学院教授；孙晓莉，国家行政学院政治学教研部副主任、教授。执笔人：宋雄伟，国家行政学院政治学教研部讲师。

第一编　教育卷

一、政策法规和领导讲话

(一)政策法规

1. 教育部印发《高等学校章程制定暂行办法》(中华人民共和国教育部令第31号)。

2. 教育部发布《学校教职工代表大会规定》(中华人民共和国教育部令第32号)。

3. 教育部2011年12月发布中国教科文卫体工会全国委员会关于印发《高等学校教师职业道德规范》的通知(教人〔2011〕11号)。

4. 国家发改委、教育部、财政部联合印发《幼儿园收费管理暂行办法》。

5. 教育部关于印发《中等职业教育督导评估办法》的通知(教督〔2011〕2号)。

6. 教育部、卫生部关于印发《农村寄宿制学校生活卫生设施建设与管理规范》的通知(教体艺〔2011〕5号)。

(二)领导讲话

胡锦涛在中共中央政治局就优先发展教育、建设人力资源强国问题进行第二十六次集体学习时发表重要讲话。他强调面向未来,要增强紧迫感和责任感,坚持把优先发展教育作为贯彻落实科学发展观的基本要求,推动教育事业科学发展,办好人民满意的教育,实现教育和经济社会协调发展,充分发挥教育在党和国家事业中的基础性、先导性、全局性地位和作用。这是胡锦涛总书记继2010年7月13日在全国教育工作会议上重要讲话之后关于教育工作的又一篇重要讲话,充分体现了党中央对教育事业的高度重视和亲切关怀。(2月21日)

温家宝在北京师范大学首届免费师范生毕业典礼上做题为"肩负起教书育人的神圣使命"的讲话。在讲话中,他对即将加入人民教师队伍的同学们表示热烈祝贺,并对全国广大的师范生提出几点希望:一要充满爱心,二要甘于奉

献，三要刻苦学习，四要勇于创新。（6月17日）

二、大事记与重要数据

（一）大事记

6月

29日　国务院发布了关于进一步加大财政教育投入的意见。《国家中长期教育改革和发展规划纲要（2010—2020年）》明确提出，到2012年实现国家财政性教育经费支出占国内生产总值比例达到4%的目标。为确保按期实现这一目标，促进教育优先发展，应充分认识加大财政教育投入的重要性和紧迫性，落实法定增长要求，切实提高财政教育支出占公共财政支出比重，拓宽经费来源渠道，多方筹集财政性教育经费，合理安排使用财政教育经费，切实提高资金使用效益，加强组织领导，确保落实到位。

10月

26日　温家宝主持召开国务院常务会议，决定启动实施农村义务教育学生营养改善计划。为贯彻落实《国家中长期教育改革和发展规划纲要（2010—2020年）》，提高农村学生尤其是贫困地区和家庭经济困难学生健康水平，会议决定，从2011年秋季学期起，启动实施农村义务教育学生营养改善计划。

11月

24日　刘延东在部署实施全国农村义务教育学生营养改善计划电视电话会议上，强调把农村义务教育学生营养改善计划这项重要民生工程抓实抓好，着力保障农村中小学生尤其是贫困地区和家庭经济困难学生营养水平，为促进青少年学生健康成长奠定坚实基础。

（二）全国教育事业发展综述和重要数据[①]

1. 高等教育

全国各类高等教育总规模达到3 167万人，高等教育毛入学率达到26.9%。全国共有普通高等学校和成人高等学校2 762所，比上年增加39所。

① 数据来自《2011年全国教育事业发展统计公报》。

其中,普通高等学校 2 409 所(含独立学院 309 所),比上年增加 51 所;成人高等学校 353 所,比上年减少 12 所。普通高校中本科院校 1 129 所,比上年增加 17 所;高职(专科)院校 1 280 所,比上年增加 34 所。全国共有培养研究生单位 755 个,其中高等学校 481 个,科研机构 274 个。

全国招收研究生 56.02 万人,比上年增加 2.2 万人,增长 4.09%;其中,招收博士生 6.56 万人,招收硕士生 49.46 万人。在学研究生 164.58 万人,比上年增加 10.74 万人,增长 6.98%;其中,在学博士生 27.13 万人,在学硕士生 137.46 万人。毕业研究生 43.00 万人,比上年增加 4.64 万人,增长 12.09%;其中,毕业博士生 5.03 万人,毕业硕士生 37.97 万人。

普通高等教育本专科共招生 681.50 万人,比上年增加 19.75 万人,增长 2.98%;在校生 2 308.51 万人,比上年增加 76.71 万人,增长 3.44%;毕业生 608.16 万人,比上年增加 32.73 万人,增长 5.69%。成人高等教育本专科共招生 218.51 万人,比上年增加 10.09 万人;在校生 547.50 万人,比上年增加 11.46 万人;毕业生 190.66 万人,比上年减少 6.62 万人。全国高等教育自学考试学历教育报考 922.67 万人次,取得毕业证书 74.28 万人;非学历教育报考 862.80 万人次。普通高等学校本科、高职(专科)全日制在校生平均规模 9 446 人,其中,本科学校 13 564 人,高职(专科)学校 5 813 人。

普通高等学校教职工 220.48 万人,比上年增加 4.82 万人;专任教师 139.27 万人,比上年增加 4.96 万人。普通高校生师比为 17.42∶1。成人高等学校教职工 6.90 万人,比上年减少 0.81 万人;专任教师 4.09 万人,比上年减少 0.50 万人。普通高等学校校舍总建筑面积 78 076 万平方米(含非产权独立使用),比上年增加 3 472 万平方米;教学科研仪器设备总值 2 555 亿元,比上年增加 276 亿元。

2. 义务教育

全国共有小学 24.12 万所,比上年减少 1.62 万所;招生 1 736.80 万人,比上年增加 45.10 万人;在校生 9 926.37 万人,比上年减少 14.34 万人;毕业生 1 662.81万人,比上年减少 76.83 万人。小学学龄儿童净入学率达到 99.79%;其中,男女童净入学率分别为 99.78%和 99.80%,女童高于男童 0.02 个百分点。

全国小学专任教师 560.49 万人,比上年减少 1.22 万人。小学专任教师学历合格率 99.72%,比上年提高 0.20 个百分点,小学师生比例 1∶17.71,与上年的 1∶17.70 基本持平。全国初中专任教师 352.45 万人，与上年的 352.54 万人基本持平。初中专任教师学历合格率 98.91%，比上年提高 0.26 个百分点。师生比例 1∶14.38，比上年的 1∶14.98 有所降低。

全国普通小学校舍建筑面积 56 913.11 万平方米，初中校舍建筑面积 45 546.31万平方米。小学体育运动场（馆）面积达标学校比例 45.32%，体育器械配备达标学校比例 45.15%，音乐器械配备达标学校比例 42.85%，美术器械配备达标学校比例 42.41%，数学自然实验仪器达标学校比例 47.52%。初中体育运动场（馆）面积达标学校比例 62.24%，体育器械配备达标学校比例 63.92%，音乐器械配备达标学校比例 60.22%，美术器械配备达标学校比例 59.49%，理科实验仪器达标学校比例 70.91%。

全国义务教育阶段学校寄宿生 3 276.51 万人，占义务教育阶段在校生总数的比例为 21.85%。其中，小学寄宿生数 1 080.78 万人，所占比例为 10.89%；初中寄宿生数 2 195.73 万人，所占比例为 43.34%。

全国义务教育阶段在校生中进城务工人员随迁子女共 1 260.97 万人。其中，在小学就读 932.74 万人，在初中就读 328.23 万人。全国义务教育阶段在校生中农村留守儿童共 2 200.32 万人。其中，在小学就读 1 436.81 万人，在初中就读 763.51 万人。

三、部分省市教育情况

（一）重要数据

北京市教育事业发展

2011 年，全市共有 52 所普通高校和 78 个科研机构培养研究生，全年研究生教育招生 8.3 万人，在学研究生 24.1 万人，毕业生 6.3 万人。全市 89 所普通高等院校全年招收本专科学生 15.8 万人，在校生 57.9 万人，毕业生 15.1 万人。

全市普通高中招生 6.4 万人，在校生 19.5 万人，毕业生 5.8 万人；初中招生 10.1 万人，在校生 30.2 万人，毕业生 9.8 万人；普通小学招生 13.3 万人，在校生 68.0 万人，毕业生 10.2 万人；幼儿园在园幼儿 31.1 万人。各类中等职业教育（含技工学校）招生 7.9 万人，在校生 21.4 万人，毕业生 6.8 万人。特殊教育招生 1 049 人，在校生 8 037 人，毕业生 1 691 人。

全市共有民办小学 21 所，在校学生 3.6 万人；民办普通中学 72 所，在校学生 3.9 万人；民办高等教育 83 所(含民办高校和民办其他高等教育机构)，在校学生 18.6 万人。成人高校 19 所，在校学生 26.4 万人(含普通高校成人本专科生)。[①]

(二)典型案例

浙江省中等职业教育专业结构调整工作取得初步成效

自 2010 年初，浙江省教育厅下发《关于进一步加强中等职业教育专业结构调整工作的指导意见》，并召开了全省中等职业教育专业结构调整工作视频会议，提出围绕服务地方产业发展和经济转型升级，加快推进中等职业教育专业结构调整。两年来，全省各地以文件和会议精神为指导，深入开展调研论证，认真研究制订调整规划，切实加强区域统筹，中等职业教育专业结构调整工作取得初步成效。(一)强化了设区市对专业设置的统筹协调。(二)提高了专业设置与地方产业发展的匹配程度。(三)加强了对主体专业和新设专业的审核管理。(四)建立了职业学校特色发展和学校布局调整。(五)形成了推进专业结构调整的有效政策保障。

河南以人为本、多措并举，确保家庭经济困难新生顺利入学

为保障高校家庭经济困难学生顺利入学，河南省坚持“以人为本”的工作原则，以“不使一名考入大学的学生因家庭经济困难而无法入学，不使一名在校大学生因家庭经济困难而辍学”为资助目标，采取多种有效措施，努力实现教育部提出的“六个确保”，即：确保资助经费到位，确保“绿色通道”畅通，确保国家助学金及时发放，确保“应贷尽贷”，确保反映渠道通畅，确保政策宣传到位。通过上述措施，进一步强化了各项对困难学生的资助手段，提高了资助效率，解除了广大学生及家长的后顾之忧，为保障 2011 年秋季全省家庭经济困难学生顺利入学奠定了坚实基础。

重庆市采取切实措施培养照顾农村留守儿童

2010 年，重庆市委、市政府高度重视留守儿童教育培养工作，在市委作出的《关于做好当前民生工作的决定》中明确提出要“培养照顾好 130 万留守儿童”。市委、市政府专门召开留守儿童工作会议，制定并实施《重庆市关爱农村留守儿

① 数据来自《北京市 2011 年国民经济和社会发展统计公报》。

童行动计划》。重庆市构建起“政府统筹管理、教育系统具体实施、其他部门密切协作”的农村留守儿童管理体系和工作网络。(一)加强师资建设,确保农村留守儿童“学有所师”;(二)推进教育改革,确保农村留守儿童“学有所获”;(三)落实民生工程,确保农村留守儿童“长得壮”;(四)整合社会资源,确保农村留守儿童“安全有护”。

四、教育的国际比较

(一)美国

美国放宽助学贷款政策

2011 年 10 月 25 日,美国总统奥巴马宣布放宽大学助学贷款偿还措施,包括降低还款占可用收入最高比、缩短免除贷款的年限、整合不同类型借贷并降低利率。

依据现行规定,助学贷款偿还额度与可任意支配收入(收入扣除缴税及衣食住的生活必需费用)的比例最高可达 15%。奥巴马宣布,从 2012 年起,此比例将下调为 10%,以减轻收入较低群体的还款压力。此措施不仅适用于正在就读的学生及刚毕业的群体,也将适用于正在偿还贷款的群体。此外,按照现行规定,凡符合相关资格者,可于二十五年后免除偿还贷款,新措施将此年限缩短为二十年。目前,美国有两种助学贷款,一种是直接贷款(Direct-Loan),由联邦教育部直接借钱给学生,一种是由联邦政府做担保向银行贷款的联邦家庭教育贷款(Federal Family Education Loan)。两种贷款的贷方、偿款方式、利息及日期不同,手续繁杂,容易导致还款延误。自 2012 年 1 月起,联邦政府将给近 600 万名两类借贷者简化手续、降低利息。这些改革的主要目的是鼓励低收入家庭子女进入大学,帮助学生管理助学贷款,并减轻他们的还款压力。

(二)俄罗斯

俄罗斯教育部长:不会将普通教育模式改为自费

2011 年 11 月 12 日,俄罗斯联邦教育与科学部部长安德烈·富尔先科再次驳斥有关将普通教育模式完全改为自费的消息。富尔先科指出,“你能想到什么样的政治家能把教育改为自费？试图实现这个想法的人无疑是一个不会再有发展前途的人。”他强调，有人要是企图做这件事，那是在毁掉自己的政治生涯。他强调，“我们会充分保障来自国家教育标准的全部联邦预算拨款，并在新法律中第一次明确教育条款是向普通教育投入资金的立法原则。”

五、学术界重要学术观点摘编

建设惠及全民的公平教育①

顾明远认为，教育公平是全社会普遍关注的一个重要问题，也是目前我国的一项基本教育政策。新中国成立以来特别是改革开放以来，中国共产党带领全国人民大力普及文化教育，我国的教育公平取得了历史性成就，如全面普及九年义务教育，实现高等教育大众化，建立覆盖义务教育、高中教育和高等教育的学生资助体系，进城务工人员随迁子女接受义务教育问题基本得到解决等，极大地促进了社会公平和民生改善。但由于长期以来发展的不平衡，城乡之间、东西部地区之间的教育还有差距。应通过教育公平保障公平的法定受教育权利全面转化为现实权利，保障在受教育机会公平基础上追求有质量的公平，推进义务教育均衡发展，扶持困难群体，全面落实政府的教育公平责任。

义务教育均衡发展过程中存在严重的教育财政问题②

胡伶认为，中国发展过程中的不均衡有两种，一是政府责任型失衡，二是发展阶段型失衡。从教育发展不均衡来看，其原因归结于政府责任型失衡。胡伶提出促进义务教育均衡发展的教育财政体制改进方向：(一)提高地方政府教育财权和事权的匹配度，做到权责统一。(二)科学衡量地方财政能力和财政需要，提高转移支付的效用。(三)完善教育财政框架下的教育财政收支体系，继续进行省直管县的实践探索。(四)加强对教育支出的过程检测与效果评价，提高资源配置效率和效果。

---

① 顾明远：《建设惠及全民的公平教育》，《求是》2011年第19期。(顾明远：北京师范大学教授，原中国教育学会会长。)

② 胡伶：《义务教育财政问题与改进》，《教育发展研究》2011年第5期。

第二编　医疗卫生卷

一、政策法规和领导讲话

(一)政策法规

1. 公共卫生服务方面

2011 年 1 月,卫生部、财政部出台《关于加强基本公共卫生服务项目绩效考核的指导意见》(卫妇社发〔2010〕112 号)。

2011 年 3 月,卫生部长陈竺签署发布《公共场所卫生管理条例实施细则》(卫生部令第 80 号),于 2011 年 5 月 1 日起实施。

2011 年 4 月,卫生部印发《全国慢性病预防控制工作规范(试行)》(卫疾控发〔2011〕18 号)。

2011 年 9 月,卫生部办公厅印发《健康教育专业机构绩效考核办法(试行)的通知》(卫办妇社发〔2011〕116 号)。

2011 年 9 月,卫生部等十一部门印发《全国消除麻风病危害规划(2011—2020 年)》(卫疾控发〔2011〕76 号)。

2011 年 12 月,国务院办公厅印发《全国结核病防治规划(2011—2015 年)》(国办发〔2011〕53 号)。

2. 医疗服务方面

2011 年 1 月,卫生部印发《关于开展基层医疗卫生机构全科医生转岗培训工作的指导意见(试行)》。

2011 年 3 月,国务院办公厅印发《2011 年公立医院改革试点工作安排》(国办发〔2011〕10 号)。

2011 年 4 月,卫生部印发《医药卫生中长期人才发展规划(2011—2020 年)》(卫人发〔2011〕15 号)。

2011 年 7 月,卫生部等五部门印发《乡镇卫生院管理办法(试行)》的通知(卫农卫发〔2011〕61 号)。

2011 年 7 月,国务院办公厅印发《关于进一步加强乡村医生队伍建设的指导意见》(国办发〔2011〕31 号)。

2011 年 7 月,国务院发布《关于建立全科医生制度的指导意见》(国发〔2011〕23 号)。

3. 医疗保障方面

2011 年 5 月,人力资源和社会保障部印发《关于进一步推进医疗保险付费方式改革的意见》(人社部发〔2011〕63 号)。

2011 年 4 月,国家发展改革委、卫生部印发《关于开展按病种收费方式改革试点有关问题》(发改价格〔2011〕674 号)

4. 基本药物方面

2010 年 11 月,国务院办公厅印发《建立和规范政府办基层医疗卫生机构基本药物采购机制指导意见》(国办发〔2010〕56 号)。

2011 年 12 月,卫生部办公厅、工业和信息化部办公厅印发《关于做好传染病治疗药品和急救药品类基本药物供应保障工作的意见》(卫办药政发〔2011〕139 号)。

(二)中央领导讲话

2011 年 11 月 16 日出版的《求是》杂志发表中共中央政治局常委、国务院副总理李克强同志的重要文章《不断深化医改　推动建立符合国情惠及全民的医药卫生体制》。文章指出,医改是一个世界性难题。我国深化医药卫生体制改革,是深入贯彻落实科学发展观的重大实践行动,是维护十几亿人民健康福祉的重大民生工程,也是协调推进经济社会建设、扩大内需的重大发展工程。

二、全国医疗卫生公共服务年度发展

(一)大事记

1. 公共卫生服务

基本公共卫生服务公平性显著改善,城乡居民享受到十类 41 项免费的基本公共卫生服务。国家根据公共卫生服务需要和财政承受能力等,在全国城乡实施十类基本公共卫生服务项目,包括:建立居民健康档案、健康教育、预防接种、传染病防治、高血压、糖尿病等慢性病和重性精神疾病管理、儿童保健、孕产妇保健、老年人保健和卫生监督协管(2011年新增项目)、对危害人民群众健康的公共卫生问题进行有效干预。基本公共卫生服务投入标准由2009年全国人均15元提高到2011年的25元。国民健康指标继续改善,孕产妇死亡率下降到26.1/10万,婴儿死亡率下降到12.1‰。

2. 医疗服务

城乡卫生资源配置。覆盖城乡的基层医疗卫生服务网络基本建成,基层医疗卫生服务软硬件都得到明显加强,在国家整个医疗卫生服务体系中的“软肋”状况已初步改变,特别是老少边穷地区和农村医疗卫生资源不足的矛盾得到有效缓解,基层的“网底”功能开始显现。以县级医院为龙头、乡镇卫生院和村卫生室为基础的农村三级医疗卫生服务网络逐步健全,基本实现村村都有卫生室、乡乡都有卫生院、每个县都有达标县级医院的目标。城市社区卫生服务体系进一步完善,可及性不断提高。

3. 医疗保障

基本医疗保障制度覆盖全体城乡居民。截至2011年底,城乡居民参加三项基本医保人数超过13亿,覆盖率达到了95%以上。职工医保参保人数达到2.52亿,2008—2011年中央财政共安排509亿元重点解决了近800万关闭破产企业退休人员和困难企业职工的参保问题,将领取失业保险金人员纳入职工医保。城镇居民医保全面推开,参保人数达到2.21亿,重点解决了城市中“一老一小”、大学生以及流动人口的参保问题。新农合参保人数达到8.32亿,增加了1 700万。

(二)综述

1. 公共卫生服务

基本公共卫生服务均等化。各级政府保障基本公共卫生服务经费投入,中央财政三年共安排基本公共卫生服务经费395亿元。稳步实施扩大国家免疫规划项目,累计对适龄儿童接种疫苗10.85亿剂次,常规免疫规划接种率继续保持在90%以上。高血压和糖尿病患者健康管理人数分别达到6 128万和1 667万,建档率达到68.8%。建立重性精神疾病患者健康档案并开展随访管理278.6万人。孕产妇、0~6岁儿童、65岁以上老年人体检人数分别达1 614.3万人、8 116.4万人、1.1亿人。中央财政支持地方病防治项目3.52亿元,积极开展碘缺乏病、地方性氟中毒、地方性砷中毒、大骨节病、克山病等重点地方病防治监测、健康教育、能力建设等。

2. 医疗服务

多元办医格局形成。2010 年 11 月,国务院办公厅转发了《关于进一步鼓励和引导社会资本举办医疗机构的意见》,明确提出了加快推动社会办医的指导思想和政策措施。各地各有关部门清理、修改涉及非公立医疗机构准入、执业、监管等方面的文件,许多地方出台了鼓励和引导社会资本举办医疗机构的实施细则和配套文件,在将民营医院纳入医保定点和国家临床重点专科建设支持等方面取得了积极进展。2011 年,新增非公立医疗机构 1.3 万多个;非公立医疗机构床位数达到 52.06 万张,占总床位数的 12.7%,较 2010 年底上升约 3 个百分点。一些省份非公立医疗机构床位数达到本省总床位数的 15%以上。

3. 医疗保障

基本医疗保障水平提高。城镇居民医保和新农合政府补助标准从 2008 年的每人每年 80 元提高到 2011 年的 200 元。城镇居民医保、新农合政策范围内住院费用报销比例逐步提高,分别从 2008 年的 54%、48%提高到 2011 年的 70%左右。所有统筹地区职工医保、城镇居民医保和新农合统筹基金最高支付限额都提高到了当地职工年平均工资、当地居民年可支配收入和全国农民人均纯收入的 6 倍以上,且不低于 5 万元,实际最高支付限额全国平均已分别达到 24 万元、13 万元、7.98 万元。城镇居民医保、新农合保障范围由住院延伸到门诊,在 98%的统筹地区建立了门诊统筹,既保了大病,也兼顾了小病。

(三)重要数据[①]

卫生资源

2011 年末,全国医疗卫生机构总数达 954 389 个,比上年增加 17 462 个。其中:医院 21 979 个,基层医疗卫生机构 918 003 个,专业公共卫生机构 11 926 个。与上年比较,医院增加 1 061 个,基层医疗卫生机构增加 16 294 个,专业公共卫生机构增加 91 个。

2011 年末,全国医疗卫生机构床位 516 万张,其中:医院 370.5 万张(占

---

① 本部分数据来源于卫生部《2011 年我国卫生事业发展统计公报》。

71.8%),基层医疗卫生机构 123.4 万张(占 23.9%)。与上年比较,床位增加 37.3 万张,其中:医院床位增加 31.8 万张,基层医疗卫生机构床位增加 4.1 万张。每千人医疗卫生机构床位数由 2010 年 3.56 张增加到 2011 年 3.81 张。(见表 10-1)

表 10-1　医疗卫生机构及床位数

	机构数(个)		床位数(张)	
	2011	2010	2011	2010
总　计	954 389	936 927	5 159 892	478 631
医院	21 979	20 918	3 705 172	3 387 437
公立医院	13 542	13 850	3 243 902	3 013 768
民营医院	8 437	7 068	461 270	373 669
医院中:三级医院	1 399	1 284	1 223 584	1 065 047
二级医院	6 468	6 472	1 710 135	1 601 407
一级医院	5 636	5 271	277 233	256 573
基层医疗卫生机构	918 003	901 709	1 233 675	1 192 242
其中社会卫生服务中心(站)	32 860	32 739	187 126	168 814
其中政府办	19 821	18 390	137 264	126 232
乡镇卫生院	37 295	37 836	1 026 211	994 329
其中政府办	36 850	37 217	1 014 272	978 983
村卫生室	175 069	648 424	—	—
诊所(医务室)	661 894	173 490	119	120
专业公共卫生机构	11 926	11 835	178 127	164 515
疾病预防控制中心	3 484	3 513	—	—
专科疾病防治机构	1 294	1 274	31 431	29 307
妇幼保健机构	3 036	3 025	145 861	134 364
卫生监督机构	3 022	2 992	—	—
其他机构	2 481	2 465	42 918	42 637

2011 年末,全国卫生人员总数达 861.6 万人,比上年增加 40.8 万人(增长 5.0%)。卫生人员总数中,卫生技术人员 620.3 万人,乡村医生和卫生员 112.6 万人,其他技术人员 30.6 万人,管理人员 37.5 万人,工勤技能人员 60.6 万人。卫生技术人员中,执业(助理)医师 246.6 万人,注册护士 224.4 万人。与上年比较,卫生技术人员增加 32.7 万人(增长 5.6%)。(见表 10-2)

2011 年全国卫生总费用预计达 22 496 亿元,人均卫生费用 1 643.2 元。

表 10-2　卫生人员数

	2011	2010
卫生人员总数(万人)	861.6	820.8
卫生技术人员	620.3	587.6
其中:执业(助理)医师	246.6	241.3
内:执业医师	202.0	197.3
注册护士	224.4	204.8
药师(士)	36.4	35.4
技师(士)	34.8	33.9
乡村医生和卫生员	112.6	109.2
其他技术人员	30.6	29.0
管理人员	37.5	37.1
工勤技术人员	60.6	57.9
每千人口执业(助理)医师(人)	1.82	1.79
每千人口注册护士(人)	1.66	1.52
每万人口公共卫生人员(人)	4.73	4.64

注:卫生人员和卫生技术人员包括公务员中取得"卫生监督员"资格的人数。下表同。

三、部分省市医疗卫生公共服务年度发展情况

(一)大事记

1. 公共卫生服务

吉林省建设传染病防治体系,开展了流行性出血热、布病、手足口病等 18 种重点传染病和 4 种病媒生物监测工作,为适龄儿童实施扩大免疫规划,开展重点人群流行性出血热疫苗接种,为符合条件的艾滋病病毒感染者、病人和结核病患者提供免费治疗管理服务,为乡镇卫生院装备了整体化数字实验室,在标准化社区卫生服务中心建立了健康小屋。

福建省建设全省统一的居民健康档案信息系统。到 2011 年底,全省各设区市基本完成数据中心平台建设,实现了与本区域医疗机构信息网络连接,并已上行与省级平台互联互通,各医疗机构诊疗信息可在平台共享利用。

2. 医疗服务

北京市创新服务模式,推行预约挂号。全市预约挂号统一平台"114"全面运行,66 家三级医院和 11 家二级医院接入统一平台,推行实名制预约挂号、全

号段全号源预约、取消首诊点名、分时预约、医生工作站复诊预约、相关专业医师间互约和网络、手机短信预约等多种预约方式，引导了就医模式的新变革，实现了“103”(即一个电话号码和预约网站面向公众提供预约服务、预约服务零收费、三个月预约期)目标。

吉林省启动医疗急救体系。按照科学化、系统化、标准化、规范化、专业化的要求，加快全省院前急救、120急救调度、院后急救能力建设，建立覆盖城乡的省、市、县、乡四级医疗急救网络。2011年共落实7 900万元财政资金，先期解决50%地处偏远、装备落后的乡镇卫生院的救护车及车载救护设备，并同步开展了基层急救队伍能力培训，逐步建立省、市、县、乡四位一体的急救体系。

(二)典型案例

海南省慈善惠民医院为民开展免费医疗

2009年6月，海南省依托在五指山市的省第二人民医院建立中部省级慈善惠民医院，对保亭、陵水、昌江、五指山、琼中、白沙、乐东等七个中部少数民族市县的农村五保户等困难群众给予医疗救助。新农合基金和城镇居民医保基金报销按医保政策给予报销，余额由民政救助资金给予减免。“主动服务、主动补偿”慈善惠民医疗活动，对八类人群和十二个病种开展了免费治疗，解决了海南省中部山区七个少数民族市县的特困人群“看病难、看病贵”问题，取得了良好的社会效益。

截至2012年1月底，省慈善惠民医院已累计成功救治病人7 115人次，住院总费用3 832.7万元(医疗保险报销2 275万元，惠民医疗救助1 557.7万元)，另外医院主动减免患者门诊检查、筛查等费用122万元。

四、医疗卫生公共服务的国际比较

(一)香港

香港特别行政区的卫生体制与英国类似。在医疗卫生体系中，政府举办的公营机构占绝对优势。香港地区公立医疗机构提供约90%的住院医疗服务和29%的门诊医疗服务，私营机构提供约10%的住院医疗服务和71%的门诊医疗服务。公立医院最大优势就是低廉的收费标准。据调查，香港公立医院普通病房每天的成本是 3 100 元，而病房每日收费仅为 100 元左右，包括了一切膳食、住院费、医药费和手术费。门诊和专科的收费也远远低于成本。公营门诊服务主要由公立医院及卫生署的门诊部提供，主要处理一般的疾病，如伤风咳嗽以及常见的慢性病，收费低廉。患者到公营门诊看病时，第一次的收费为港币 100 元，其后每次收费为 60 元，以上收费包括医师诊治费、登记费和所有检查的费用，但并不包括药费，每一种药会另外收取 10 元。

（二）英国

英国实行国家卫生服务制度（National Health Services），其宗旨是基于健康需要，而非支付能力，为全体居民提供免费的医疗卫生服务。

英国卫生服务的提供主要分为两级医疗。初级医疗是病人接触的第一站，主要由全科医生负责。初级医疗人员包括全科医生、护士、健康访视者、牙科医生、眼科医生和药剂师。二级医疗通常指由医院提供的专科和急诊服务。工作人员包括卫生专业人员（如医生、护士和治疗师）及辅助人员（如接待员、门卫、搬运工和清洁人员等）。

在国家卫生体制下，政府既是医疗服务的提供者，又是购买者，通过税收来筹集医疗资金、支付医疗费用。英国政府卫生支出占其年度支出的 1/6 左右，其中 1/4 用于二级医疗，3/4 用于初级保健。

五、学术界重要学术观点摘编

基本公共卫生服务均等化有三方面含义[①]

安徽省财政厅课题组认为基本公共卫生服务均等化有三方面含义：一是城乡居民，无论年龄、性别、职业、地域、收入等，都享有同等权利；二是服务内容是动态的，将根据国力改善、财政支出增加而不断扩大；三是以预防为主的服务原则与机会均等的核心理念。课题组对当前基本公共卫生服务均等化工作的进展进行了评价，结合安徽省实际情况对目前存在的问题进行了分析，如资金使用不到位、资金监督不及时、资金绩效不明显、资金管理不稳固。并提出了推动

① 安徽省财政厅课题组：《基本公共卫生服务均等化有关问题研究》，《卫生经济研究》2011 年第 12 期。

这一工作的政策建议:在政策设计层面,要让需方明白服务什么;在操作实施层面,要推进成本核算机制;在工作推进层面,要各司其职并形成合力;在绩效考核层面,要开展综合性绩效评估。

需从经费、人员和绩效考核方面强化基本公共卫生服务均等化工作①

代涛等通过分析部分地区在实施国家基本公共卫生服务项目过程中的主要问题,提出相应对策。文章中提出我国实施公共卫生服务项目过程中存在配套资金不能足额、及时到位,资金沉淀和挪用现象;基层卫生服务人员的数量相对不足、结构不合理;不同地区间、城乡间居民卫生服务利用不均等;尚未建立完善的绩效考核机制,影响资金使用效率和服务质量的提高。因此,文章中指出:确保经费投入是实施基本公共卫生服务均等化的前提,加强基层卫生服务人员能力建设是实现基本公共卫生服务均等化的关键环节,建立和完善绩效考核与监管机制是实施基本公共卫生服务均等化的有效手段。

第三编　社会保障卷②

一、政策法规与中央领导讲话

(一)重要政策法规③

1. 中共中央、国务院印发《中国农村扶贫开发纲要(2011—2020年)》。

2.《烈士褒扬条例》(国务院令第601号)。

3.《国务院、中央军事委员会关于修改〈军人抚恤优待条例〉的决定》(国务院令第602号)。

4.《退役士兵安置条例》(国务院令第608号)。

5.《国务院关于开展城镇居民社会养老保险试点的指导意见》(国发〔2011〕

---

① 朱晓丽、代涛、王芳、尤川梅:《基本公共卫生服务均等化实施过程中的主要问题分析》,《中国社会医学杂志》2011年第2期。

② “社会保障”取广义,包括社会保险、社会救助、社会福利和优抚保障。福利彩票、住房保障、军人工作安置、社会工作人才队伍建设、社区服务等不包括在其中。由于新型农村合作医疗由卫生部负责,该部分内容放置在“医疗卫生卷”中。

③ 所有政策法规以当年通过为准,而并不以实行时间为准。

18号)。

6.《国务院关于印发〈中国老龄事业发展“十二五”规划〉的通知》(国发〔2011〕28号)。

7.《关于加强和改进流浪未成年人救助保护工作的意见》(国办发〔2011〕39号)。

8.《关于印发〈社会养老服务体系建设规划(2011—2015年)〉的通知》(国办发〔2011〕60号)。

9.《关于印发〈社区服务体系建设规划(2011—2015)〉的通知》(国办发〔2011〕61号)。

(二)中央领导讲话①

温家宝在第十一届全国人大四次会议上的政府工作报告(摘录)

(2011年3月5日)

“十二五”时期,社会保障方面的主要目标和任务

……提高扶贫标准,减少贫困人口。加快完善社会保障制度,进一步提高保障水平。城乡基本养老、基本医疗保障制度实现全覆盖,提高并稳定城乡三项基本医疗保险参保率,政策范围内的医保基金支付水平提高到70%以上,全国城镇保障性住房覆盖面达到20%左右。

2011年的工作

……加快健全覆盖城乡居民的社会保障体系。将新型农村社会养老保险试点范围扩大到全国40%的县。推进城镇居民养老保险试点,解决集体企业退休人员养老保障的历史遗留问题,建立企业退休人员基本养老金正常调整机制。积极推进机关和事业单位养老保险制度改革。将国有企业、集体企业“老工伤”人员纳入工伤保险制度。完善城乡低保制度。继续多渠道增加社会保障基金。将孤儿养育、教育和残疾孤儿康复等纳入财政保障范围。继续推进残疾人社会保障体系和服务体系建设。加快推进社会保障管理信息化。发挥商业保险在完善社会保障体系中的作用。大力发展慈善事业。

① 按时间顺序排列。

二、全国社会保障事业年度发展情况

(一)2011年中国社会保障事业发展概况

2011年是“十二五”的开局之年,按照“十二五”规划要求和加快建立覆盖城乡居民的社会保障体系的目标,全国社会保障工作取得了新的进展。

1. 社会保障覆盖面进一步扩大

截至2011年底,全国城镇基本养老保险的参保人数达到28 391万人,比上年末增加2 684万人。新型农村养老保险从2009年底试点以来不断向全国推广,年末有27个省、自治区的1 914个县(市、区、旗)和4个直辖市部分区县开展新农保试点,参保人数达到32 643万人,比上年增加22 367万人,15个省区市实现新农保制度全覆盖。部分省市自治区开展国家城镇居民养老保险试点,年末参保人数539万人。年末有1 577万企业职工参加企业职业年金,比上年增长了18.1%。2011年基本完成将未参保集体企业退休人员纳入养老保险的工作,事业单位职业年金试行办法也已出台。整体来看,我国养老保险的覆盖面在不断扩大。

医疗保险、失业保险、工伤保险和生育保险的覆盖面也在持续扩大。年末城镇基本医疗保险、失业保险、工伤保险、生育保险的参保人数分别达到47 343万、14 317万、17 696万、13 892万人,都比上年有较大增长。此外,596万关闭破产国有企业退休人员已纳入职工医保范围,300万“老工伤”人员纳入了工伤保险统筹范围,部分省市事业单位和社会组织人员开始加入工伤保险,在中国境内就业的外国人参保工作也全面启动。

社会救助体系覆盖城乡,各级投入社会救助资金1 460亿元,比上年增长20%,有效保障了8 100多万困难群众基本生活。全年各级财政支出城乡低保资金共1 327.6亿元。城乡医疗救助惠及人(次)比上年同期增长16%。临时救助制度已在25个省份建立,全年临时救助城乡居民共计886.9万人次。60岁以上的农村籍退役士兵开始纳入国家定期补助范围,目前惠及300多万人。孤儿保障制度在全国普遍建立,绝大多数地方确定了机构集中供养孤儿每人每月1 000元、社会散居孤儿每人每月600元的孤儿最低养育标准,惠及65.5万人。高龄老人津(补)贴制度在15个省份全面建立,惠及900万人。惠民殡葬政策已在14个省110个地级市457个县实施，覆盖5.2亿人口。发放了中央财政安排的春节一次性生活补贴资金207.16亿元，惠及困难群众、优抚对象、农村老党员老干部共8 707.6万人，比去年人均补贴水平提高一倍。中央财政首次安排流浪乞讨人员救助专项补助经费10亿元，全年救助100多万人(次)，其中流浪未成年人十多万人(次)。

社会服务机构不断发展，覆盖了更多人群。2011年底，全国各类提供住宿的社会服务机构达到4.6万个，床位396.4万张，比上年增长13.4%；每千人拥有床位2.94张，比去年增长12.6%。各类老年服务机构40 868个，拥有床位353.2万张，比上年增长11.7%，每千名老年人拥有床位数19.1张，比去年增长7.3%。全国公有儿童福利机构397个，床位数6万张，比去年增长20.0%。

全国各类社区服务设施覆盖率达到23.6%，社区服务中心、社区服务站等都比上年有所增长。

2. 社会保障的统筹层次不断提高

年末，全国有13个省市自治区已经坐实企业职工基本养老保险个人账户，共累积基本养老保险个人账户基金2 703亿元。全国31个省份和新疆生产建设兵团已建立了养老保险省级统筹制度。一些地区实现了城乡居民养老保险和医疗保险的统一。

(二)2011年中国社会保障事业发展重要数据①

1. 社会保险基金收支情况②

表10－3　全国社会保险基金收支情况　　单位：亿元

指　标	基金收入合计	基金支出合计
2011年	24 043	18 055
比上年增长(%)	27.7	21.8

表10－4　各项社会保险基金收入　　单位：亿元

指　标	城镇基本养老保险	城镇居民养老保险	新型农村养老保险	失业保险	城镇基本医疗保险	工伤保险	生育保险
2011年	16 895	40	1 070	923	5 539	466	220
比上年增长(%)	25.9	—	135.9	42.1	28.6	63.7	37.8

① 数据为统计公报初步数据。

② 新型农村合作医疗数据在“医疗卫生卷”。

表 10-5　全国社会保险基金支出　　单位:亿元

指　标	城镇基本养老保险	城镇居民养老保险	新型农村养老保险	失业保险	城镇基本医疗保险	工伤保险	生育保险
2011 年	12 765	11	588	433	4431	286	139
比上年增长(%)	20.9	——	193.3	2.2	25.2	48.8	26.7

表 10-6　全国社会保险基金累计结存　　单位:亿元

指　标	城镇基本养老保险	城镇居民养老保险	新型农村养老保险	失业保险	城镇基本医疗保险	工伤保险	生育保险
2011 年	19 497	32	1 199	2 240	4 015*	642	343

*统筹基金累计结存(含城镇居民医疗保险基金累计结存 497 亿元。

2. 各项社会保险参保基本情况

表 10-7　全国养老保险参保情况　　单位:万人

指　标	城镇基本养老保险			城镇居民养老保险	新型农村养老保险
	合　计	职　工	离退休人员		
2011 年	28 391	21 565	6 826	539	32 643
比上年末增加	2 684	2 163	521	—	22 367

表 10-8　全国城镇基本医疗保险参保情况　　单位:万人

指　标	城镇职工基本医疗保险			城镇居民医疗保险
	合　计	职　工	离退休人员	
2011 年	25 227	18 948	6 279	22 116
比上年末增加	1 492	1 157	335	2 588

表 10-9　全国失业保险参保情况　　单位:万人

指　标	年末参保人数	年末领取失业保险金人数
2011 年	14 317	197
比上年末增长	941	—12

表 10-10　全国工伤保险参保情况　　单位:万人

指　标	年末参保人数	享受待遇人数
2011 年	17 696	163
比上年末增长	1 535	16

表 10-11　全国生育保险参保情况

指　标	年末参保人数(万人)	享受人数(万人次)
2011 年	13 892	265
比上年末增长	1 556	54

3. 社会救助和慈善事业基本情况

表 10－12 2011 年城乡最低生活保障情况

指标	户数(万户)	人数(万人)	平均低保标准(元/人、月)	人均补助水平(元/人、月)	各级财政支出(亿元)
城市	1 145.7	2 276.8	287.6	240.3	659.9
农村	2 672.8	5 305.7	143.2	106.1	667.7

表 10－13 2011 年民政部门统计的社会捐赠款物情况　　单位:亿元

指 标	合 计	民政部门直接接收	社会组织接收	间接接收其他部门转入
接收社会捐赠款、物	499.1	101.4	393.6	4.1

(三)2011 年中国社会保障事业发展典型案例

1.“湛江模式”:政府与市场合作提供医疗保险

“湛江模式”被《金融时报》推选为 2010 年度中国社会保险界十大新闻之一,并于 2011 年在全国进行推广。湛江采取补充模式,其主要做法是政府向保险公司购买大病补充医疗保险,商业保险公司作为政府的补充,合作提高当地医保报销水平和管理能力。2009 年,湛江实现了新农合和城镇居民医疗保险的并轨运行,将农民和城镇居民统一到城乡居民医疗保障体系当中,同时实现了市级统筹。在长期合作的基础上,中国人民健康保险股份有限公司参与了“城乡居民基本医疗大额补助保险”“城镇职工医疗大病救助保险”“公务员基本医疗统筹补充保险”等三个项目。具体做法:首先,参与经办补充保险;其次,参与管理;最后,共享信息。

2.“番禺模式”:政府向市场购买保险经办服务

番禺采取托管模式,将新农合、城镇居民和城镇职工三大医保基金交由商业保险机构托管,管理费由财政埋单。这也是一种政府出资、市场运作的购买服务模式,与“湛江模式”的深度合作、相互补充有所不同。具体做法是对医疗基金实行征、管、用的分离运作。政府负责保险基金的征缴,并将其汇入财政基金专户;保险公司负责办理补偿等具体经办业务,每月根据实际补偿支出向政府申请赔付拨款;卫生、财政部门对医疗基金进行监督管理。按照协议,政府每年需向保险公司支付一定的管理费用。这一模式对解决医疗保障水平偏低和政府管理成本过高具有较好的效果,既提高了居民的保障水平,又降低了政府的行政成本。但是这一购买服务的模式有赖于政府财政的充裕和相应监管能力的提高。

三、部分省市社会保障发展重要数据

河北省

年末全省城镇参加基本养老保险人数为 1 059.34 万人,比上年末增加 70.9 万人。参加城镇基本医疗保险人数 1 556.86 万人,增加 38.86 万人。参加失业保险的人数达 498.7 万人,增加 5.29 万人。参加工伤保险的人数 640.64 万人,增加 46.2 万人。参加生育保险的人数 593.1 万人,增加 31.5 万人。

全年全省 296.6 万人享受居民最低生活保障,比上年增加 17.0 万人,其中,农村 208.5 万人,增加 17.3 万人。

内蒙古

年末全区参加基本养老保险人数 452.4 万人,比上年增长 5%;参加失业保险职工人数 232.5 万人;参加基本医疗保险人数 907.2 万人,比上年增长 2.4%;共有 201.27 万人得到国家最低生活保障救济。

四、社会救助的国际比较

(一)美国的社会救助体系

美国的社会救助方式与中国类似,也以现金和实物救助为主,前者以贫困家庭临时救助(TANF)、补充性保障收入(SSI)和一般性社会救助(GPA)为主,非现金救助则以食品券(Food Stamp)、住房补贴(House Relief)和医疗救助(Medicaid 和 Medicare)等为代表。在美国社会救助体系中,保险类的社会救助通常占有相当大的比例,此外,还有大量联邦和州政府分别开展的一些专项援助项目。美国的社会救助制度主要有以下几个方面的特点:

1. 社会救助制度设计非常复杂,其资金给付条件和审查过程比较烦琐

有很大一部分申请者往往无法了解申请的具体条件和过程,因此申请往往

被拒绝或根本不知道应该申请什么项目。美国的救助乃至整个福利制度体系在设计的过程中就秉承着“绝不养懒人”的理念。

2. 联邦政府和州政府有效配合、合理分工

美国的救助体系在联邦政府和地方政府的责任分工上比较明确,联邦政府和地方政府共同负责筹集资金,但联邦政府主导;地方政府则在项目执行和预算分配上拥有较大的权力,并可以动用地方税收来补充社会救助开支。

3. 资金来源多元化,运作方式私营化

美国的慈善力量比较发达,慈善组织和个人通常在政府之外发挥着重要的救助作用。而救助项目的设计和运作也主张公私合作,因此允许地方政府通过与私人慈善组织和志愿团体等合作实施救助项目。

4. 主张权利和义务对等,强调发展

自上世纪80年代福利改革以来,美国对社会救助制度的态度就变得更加谨慎,开始强调以工作换取福利,并侧重对贫困者的教育和培训,希望减少贫困者及其家庭对社会福利制度的依赖。

五、学术界重要学术观点摘编

(一)社会保险制度研究

1. 分阶段实现中国社会保障发展战略目标①

郑功成认为,当前我国社会保障制度面临城乡差距和地区差距巨大、人口老龄化与人口流动加速、快速工业化、城镇化与就业形式多样化、全球化影响的两面性等五大挑战。

根据现实需要与发展可能,可以将我国社会保障发展战略目标的实施步骤分为几个阶段,即从城乡分割到城乡统筹,从社会保障体系残缺到制度健全、完备,从选择性保障制度安排到公平、普惠的保障制度安排,从只能维护人的生存条件到维护人的自由、平等与尊严。

---

① 《五大思考,透视中国社保制度——访全国人大常委、中国人民大学教授郑功成》,《紫光阁》2011年第1期。

为实现这些任务，社会保障在财力方面必须坚持两条腿走路：一方面必须逐步提高公共投入比重，另一方面必须充分调动社会资源。

社会救助制度优化的合理取向是在明确政府应当承担的完整责任和中央政府主导下实行中央与地方政府分责制的基础上，从最低生活保障制度向综合型社会救助转化。医疗保障制度的优化方向有三：在制度结构上实现城乡居民医保并轨，并最终实现与城镇职工基本医疗保险并轨；在保障内容上，从保障疾病医疗发展到疾病预防和保健；在统筹层次上，要循序渐进发展为全国统一的健康保险制度。养老保险制度优化的基本思路是构建有序组合的“三险一贴”养老保障体系。

2. 反思欧洲福利国家主权债务危机①

郑秉文认为，欧洲国家主权债务危机引发对福利制度的再度深思：第一，一国之福利待遇水平不能走极端，既不能太低，也不能过高。第二，由雇员和雇主双方缴费构成的社会保险制度的水平要适当，要考虑基金的自我平衡和财务可持续。第三，来自于财政转移支付的社会救助要配合一国的福利制度。第四，厘清保险制度与救助制度的边界，提高保险制度的财务可持续性与救助制度的瞄准度。第五，如果一国的福利制度既是碎片化的，保险制度与救助制度的边界又是模糊不清的，那么，该国福利制度必将陷入财务危机之中。

（二）社会救助与社会服务研究

1. 加强农村扶贫项目的实际效果②

朱玲认为，农村低保制度的实行在中西部贫困地区依然困难重重。最主要的问题是贫困人口规模大，但地方财力薄弱。尽管有中央政府的专项资金支持，可还是有相当一部分贫困人口未被低保项目覆盖，而且低保待遇微薄，对于改善低保人口的生存和发展状况，作用极为有限。借鉴发达地区的政策协调经验，以下途径在贫困地区也可试行：第一，着眼于消除和预防贫困，将极端贫困、一般贫困和贫困边缘群体，作为连接各类公共支持项目的“轴心”。第二，建立信息分享制度。第三，将现有的扶贫项目延伸到户。第四，拓展扶贫政策的干预领域。第五，增加项目管理经费。

2. 积极应对老龄化的九大战略③

杨燕绥和胡乃军认为，我国要积极应对老龄化，需具有长效的战略安排。

---

① 郑秉文：《福利危机 福利陷阱 福利模式》，《紫光阁》2011 年第 1 期。

② 朱玲：《应对极端贫困和边缘化：来自中国农村的经验》，《经济学动态》2011 年第 7 期。

③ 杨燕绥、胡乃军：《我国应对老龄化社会的九大战略》，《中国劳动保障报》2011 年 2 月 18 日。

包括以下项目:(1)完善个人账户,整合社保信息系统;(2)调整养老金结构,区分政府和市场;(3)拓展筹资渠道,增加养老金存量;(4)做强养老金市场,增强国家金融竞争力;(5)完善医保计划,分担老年健康成本;(6)鼓励买自住房,增加老年资产;(7)管理养老资产、家庭理财和社保政策互动;(8)打造服务体系,支持居家养老;(9)增加人力资本,提高社会赡养能力。

(三)社会政策理论研究

1. 社会质量理论对完善中国社会福利制度有新启示①

韩克庆认为,社会质量概念为欧洲社会模式的可能内涵提供了一种新的愿景,并力图通过使社会政策和经济政策服从于社会质量这一目标,彻底改变社会政策和经济政策之间的不平等关系。社会质量理论的出现使欧洲福利改革和社会模式发生了新的转向。社会质量理论在中国所要面对的基本问题是:这一理论对中国时常会改革和社会结构转型的解释力有多大,它能否为解决中国经济发展带来的贫富差距扩大等种种不公现象提供新的分析视角,并成为新的理论生长点。社会质量理论提醒我们要尤为关注以下几个方面:第一,经济发展是提升社会质量的主要途径;第二,政治民主是社会质量的一个重要标志;第三,市民社会的培育是提升社会质量的重要方面;第四,社会质量离不开机会平等。

2. 以底线公平为原则的福利模式应是中国的可行选择②

景天魁和毕天云认为,从中国的历史经验看,以底线公平理论为基础的福利模式是可行的选择。底线公平福利模式的基本原则是:弱者有限、政府首责、社会补偿、持久效益。底线公平福利模式的主要特征是:水平特征是福利适度化,结构特征是保底不保顶,功能性特征是雪中送炭,机制特征是刚柔相济。

第四编　公共文化卷

一、政策法规和中央领导讲话

(一)政策法规

1.《中共中央关于深化文化体制改革推动社会主义文化大发展大繁荣若干

① 韩克庆:《社会质量理论:检视中国福利改革的新视角》,《教学与研究》2011 年第 1 期。
② 景天魁、毕天云:《论底线公平福利模式》,《社会科学战线》2011 年第 5 期。

重大问题的决定》。

2.《国家"十二五"时期文化改革发展规划纲要》。

3. 文化部、财政部《关于推进全国美术馆、公共图书馆、文化馆(站)免费开放工作的意见》(文财务发〔2011〕5号)。

4.《中华人民共和国非物质文化遗产法》。

5.《新闻出版业"十二五"时期发展规划》(新出政发〔2011〕6号)。

6. 国家文物局、教育部《关于加强高校博物馆建设与发展的通知》(文物博发〔2011〕10号)。

7.《文化共享工程建设2011年工作安排》。

8.《关于促进生态(社区)博物馆发展的通知》(文物博发〔2011〕15号)。

(二)领导讲话

2011年7月1日胡锦涛在庆祝中国共产党成立90周年大会上讲话

发展社会主义先进文化,必须把社会主义核心价值体系建设融入国民教育、精神文明建设和党的建设全过程。要坚持用马克思主义中国化最新成果武装全党、教育人民,引导广大干部群众深刻领会党的理论创新成果,坚定理想信念。要在全体人民中大力弘扬以爱国主义为核心的民族精神和以改革创新为核心的时代精神,增强民族自尊心、自信心、自豪感,激励全党全国各族人民为实现中华民族伟大复兴而团结奋斗。要坚持用社会主义荣辱观引领社会风尚,深入推进社会公德、职业道德、家庭美德、个人品德建设,加强对青少年的德育培养,在全社会形成积极向上的精神追求和健康文明的生活方式。要加快文化体制改革,加快构建公共文化服务体系,加快发展文化事业和文化产业。要着眼于推动中华文化走向世界,形成与我国国际地位相对称的文化软实力,提高中华文化国际影响力。中华民族创造了源远流长、博大精深的中华文化,中华民族也一定能够在弘扬中华优秀传统文化的基础上创造出中华文化新的辉煌。

二、全国公共文化服务发展

(一)大事记

1月

4日　全国文化厅局长会议举行。文化部长蔡武强调2011年文化工作要抓住六大重点:要以基层为重点加快推动公共文化服务体系建设;加快推进国家公共文化服务体系示范区(项目)建设;全面推进全国公共图书馆、文化馆免费开放,大力实施文化资源共享工程、公共电子阅览室建设试点、国家数字图书馆推广工程;健全文化机构经费保障机制,加强城乡基层和基础设施建设,抓好全国基层文化队伍培训工作,确保各级文化机构能开展经常性活动;逐步探索保障农民工文化权益。

3月

15日　文化部发布《关于做好2011年中央补助地方文化事业专项资金申报工作的通知》。2011年中央财政补助地方文化专项资金申报包括:(1)公共文化服务体系保障经费(三馆免费开放保障经费);(2)国家非物质文化遗产保护工程;(3)乡镇综合文化站设备购置专项;(4)县级图书馆、文化馆维修改造专项;(5)城市社区文化中心(街道文化站)及文化活动室服务能力建设工程;(6)流动舞台车工程。

(二)公共文化发展综述

2011年是"十二五"开局之年,全国公共文化服务建设领域成就显著,亮点纷呈。

1. 公共文化服务体系建设更加完善

2011年公共文化服务体系建设中,公共文化服务体系示范区建设、公共文化服务基础设施建设和包括精品工程在内的重点文化工程建设等方面,均取得了显著成绩。

2011年,文化部与财政部共同开展了国家公共文化服务体系示范区(项目)创建工作,提出"十二五"期间,在全国东、中、西部创建一批网络健全、结构合理、发展均衡、运行有效的公共文化服务体系示范区,培育一批具有创新性、带动性、导向性的公共文化服务体系示范项目,推动公共文化服务向广覆盖、高效能转变。

国家公共文化服务体系示范区建设中各地加快了公共文化设施建设步伐,一系列惠民公共文化服务项目得到实施。北京市朝阳区打破依行政区划设置公共文化设施的格局,形成区、地区、街乡、社区(村)四级服务网络,打造"一刻钟公共文化服务圈"。实施街乡文化中心和社区(村)文化室达标工程,街乡文化中心覆盖率、达标率均为100%,社区(村)文化室覆盖率100%、达标率63%。

成都在全市范围内加大公共文化设施体系建设，实现了市、乡镇（街道）、村（社区）三级公共文化设施全覆盖，形成了多层次、立体式，覆盖广的“公共文化圈”。2011 年全国公共文化示范区（项目）建设启动，充分发挥了典型示范、影响和带动作用，有效促进了公共文化服务体系建设。

2. 覆盖城乡的公共文化服务网络基本建成

公共文化服务的实现和保障，既包含文化设施网络建设，也有文化服务内容的有效供给。

进一步完善文化设施网络建设。为加强公共文化服务基础设施建设，国家发改委、文化部和国家文物局共同印发了《全国地市级公共文化设施建设规划》，提出“十二五”时期，中央将补助 70 亿元用于地市级公共图书馆、文化馆和博物馆建设。

继续推进公共文化服务设施免费开放。2011 年，政府继续推进公共文化服务基础设施免费开放，提高公共文化服务能力，同时建立健全相关经费保障机制。

3. 继续推动全国文化信息资源共享工程建设

给予投入经费相应的财政支持。中央共下达专项经费 3.8 亿元，其中国家中心本级经费 6 000 万元，中央财政转移支付文化共享工程地方特色资源专项经费 1.2 亿元。各地积极规划相关建设，落实财政拨款。截至 2011 年底，文化资源共享工程经费投入总额达 66.87 亿元，中央财政投入 30.64 亿元，各地累计投入资金 37.12 亿元。中央财政和地方资金的投入为文化信息资源共享工程提供了坚实基础。

数字资源、技术平台、服务网络、队伍建设等方面取得显著成效。截至 2011 年底，数字资源建设总量累计达到 136.4TB，共培训 591 万人次。以农村基层和中西部为重点，开展了形式多样、内容丰富、贴近群众的基层文化服务，全年累计服务人次达到 11.2 亿；还形成了 IPTV、数字电视、VPN、3G 等多种技术服务模式，并积极探索“三网融合”“云计算”等新兴技术手段，提升了基层单位数字化、信息化服务能力。

4. 公共文化服务均等化取得更大进展

重视保障农民工文化权利实现。2011 年，文化部印发多项意见法规推进城乡文化一体化建设，实现公共文化服务均等化发展，重视农民工文化建设，不断满足农民工精神文化需求。

重视少数民族地区公共文化服务建设,开展一系列惠民工程。政府历来重视少数民族地区公共文化服务建设,2011 年,通过加强少数民族地区文化基础设施建设,实施系列文化惠民工程,创新完善工作运行机制,少数民族地区公共文化服务体系逐步完善,设施网络不断健全,公共文化服务能力显著提升,少数民族群众基本文化需求得到满足,文化权益得到保障。

(三)重要数据

1. 文化投入

2011 年,全国文化事业费为 392.62 亿元,与 2007 年的 198.96 亿元相比,增幅达 97.33%。人均文化事业费从 2007 年的 15.06 元增加到 2011 年的 29.14 元,增幅为 93.49%。"十二五"时期,中央将补助 70 亿元用于地市级公共图书馆、文化馆和博物馆建设。

2. 基础设施建设

(1)免费开放。2011 年文化部联合财政部推动了全国公共图书馆、文化馆(站)、美术馆免费开放。截至 2011 年底,全国 2 952 个公共图书馆、3 285 个文化馆、34 139 个乡镇综合文化站实现了无障碍、零门槛进入,公共空间设施场地全部免费开放,所提供的基本服务项目全部免费,按时完成了预定目标。据不完全统计,免费开放政策落实后,2011 年 3 月至 10 月,全国各级文化馆免费开放服务人次 514.45 万,比 2010 年全年 429.8 万服务人次的数量增长 19.7%,各级公共图书馆到馆人次 4.27 亿,比 2010 年全年 3.28 亿人次的数量增长 30%。2011 年,全国各级文化文物部门归口管理的公共博物馆、纪念馆有2 115座陆续向社会免费开放。

(2)设施建设。全国乡镇综合文化站建设任务基本完成。"十一五"期间,国家安排了中央预算内投资 39.48 亿元,支持 2.67 万个乡镇综合文化站建设。截至 2011 年底,需要中央补助投资的乡镇综合文化站建设项目 23 748 个(不含黑龙江农垦项目)。

(四)典型案例

国家公共文化服务体系示范区建设亮点纷呈

2011 年,文化部与财政部共同开展了国家公共文化服务体系示范区(项目)创建工作。各地国家公共文化服务体系示范区加快了公共文化设施建设步伐,实施了一系列惠民公共文化设施项目。

北京市朝阳区在国家公共文化服务体系示范区创建中,形成了具有朝阳特色的公共文化服务体系。首先是探索机制、完善体系,形成示范区创建的工作模式,推进组织、政策、资金体系的形成,协调联动、绩效评价和监督、社会参与机制的完善。其次是对照指标、明确重点,扎实推进示范区创建工作,推进公共文化设施高效能、广覆盖,实现文化活动种类多、参与广,促进文化队伍社会化、多元化,推动公共文化服务公益化、均等化,探索服务体系建设制度化、长效化。第三是发挥优势、彰显特色,打造文化服务亮点。文化设施建设方面突出塑造精品,设施布局上超前谋划,数字化信息建设上先行先试,公共文化服务方式上改革创新,同时加强整合区域文化资源,提高了公共文化服务的水平和标准化程度,有效满足群众的文化需求,公共文化服务示范区创建工作成就初显。

三、部分省市公共文化发展

(一)大事记

北京市

1 月 13 日　全市公共文化工作会暨国家公共文化服务体系示范区(项目)创建工作会召开。提出建设广覆盖、高效能的城乡一体化的公共文化服务体系,全市公共文化的重点是推进城市社区文化设施的建设,要利用地下民防设施,提供给社区群众开展文化活动。

10 月 19 日　北京市文化局发布关于实施《北京市基层公共文化设施服务规范(试行)》的通知,提高全市基层公共文化设施服务水平,规范服务内容和服务标准,保障群众基本文化权益,促进公共文化事业的发展和繁荣。

河北省

4 月 6 日　省文化厅召开河北省第三次文化馆(群艺馆)评估定级工作领导小组和评估组全体人员专项协调会议,就文化馆(群艺馆)评估定级工作进行调度。据统计,目前全省共有各级文化馆(群艺馆)175 个(其中省级 1 个,市级 11 个,县、市、区级 163 个)。

5 月 23 日　国务院印发《关于公布第三批国家级非物质文化遗产名录的通知》(国发〔2011〕14 号),批准公布了第三批国家级非物质文化遗产名录共计

355项,河北共有15个项目入选。河北省入选的三批国家级非物质文化遗产名录项目共计132个,总数居全国前列。

(二)部分省市公共文化建设成就

2011年,各地根据实际情况,制定了很多公共文化服务建设的具体政策方针,公共文化服务建设取得了显著成就。

公共文化服务体系建设更趋完善

满足人民基本文化需求是社会主义文化建设的基本任务,推进国家公共文化服务体系示范区创建,成为2011年政府加强文化基础设施建设、完善公共文化服务网络、让群众广泛享有免费或优惠的基本公共文化服务的工程之一。

公共文化服务体系示范区建设顺利推进

2011年,文化部与财政部共同开展了国家公共文化服务体系示范区(项目)创建工作,要求在"十二五"期间,在全国东、中、西部创建一批结构合理、发展平衡、网络健全、运行有效、惠及全民的公共文化服务体系示范区,培育一批具有创新性、带动性、导向性、科学性的公共文化服务体系示范项目,为我国公共文化服务体系建设探索路径、积累经验。

加大资金投入力度。中央政策引导下,各省市自治区党委、政府高度重视,根据实际制定了公共文化服务政策,在利用中央投入资金基础上加大公共文化服务项目的资金投入。青岛市将公共文化服务体系建设纳入全市国民经济和社会发展总体规划,近年来全市共投资30多亿元。长春市设立了每年1 000万元文化发展专项基金。

创新工作管理模式。创建城市(地区)开展公共文化服务体系制度设计研究,不断完善创建规划。江西省传达落实国家公共文化服务体系制度设计研究会议精神,指导全省各地申报创建示范区(项目)工作。山东省文化厅与山东省社科院达成联合研究委托协议。

推进公共文化基础设施建设。各地在工作规划指导下,公共文化服务示范区基础设施建设稳步推进,逐渐完善。长沙市推动了公共文化设施网络化。按照"建成投放一批、建设上马一批、规划布局一批"的思路,通过抓市级标志工程、区县(市)骨干工程、街道(乡、镇)示范工程、社区(村)普及工程,完善了四级公共文化设施网络体系,全面完成广播电视村村通工程,实现了城乡基层文化设施全覆盖。

加强人员队伍建设。各地重视和加强了人员队伍培训和建设。成立专项工作小组，定期进行专业培训，提高了当地工作人员公共文化服务能力。秦皇岛市通过采取引进、发掘、培养等途径，建立了一支专兼结合、长期活跃在基层的文化人才队伍。建立完善了学校培养、在职进修等多种形式的文化人才培养机制。

(三)部分省市重要数据

北京市

25个公共图书馆，总藏数5 049万册/件，建筑面积42.1万平方米，书刊文献外借333.0万人次；群众艺术馆、文化馆20个，组织文艺活动3 401次；博物馆及其他文物保护机构(文物局系统内)总数78个其中博物馆41，文物藏品数117万件，参观1 373.4万人次；档案馆18个，利用档案资料12.30万人次。

文化支出：2011年度决算93 212.36万元，比2011年年初预算增加27 041.72万元，增长主要用于首都图书馆二期工程、北京杂技学校配套工程等基本建设项目支出。3个项目单位入选“第一批国家级非物质文化遗产生产性保护示范基地名单”。

陕西省

陕西博物馆纪念馆总数为197座，新增博物馆19座；其中民办博物馆27座、国有行业博物馆40座、文物系统130座。2011年民办博物馆新增6座，国有行业馆新增4座，文物系统博物馆新增9座。在行业博物馆中，成立了中国首座中医美容博物馆，以展示陕西周秦汉唐和近现代体育文物为特点的体育博物馆填补了陕西体育类博物馆空白。

吉林省

全省拥有文化馆77个，艺术表演团体67个；公共图书馆65个；博物馆58个，全年参观人数达672万人次。广播人口覆盖率达到98.53%；电视人口覆盖率达到98.64%，有线广播电视用户数为493万户，其中数字电视用户数达到344.98万户。

(四)典型案例

山西省长治市创建有当地特色的公共文化服务体系

首先建立了良好的创建工作机制。市县两级成立了工作领导小组，建立了重大事项会商制度和工作例会制度；签订工作目标责任书，制定下发创建工作总体规划和具体方案，明确创建工作时间表和路线图；出台《关于建立完善公共文化投入保障机制的实施意见》，建立示范区创建经费投入机制，下达了30万元创建工作启动经费，每年设立1 000万元公共文化发展专项资金用于创建工作。

其次，完善了一系列基础设施建设。规划建设了市文化创意传媒园区、群众艺术馆。所有乡镇都建设了面积在300平方米以上的综合文化站，100%的行政村(社区)建设了文体活动室(中心)。

第三，创建文化品牌。通过开展形式多样的社区文化、广场文化、企业文化、校园文化、军营文化以及大院文化、星期天文化，彰显了地方特色。实施"文化低保"工程，使全市三十多万贫困群众每年看一场戏、六场电影、读一本书。

四、学术界重要学术观点摘编

理解公共文化服务：资金人才与市场化道路的分歧[①]

围绕公共文化服务建设，相关研究成果数量呈现快速增长趋势。但是关于推进公共文化服务的具体主张，则呈现出外在集中性、一致性与潜在矛盾性并存的格局。因此，在对相关研究成果特别是其主张进行梳理的基础上，揭示当前学界研究的主要观点及其内在的可能分歧或矛盾，对于推进公共文化服务研究及实践有着基础性作用。

农民工公共文化服务的缺失及其原因探析[②]

农民工是农村家庭的主要劳动力，是城乡经济生活和文化联系的纽带。由于农民工工作的特性和自身文化素质的低下，在大多数地方，农民工的公共文化服务严重缺失。在当前城乡二元体制的影响下，由于投资体制的制约而形成的对公共资源的不公平配置，现行教育制度和就业制度的影响，再加上农民工自身素质较低的因素，农民工公共文化服务处于城乡边缘化的境地。

---

① 刘辉：《理解公共文化服务：资金人才与市场化道路的分歧》，《江西师范大学学报》(哲学社会科学版)2011年4月第44卷第2期。

② 刘文玉、刘先春：《农民工公共文化服务的缺失及其原因探析》，《兰州学刊》2011年第5期。

第五编　收入分配卷

一、政策法规和中央领导讲话

(一)政策法规

国务院关于修改《中华人民共和国个人所得税法实施条例》的决定(中华人民共和国国务院令 第519号)

国务院决定对《中华人民共和国个人所得税法实施条例》作如下修改:

一、第十八条修改为:“税法第六条第一款第三项所说的每一纳税年度的收入总额,是指纳税义务人按照承包经营、承租经营合同规定分得的经营利润和工资、薪金性质的所得;所说的减除必要费用,是指按月减除3 500元。”

二、第二十七条修改为:“税法第六条第三款所说的附加减除费用,是指每月在减除3 500元费用的基础上,再减除本条例第二十九条规定数额的费用。”

三、第二十九条修改为:“税法第六条第三款所说的附加减除费用标准为1 300元。”

本决定自2011年9月1日起施行。

《中华人民共和国个人所得税法实施条例》根据本决定作相应的修改,重新公布。

(二)中央领导讲话

温家宝总理2011年政府工作报告

我们要全面改善人民生活。坚持把增加就业作为经济社会发展的优先目标,为全体劳动者创造公平的就业机会,五年城镇新增就业4 500万人。坚持和完善按劳分配为主体、多种分配方式并存的分配制度,努力实现居民收入增长和经济发展同步、劳动报酬增长和劳动生产率提高同步,逐步提高居民收入在国民收入分配中的比重,提高劳动报酬在初次分配中的比重,加快形成合理的收入分配格局。城镇居民人均可支配收入和农村居民人均纯收入年均实际增长超过7%。提高扶贫标准,减少贫困人口。

合理调整收入分配关系。这既是一项长期任务,也是当前的紧迫工作。今年重点采取三方面措施:一是着力提高城乡低收入群众的基本收入。稳步提高职工最低工资、企业退休人员基本养老金和城乡居民最低生活保障标准。建立健全职工工资正常增长机制,严格执行最低工资制度。二是加大收入分配调节力度。提高个人所得税工薪所得费用扣除标准,合理调整税率结构,切实减轻中低收入者税收负担。有效调节过高收入,加强对收入过高行业工资总额和工资水平的双重调控,严格规范国有企业、金融机构高管人员薪酬管理。三是大力整顿和规范收入分配秩序,坚决取缔非法收入,加快建立收入分配监测系统。通过持续不断的努力,尽快扭转收入分配差距扩大趋势,努力使广大人民群众更多分享改革发展成果。

二、全国收入分配重要数据与典型案例

(一)大事要事

1. *房产税试点*

经国务院同意,上海、重庆两市于 2011 年 1 月 28 日启动了个人住房房产税试点工作。

2. *个人所得税改革*

2011 年,中央政府在提高城乡居民收入、调整收入分配关系方面做了大量的工作,取得了一定的成效。

2011 年 7 月 27 日国务院公布《关于修改〈中华人民共和国个人所得税法实施条例〉的决定》,明确自 2011 年 9 月 1 日起施行新的个税法条例。法律规定,工资、薪金所得,以每月收入额减除费用 3 500 元后的余额为应纳税所得额,工资、薪金所得,适用超额累进税率,税率为 3%至 45%。将超额累进税率中的第一级税率由 5%降到 3%,以进一步降低工薪所得纳税人中较低收入人群的税负。这是自 1994 年现行个人所得税法实施以来第三次提高个税免征额。2006 年免征额从每月 800 元提高到 1 600 元,2008 年免征额从 1 600 元提高到2 000 元,此次修法涉及的减税额是最大的一次。

(二)重要数据

2011 年我国居民整体收入水平持续提高,城镇居民和农村居民收入均呈现出良好的增长态势。但收入差距仍较大,且呈现出城乡、行业、区域全方位的差距扩大趋势。收入差距与不同群体的消费差距具有较高的相关性,对扩内需、稳增长产生一定程度的不利影响。

1. 居民收入持续增长

从城乡居民家庭人均收入来看,自 1978 年以来收入绝对数保持持续增长的态势,其中农村居民人均纯收入从 1978 年的 133.6 元连续增加到 2011 年的 6 977.3 元,城镇居民人均可支配收入从 1978 年的 343.4 元增加到 2011 年的 21 809.78 元,且近十年平均增长率高于过去十年。居民存款余额持续增长,由 1978 年的 210.6 亿元增至 2011 年的 343 635.9 亿元。

2. 收入差距不断扩大

(1)城乡收入差距扩大

在城乡居民收入水平持续增长的同时,城乡收入差距也在不断拉大。2011 年城镇居民人均可支配收入为 21 809.78 元,农村居民人均纯收入为 6 977.3 元,前者是后者的 3.13 倍,虽然比 2009 年的 3.33 倍和 2010 年的 3.23 倍有所下降,但是两者的绝对差额在不断扩大,2011 年该差额为 14 832.48 元,高于 2009 年的 12 021.48 元和 2010 年的 13 190.43 元。

(2)区域收入差距不断拉大

2011 年,上海农村居民人均纯收入在全国排名第一,为 16 053.8 元,比 2010 年增加 2 075.84 元。2011 年甘肃农村居民人均纯收入最低,仅有 3 909.4 元,比 2010 年增加 484.75 元。2011 年上海与甘肃农村居民人均纯收入的绝对差额为 12 144.4 元,高于 2010 年的 10 553.31 元。2011 年,上海城镇居民人均可支配收入在全国排名第一,为 36 230.48 元,比 2010 年增加 4 392.4 元。2011 年甘肃城镇居民人均可支配收入最低,仅有14 988.68元,比 2010 年增加 1 800.1元。2011 年上海与甘肃城镇居民人均可支配收入的绝对差额为 21 241.8元,高于 2010 年的 18 649.53 元。

(3)行业收入差距不断拉大

2011 年金融业平均工资最高,为 81 109 元,比 2010 年增加 10 963 元。农林牧渔业平均工资最低,为 19 469 元,比 2010 年增加 2 752 元。2011 年金融业与农林牧渔业平均工资绝对差额为 61 640 元,高于 2010 年的 53 429 元。

(4)消费差距不断拉大

消费是拉动经济增长的三驾马车之一,是社会总需求的重要组成部分,是社会再生产过程的重要环节,是国民经济循环的先导性因素,同时也是发展经济的出发点和落脚点,其重要性不言而喻。但我国最终消费率从 1981 年的 67.1%急剧下降到 2011 年的 48.23%,且连续五年低于 50%,而据世界银行公布的 119 个国家 2011 年消费率测算,平均水平为 70.9%,我国与世界平均水平差距悬殊。

(三)典型案例

上海、重庆房产税试点

房产税,又称房屋税,是国家以房产作为课税对象向产权所有人征收的一种财产税。对房产征税的目的是运用税收杠杆,加强对房产的管理,提高房产使用效率,控制固定资产投资规模和配合国家房产政策的调整,合理调节房产所有人和经营人的收入。

作为我国征收房产税的先行者,重庆市政府、上海市政府先后明确将于 2011 年 1 月 28 日起正式试点开征房产税。重庆版税率为 0.5%～1.2%,上海适用税率暂定为 0.6%。根据上海、重庆的试点经验,国家将适时研究提出逐步在全国推开的改革方案。条件成熟时,在统筹考虑对基本需求居住面积免税等因素的基础上,在全国范围内对个人拥有的住房征收房产税。

三、部分省市自治区收入分配重要数据与典型案例

(一)大事要事

提高最低工资标准

2011 年,24 个省市自治区先后提高了最低工资标准,调整后排名前三位的分别为:浙江 1 310 元、广东 1 300 元、上海 1 280 元,其中广东省深圳市 1 320 元为全国最高。各省市自治区最低工资标准调整幅度不同,范围从贵州的 12%

到安徽的40%不等。2011年全国只有西藏、黑龙江、四川、海南、广西、甘肃、江西五个省,西藏、广西两个自治区没有提高最低工资标准。

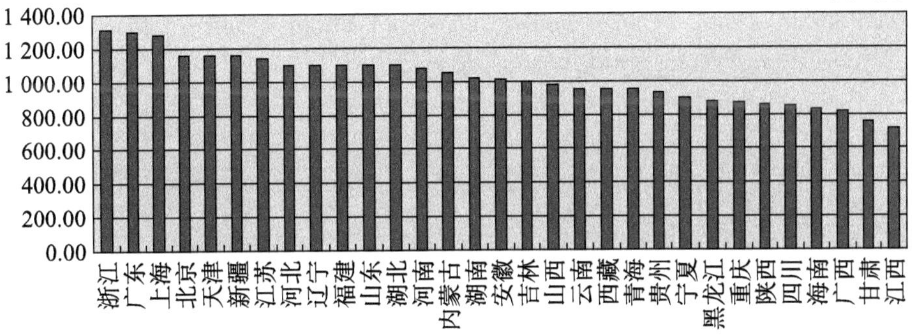

图 10-1　2011 年部分省、直辖市、自治区最低工资标准

资料来源:人力资源和社会保障部

(二)重要数据

2011年各地区的农村居民人均纯收入也有较大幅度的提高,全国平均水平为6 977.3元。在31个省市自治区当中,农村居民人均纯收入高于全国水平的有12个,分别是上海、北京、浙江、天津、江苏、广东、福建、山东、辽宁、黑龙江、吉林以及河北。其中上海最高,为16 053.8元;北京其次,为14 735.7元;浙江第三,为13 070.7元。其余19个省、直辖市、自治区的农村居民人均纯收入则低于全国平均水平,最低的甘肃省只有3 909.4元。

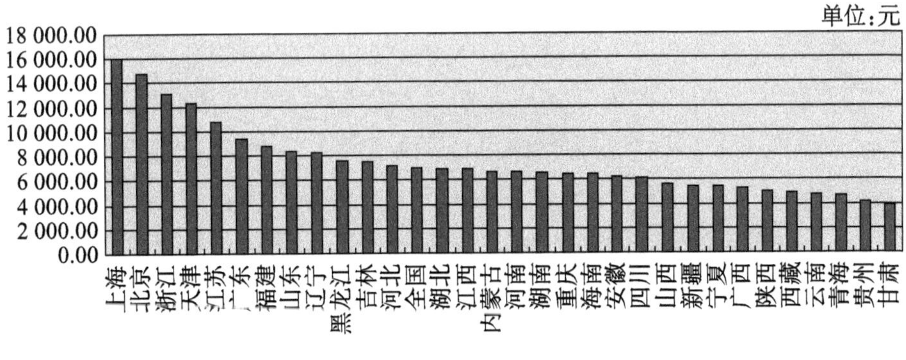

图 10-2　2011 年部分省、直辖市、自治区农村居民人均纯收入

数据来源:国家统计局

2011年各地区的城镇居民人均可支配收入也有较大幅度的提高,全国平均水平为 21 809.78 元。在 31 个省市自治区当中,城镇居民人均可支配收入高于全国水平的有 8 个,分别是上海、北京、浙江、天津、广东、江苏、福建、山东。其中上海最高,为 36 230.48 元;北京其次,为 32 903.03 元;浙江第三,为 30 970.68元。其余 23 个省、直辖市、自治区的城镇居民人均可支配收入则低于全国平均水平,最低的甘肃省只有 14 988.68 元。

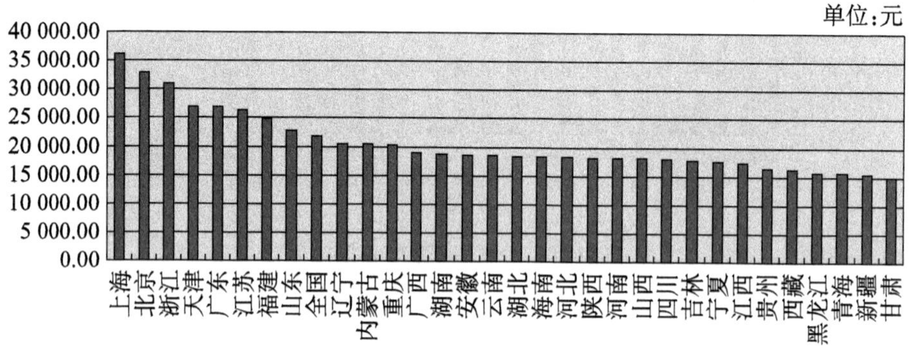

图 10-3 2011 年部分省、直辖市、自治区城镇居民人均可支配收入

数据来源:国家统计局

(三)典型案例

湖北省推进工资集体协商

湖北省以劳动用工备案制度、工资集体协商等为重点,加快推进和谐劳动关系的建立。2011 年内,要求凡是已有工会组织的企业,都必须大力推进集体合同制度,到年底力争覆盖 80%以上企业、涵盖 500 万以上职工。以推进工资集体协商为重点,深化企业收入分配制度改革,着重在"提低、扩中、限高"三方面下工夫。"提低",就是想方设法提高一线职工和低收入群体的工资收入水平。"扩中",就是要使绝大部分中等收入者能够合理分享社会发展成果,把工资集体协商与工资薪金税前扣除工作紧密结合起来,加快建立企业工资正常增长机制,实现企业职工工资增长不低于企业经济效益增长、企业一线职工工资增长不低于企业平均工资增长。"限高",就是通过有效途径规范高收入人群的薪酬分配制度,特别是要严格控制垄断行业职工工资水平及增长幅度。

四、收入分配的国际比较

(一)主要发达国家[①]

北欧国家调节收入分配差距的经验

作为北欧福利国家的代表,瑞典、芬兰在居民收入分配方面的主要特点是,不同社会成员之间的收入差距很小,收入的均等化程度高。根据联合国开发计划署公布的《2002 人类发展指数》,北欧诸国的基尼系数排在工业化国家的前列,瑞典为 0.250,芬兰为 0.256,均属于世界上收入差距最小的国家。其政府在收入分配方面的主要做法包括:

第一,初次分配中的工资决定制度。瑞典、芬兰两国企业的工资决定和管理制度有两个突出特点,一是工资协商机制成为基本的工资决定形式,二是没有最低工资制度。在工资决定机制背后是相互制衡的三方力量,即分别来自雇主和雇员方面的行业协会组织以及作为仲裁方的政府管理者。在劳动力市场上,大部分的雇员和雇主都自愿加入各自的行业组织,形成全国网络化的行业组织结构。这种组织结构对企业工资的形成具有重要作用。

第二,再分配中的社会保障制度。根据芬兰社会保障局(芬兰最大的社会保障机构,其提供的社会保障补助费用占全国全部社会保障支出费用的 24%)介绍的情况,在欧盟国家共同遵守 1 408/71 号法案的前提下,芬兰政府对境内的各种居民提供不同程度的社会保障,主要分为五大类,分别是:医疗和健康保险、家庭补贴、失业补贴、就业保险和养老保险,包括 32 个保障项目。在这些保障措施的覆盖下,芬兰居民充分享受着从出生到老年整个人生过程来自国家的各种福利待遇和帮助。

第三,再分配中的税收调节制度。瑞典的个人所得税制度包括对劳动所得、资本所得和经营所得三类的收入进行征税。劳动所得的范围包括工资、奖金、养老金以及交通、饮食和住房等各种形式的补贴。征收分为国家和地方两部分。地方税率按照地区的不同在 26%~35%之间。国家税征收分为两档,

① 主要参考姜爱林:《发达国家调节收入分配差距的做法、启示及其政策建议》,《黄河科技大学学报》2010 年第 1 期;胡莹:《20 世纪 90 年代以来美国收入分配理论的发展》,《理论月刊》2007 年第 4 期;刘强:《北欧国家的收入分配状况及政策借鉴》,《中国经贸导刊》2006 年第 10 期;等。

即:年收入在25 200～390 400克朗之间的收入征收20%的所得税,年收入在390 400克朗以上的征收25%的所得税。资本所得包括利息、股息,来自股票、债券和房产等各种形式的资本收益,对于资本所得,不论数量多少,一律实行30%的比例税率。经营所得的范围是指经营公司或企业后得到的收入部分,执行的是与劳动所得同样的税率。除了经营公司的个人要缴纳所得税外,公司另外还要缴纳税率为28%的公司所得税。

五、学术界重要学术观点摘编

(一)名家观点

强化对于政府公共支出规模的约束[①]

贾康提出遏制收入差距过大,一是要优化结构性减税,酌情推动增值税扩围改革,同步实现间接税比重降低;二是结合多项改革需求,加快房地产税改革,逐步强化直接税再分配作用;三是加大国有资本经营收益收缴力度,促进垄断行业、部门改革,统筹国有资本经营预算支出;四是提高政府再分配中经常性转移支付的规模和绩效;五是强化对于政府公共支出规模的约束,推动政府支出责任边界清晰化和预算管理法治化、民主化、科学化、精细化;六是支持、促进消除过度垄断和优化生产要素价格形成机制的改革。

陷入“中等收入陷阱”的国家都有一个共同的特征,就是未能有效解决多数人分享财富的问题[②]

迟福林认为尽管不同国家的具体情况有很大的差别,但陷入“中等收入陷阱”的国家都有一个共同的特征,就是未能有效解决多数人分享财富的问题,而跨越了“中等收入陷阱”的国家也都有一个共同的特征,就是较好地解决了多数人分享财富的问题。日本与韩国等进入高收入国家,基尼系数为0.3左右,分配的不平等程度远低于深陷“中等收入陷阱”的拉美国家。

---

① 贾康、刘微:《提高国民收入分配“两个比重” 遏制收入差距扩大的财税改革建议》,《行政管理改革》2011年第4期。

② 迟福林:《避免“中等收入陷阱”重在解决好分配问题》,《领导文萃》2011年第10期(下)。

(二)其他重要学术观点

国家财政收入高速增长,积累的财富并未能恰当地用之于民[1]

阮加等学者认为国民收入分配失衡已经成为我国经济发展中的一个重要问题,其程度还在逐步扩大。国家财政收入高速增长,积累的财富并未能恰当地用之于民,企业利润过多挤占劳动者工资,居民收入增速跟不上经济发展速度。国强呼唤民富,实现全民共享改革开放以来经济快速发展的成果,需要加快城市化进程及新农村建设,同时要深化收入分配体制、财政税收制度及社会保障制度的改革。

缩小收入差距的关键是实现"两个遏制"[2]

高鹏等学者认为"两个比重""两个同步"的提出为下一步我国收入分配改革"破题"指明了方向,即收入分配格局的调整必须兼顾宏观、微观两个层面。通过历史和现实的考察,我国收入分配问题的根源在于对居民收入的长期漠视,调整当前的收入分配结构、缩小收入差距的关键是实现"两个遏制",即遏制居民收入占国民收入的比重不断下降的趋势,遏制居民内部收入差距持续扩大的趋势,突破口则在于财税体制、分配制度改革的深化。

第六编　环境保护卷

一、政策法规和领导讲话

(一)政策法规

1. 2011 年中央以一号文件方式出台《中共中央国务院关于加快水利改革发展的决定》。

2. 2011 年 1 月 1 日起,一批新的环境保护法规《废弃电器电子产品回收处理管理条例》《突发环境事件应急监测技术规范》《农药使用环境安全技术导则》

① 阮加、阮敬科:《收入分配问题现状、原因及对策探讨》,《经济学动态》2011 年第 2 期。

② 高鹏、吴华、董颖:《从"两个比重"和"两个同步"看调节收入分配的逻辑》,《财经政法资讯》2011 年第 4 期。

《农村生活污染控制技术规范》《酿造工业废水治理工程技术规范》《含油污水处理工程技术规范》《农业固体废物污染控制技术导则》《环境影响评价技术导则 农药建设项目》开始实施。

3.2011 年 1 月 25,日国务院办公厅印发《关于做好自然保护区管理有关工作的通知》。

4.2011 年 2 月 9 日,环境保护部、国家发改委等十一个部门联合发布《关于加强环境噪声污染防治工作改善城乡声环境质量的指导意见》,要求高铁在市区运行须控制噪音污染。

5.2011 年 1 月 25 日,国务院办公厅印发《关于做好自然保护区管理有关工作的通知》,要求切实做好自然保护区管理工作,促进自然保护区事业健康发展。

6.2011 年 10 月 1 日,实施环境保护部批准的《企业环境报告书编制导则》。

7.2011 年 10 月 17 日,国务院发布《关于加强环境保护重点工作的意见》(国发〔2011〕35 号),指出这是全国环保工作的一件大事。

(二)领导讲话

2011 年 2 月 11 日,李克强副总理出席中国环境宏观战略研究成果应用座谈会并讲话

中国环境宏观战略研究报告成果的形成,正值“十二五”规划编制工作的冲刺阶段和最关键时期,恰逢其时,对于“十二五”规划编制可以起到重要作用,主要内容包括以下几点。

一、深刻把握新的历史条件下我国环境保护面临的新形势新任务。

二、把节能减排作为转方式调结构的重要抓手。新能源、低碳技术应用等绿色产业,属于战略性新兴产业,也是有着巨大市场前景的产业。

三、把环境保护作为惠民生促和谐的基本任务。好的环境是人们生活的基本需求,保护环境是政府公共服务的基本领域,也是我们党执政为民的具体体现。

四、把完善机制作为深化环保工作的突破口。小智治事,大智立法。健全的体制机制,是推动环保工作有效开展的重要保障。

五、把环境宏观战略研究的成果转化好应用好。研究的目的在于应用,要把研究提出的新理念、新战略切实转化为可操作的新举措、新政策,将有效的政策措施上升到法律层面。

二、环境保护年度发展

(一)大事记

环境保护部会同有关部门开展了 14 个省(自治区、直辖市)加快转变经济发展方式监督检查。把建设资源节约型、环境友好型社会作为加快转变经济发展方式的重要着力点。在市场经济条件下,发挥经济政策的激励、引导作用更为有效率,效果更为持久。环保政策、法规、标准,相较于单纯的行政手段,能更有效地引导经济结构或产业结构转型,而且避免了社会成本高、监管难度大等诸多问题。

国务院发布了"十二五"节能减排综合性工作方案,召开了国家节能减排工作领导小组会议、全国节能减排工作电视电话会议,对"十二五"节能减排工作进行全面部署。环境保护部深入研究"十二五"污染减排目标任务、实现途径、保障措施、政策体制等重大问题,扎实做好减排政策制度顶层设计。

(二)综述

一是环境保护促进经济发展方式转变的作用进一步强化。严格环境影响评价,对 44 个、总投资近 2 500 亿元涉及"两高一资"、低水平重复建设和产能过剩项目作出退回报告书、不予批复或暂缓审批处理。推进行业污染防治水平升级及产业结构调整,严格稀土等重点行业环保核查,稀土行业新增环保投入 20 多亿元。严格企业上市环保核查和后督察,申请上市环保核查企业核查时段内累计新增环保投入 99.7 亿元,完成 916 个污染治理项目。

二是农村环境整治和生态保护切实加强。截至 2011 年,共安排 80 亿元农村环保专项资金,受益人口 3 729.06 万人。积极开展农业面源污染防治,累计减少不合理施肥 580 万吨。

(三)重要数据[①]

1. 淡水环境

2011 年,全国地表水总体为轻度污染。湖泊(水库)富营养化问题仍突出。

---

① 数据来源:2011 年《中国环境状况公报》。

长江、黄河、珠江、松花江、淮河、海河、辽河、浙闽片河流、西南诸河和内陆诸河十大水系监测的469个国控断面中，Ⅰ～Ⅲ类、Ⅳ～Ⅴ类和劣Ⅴ类水质断面比例分别为61.0%、25.3%和13.7%；主要污染指标为化学需氧量、五日生化需氧量和总磷。长江水系水质总体良好，94个国控断面中，Ⅰ～Ⅲ类、Ⅳ～Ⅴ类和劣Ⅴ类水质断面比例分别为80.9%、13.8%和5.3%。黄河水系总体为轻度污染，主要污染指标为氨氮、化学需氧量和五日生化需氧量；43个国控断面中，Ⅰ～Ⅲ类、Ⅳ～Ⅴ类和劣Ⅴ类水质断面比例分别为69.8%、11.6%和18.6%。珠江水系水质总体良好，33个国控断面中，Ⅰ～Ⅲ类、Ⅳ～Ⅴ类和劣Ⅴ类水质断面比例分别为84.8%、12.2%和3.0%。

2. 大气环境

全国城市环境空气质量总体稳定，酸雨分布区域无明显变化。2011年，325个地级及以上城市（含部分地、州、盟所在地和省辖市）中，环境空气质量达标城市比例为89.0%，超标城市比例为11.0%。2011年，地级及以上城市环境空气中可吸入颗粒物年均浓度达到或优于二级标准的城市占90.8%，劣于三级标准的城市占1.2%；可吸入颗粒物年均浓度值为0.025～0.352毫克/立方米，主要集中分布在0.060～0.100毫克/立方米。2011年，地级及以上城市环境空气中二氧化硫年均浓度达到或优于二级标准的城市占96.0%，无劣于三级标准的城市；二氧化硫年均浓度值为0.003～0.084毫克/立方米，主要集中分布在0.020～0.060毫克/立方米。2011年，地级及以上城市环境空气中二氧化氮年均浓度均达到二级标准，其中达到一级标准的城市占84.0%；二氧化氮浓度年均值为0.004～0.068毫克/立方米，主要集中分布在0.015～0.040毫克/立方米。

三、部分省市保护年度发展情况

（一）大事记

北京成功示范恢复150公顷严重退化湿地

针对北京湿地生态系统现状，开展了退化湿地恢复的关键技术研究，并成功示范恢复了150公顷严重退化的湿地，在海淀、延庆、顺义等地建立了湿地试验示范基地，为北京市全面开展湿地恢复工作提供了关键技术支撑。同时，还首次完成了两项北京市的湿地管理行业标准，并颁布与实施，为相关的政策、工程及规划的制定与推行奠定了基础。此次，由中国林科院和北京市园林绿化局共同成立的北京湿地中心，将充分发挥园林绿化行业管理优势和中国林科院科研力量，为北京湿地有效保护、科学恢复、合理利用等创造有利条件和关键技术支撑。

（二）典型案例

2011年，《环境信息公开办法（试行）》已经实施三年，各地政府部门在环境信息公开方面的工作有明显的进步。大部分地区环保部门都能做到信息公开，但对污染物排放方面的信息公开却有所保留，特别对污染物排放超标与发生重特大污染事故的企业名单，以及危险废物的种类与处理情况，有些地方以涉及商业秘密、易引发社会恐慌为理由不予公布。大多数企业没有通过网站或其他途径为公众提供企业活动生产的环境影响和与企业环境行为相关的信息，原因是缺乏强制性的法律规定。公众参与对推动信息公开具有重要意义，没有公众参与，信息公开就缺乏持续推进的动力。

四、环境保护的国际比较

（一）重要事件

日本强震引发海啸与核泄漏　全球重新审视核能发展

2011年3月11日，日本东北部宫城县以东太平洋海域发生里氏9.0级强震，引发海啸，导致目前世界上最大的福岛核电站发生核泄漏。这是世界核能发电史上首次有核电站在地震海啸中严重受创。国际原子能机构（IAEA）将福岛核泄漏事故等级确定为最高的7级。事故令日本全国反核情绪高涨，也引发了全球重新审视核能发展战略。

德班气候大会启动《京都议定书》

2011年11月28日至12月11日，《联合国气候变化框架公约》第十七次缔约方会议暨《京都议定书》第七次缔约方会议在南非德班举行，一揽子决议艰难降生。决议决定建立德班增强行动平台特设工作组，实施《京都议定书》第二承诺期并启动绿色气候基金。此外，一揽子决议中其他文件包括制定监督和核查减排的规则、保护森林等。

(二)经验借鉴

日本环境保护的经验

日本治理环境的重点和措施在历史上不尽相同,综合而言,有以下几条经验值得学习。

经验一:要确定环境立国发展战略,谋万世之基。日本是"小国"大战略,日本国土面积只有37.7万平方公里,与我国的云南省相当。但是,近代以来,日本能够从本国实际出发谋划自己的发展战略。江户时代,日本提出教育为本;明治维新,强调贸易立国;第二次世界大战以后,重视科技立国;进入21世纪,又提出环境立国。每个阶段都抓住了重点,顺应了潮流,促进了经济社会的全面发展。

经验二:要加强环境立法,尤其是高度重视环境执法和监督。日本早期治理环境污染的经验表明,治乱世要用重典。为了应对公害,日本政府非常重视制定完善配套的环保法制体系。目前,日本形成了五个层次相对完善配套的环境立法。一是在宪法基础上制定的环境基本法,最初称作《污染对策基本法》(1967年),随后几经修订成为今天的《环境基本法》(1993年1月19日法律第91号,2008年最新修改);二是综合性法律,主要有《大气污染防治法》《水污染防治法》《湖沼水质保护特别措施法》等;三是建设计划、规划类法律,如《城市规划法》《环境影响评价法》等;四是工业等专项法律,如《关于在特定工厂建立污染防治组织的法律》《劳动安全卫生法》等;五是经济责任等其他相关法律,如《企业负担污染防治事业费法》《污染防治国家财政特别措施法》等。

经验三:要加大对环保企业的支持力度,推动环保产业发展和环保技术研发利用。日本政府高度重视发展环保产业,在环保科技上舍得投入。各级政府通过设立生态园区、产业园区,提供政策扶持,促进环保产业迅速发展。在北九州的环保产业园区,从教育基础研究,到技术验证研究,再到企业化运作,都得到政府有力支持。

经验四:要培养国民强烈的环保意识和先进的环保理念。日本国民深知自己国土狭小、资源缺乏,有着强烈的忧患意识和长远打算。日本国民的环保理念和环保意识,来源于环境污染的切肤之痛,来源于法律,来源于日本国民崇尚自然、遵守规则的国民性格,来源于从娃娃抓起的教育培养,因此是发自内心的,也是根深蒂固的。

当然，日本在环境保护问题上也有值得吸取的教训。其一，日本走了一条先污染后治理的典型路子，付出了高昂的代价。其二，在重化工产业由东部地区向西部、北部地区转移的同时，出现了环境污染地域的扩大，污染扩大到整个日本。其三，需慎重对待核电发展问题。

五、学术界重要学术观点摘编

建立政府环境治理合作机制需多管齐下

王玉明在《珠三角城市间环境合作治理机制的构建》[1]一文中指出，近年来，珠三角在环境治理中存在地域分割、部门分割的问题，跨域环境污染问题突出，环境合作治理难度大。制约环境治理中政府合作的因素很多，主要是政府政策规划不协调、综合决策缺位，跨政区环境治理合作缺乏法制基础，生态区的整体性与行政空间的分割性的矛盾，城市间环境管理合作机制不完善等。因此，建立有效的政府合作机制十分必要。政府环境治理合作机制实际上是一套制度体系和规则，这些制度和规则涉及环境管理决策、管理执法、保障等多个环节，是一个整体性的制度安排，需要构建环境管理决策的协作机制、环境管理执法的协作机制、环境协作治理的组织机构、环境协作治理的信息系统。

环境协同治理在理论和实践中的必要性

杨华锋在《论环境协同治理》[2]博士论文中选择"社会治理三部曲的总体性解释框架"作为理论分析的基础工具，结合"规模—权力"与"行动者—结构"的分析方法，在社会治理演进史的视角中把握环境问题及其治理的发展趋势，探讨环境协同治理发生与发展的轨迹。首先，环境协同治理的问世起源于对环境治理危机的根源分析。其次，通过对权力集中化进程外部因素的考察，发现权力的封闭性与集中性源于工业文明体系下社会规模的扩张。复次，协同治理是后工业化进程中环境治理策略的现实选择。在环境治理策略的演变过程中，其本体论遵循着由市场到政府再到社会的进化逻辑。再次，协同治理的初步构想得益于协同学理论核心思想的借鉴，这也是通过协同治理来解决环境问题的关

① 王玉明：《珠三角城市间环境合作治理机制的构建》，《广东行政学院学报》2011年第3期。

② 杨华锋：《论环境协同治理》，南京农业大学，2011年。

键所在。在后工业化进程中,如何为合作治理做好组织、文化以及制度等方面的准备,是协同治理的题中之意。最后,环境协同治理在实践层面上的思考,主要表现在合作主义对文化系统、组织结构、制度设计以及权力开放性的引导与塑造。其中,在生态主义与生态政治基础上发展而来的生态行政的理念对地方性的考虑、对平行权力体系的追求、对自然生态的呵护、对经济政策的低碳性调适,可以为公共生活的发生与健全提供必要的文化基础。

第七编　公共安全卷

一、政策法规和领导讲话

(一)政策法规

1. 国务院公布修订《危险化学品安全管理条例》(国务院令第 591 号)。

2. 国务院办公厅发出《关于继续深化“安全生产年”活动的通知》(国办发〔2011〕11 号)。

3. 国务院公布《公路安全保护条例》(国务院令第 593 号)。

4. 国务院办公厅发出《关于印发 2011 年食品安全重点工作安排的通知》(国办发〔2011〕12 号)。

(二)领导讲话

李克强在全国食品安全工作专题会议暨省部级领导干部加强食品安全监管专题研讨班结业式上讲话。他指出,今年要加大食品安全重点整治力度,重典治乱必须重拳出击,一是严肃依法进行整治,二是强化企业责任,三是落实政府监管职责。

张德江在 2011 年世界海上人命救助大会上讲话。他提出,要树立安全第一、预防为主的理念,坚持预防与处置并重的原则,切实保障海上人命、环境和财产安全。要切实加强国际海上人命救助合作,充分利用现有多边、双边合作机制和渠道,相互交流、取长补短,共同分享海上应急管理和人命救助的技术与经验,共同保障海上公共安全。

二、大事记与重要数据

(一)大事记[①]

3 月

3 月—4 月,卫生部密切关注日本核泄漏事故事态变化,积极配合国家核事故应急办公室做好多部门会商、工作信息通报、权威信息发布口径研提以及舆情监测工作,同时组织做好健康相关放射性污染监测、分析评估和新闻宣传工作。

6 月

6 日　国家减灾委员会印发《国家防灾减灾人才发展中长期规划(2010—2020 年)》(国减发〔2011〕2 号)。

15 日　国家减灾委员会印发《关于加强城乡社区综合减灾工作的指导意见》(国减发〔2011〕3 号)。

8 月

10 日至 13 日　卫生部派出工作组赴深圳,指导广东省卫生部门做好深圳大运会卫生保障工作。

10 日　民政部印发《关于加强自然灾害灾情信息报送管理工作的通知》,对灾情报送内容、方式、时限要求等作出了规定。

12 月

12 日　民政部发布《全国综合减灾示范社区创建规范》(MZT 026—2011)。

27 日　国家减灾委员会、民政部印发《关于命名北京市东城区交道口街道鼓楼苑社区等 1 281 个社区为“全国综合减灾示范社区”的决定》(民发〔2011〕216 号)。

(二)全国突发事件应急管理工作总体情况[②]

2011 年我国自然灾害总体偏轻,死亡(失踪)人数为有统计记录以来最少,但局部地区灾害多发、重复受灾、损失偏重;安全生产事故总量、重特大事故和伤亡人数同比出现较大幅下降,安全发展水平进一步提高,但事故总量、伤亡人

① 资料来自《中国应急管理报告(2012)》,国家行政学院出版社 2012 年版。

② 数据来自《中国应急管理报告(2012)》国家行政学院出版社 2012 年版。

数依然较大,非法违法行为导致事故仍然多发;公共卫生事件总体呈下降趋势,食品安全问题社会关注度持续上升。总体来看,在有关各方积极努力下,我国应急管理工作取得了一定成效,也面临许多挑战,公共安全形势不容乐观。

1. 全国突发事件基本情况

全年各类自然灾害共造成约 4.3 亿人(次)受灾,因灾死亡(失踪)1 126 人,紧急转移安置 939.4 万人(次),农作物受灾面积 3 247.1 万公顷,倒塌房屋 93.5 万间,因灾直接经济损失 3 096.4 亿元。总体上看,2011 年属自然灾害偏轻年份,与 2010 年相比(以下简称同比),除受灾人口略有增加外,其他统计指标均有较大幅度减少,其中死亡(失踪)人数为有统计记录以来最小值。

全国共发生各类生产安全事故 347 728 起,造成 75 572 人死亡,同比分别减少 16 447 起、4 079 人,下降 4.5%和 5.1%,安全生产形势持续稳定好转。主要特点:一是事故总量和死亡人数继续下降,重特大事故下降明显。二是反映安全发展水平的各项主要指标进一步趋好。三是大部分行业领域和地区安全生产状况稳定。四是非法违法生产经营建设行为导致的事故仍然多发。

2. 全国突发事件应对工作情况

(1)组织领导体系

一是机构建设进一步加强。有关地区和部门根据突发事件防范应对工作的需要,通过新建或整合机构、调整组成部门和人员等方式进一步完善各级应急指挥机构和办事机构。交通运输部将应急办公室、海上搜救中心、海上溢油应急中心合署办公,强化综合协调职能。二是政策措施更加完善。国务院制定实施了《关于加强地质灾害防治工作的决定》和《关于坚持科学发展安全发展促进安全生产形势持续稳定好转的意见》等一系列文件。三是协调联动更加顺畅。各级应急指挥机构和办事机构充分发挥综合协调职能,部门间信息通报、定期会商、协调联动机制不断强化。四是督促检查进一步加强。国务院部署开展全国核设施安全和高铁安全大检查,排查整治风险隐患。

(2)应急准备

一是健全完善法律法规和规划预案。制订修订了《道路交通安全法》《职业病防治法》《危险化学品安全管理条例》《电力安全事故应急处置和调查处理条例》等涉及应急管理的法律法规。二是积极推进应急队伍建设。全国 31 个省(区、市)和所有地(市、州、盟)以及 94%的县(市、区、旗)依托公安消防部队组建了应急救援总队、支队、大队;省市县三级国防动员专业应急队伍达 3.57 万支。

三是广泛深入开展应急演练。各地区、各部门组织开展了跨地区、跨部门的联合实战演练,锻炼了队伍,磨合了机制,提升了能力。四是进一步加大资金投入力度。中央大幅提高灾害紧急转移安置、旱灾以及冬春生活救助资金标准,全年各级财政累计安排各类减灾救灾资金超过600亿元。五是切实强化应急保障能力。国家应急平台体系一期工程国务院应急平台建设项目通过竣工验收并实现与各地区、各部门的互联互通。

(3)预警防范

一是进一步强化灾害监测预警和信息发布能力。各地区、各有关部门认真落实《国务院办公厅关于加强气象灾害监测预警及信息发布工作的意见》,不断强化灾害性天气监测预警及信息发布能力。二是进一步强化非法违法生产经营建设行为打击和安全隐患排查。国务院安委会部署开展了"打非治违"专项行动,有关地区建立健全联合执法机制,全年共查处各类非法违法行为455.97万起,因非法违法所造成的重特大事故比例较上年下降11个百分点。三是进一步强化公共卫生事件风险评估。卫生部建立国家级突发公共卫生事件月度风险评估制度并在部分省开展试点。

(4)应急处置与救援

高效有序组织开展了"我驻利比亚人员大规模撤离行动""日本大地震及福岛核泄漏事件应对""云南盈江地震""7·23甬温线特别重大铁路交通事故""湄公河10·5枪击案件"等一系列重特大突发事件应对工作,最大程度减轻了影响和损失。一是统一指挥,决策有力;二是以人为本,科学救援;三是团结协作,形成合力;四是努力营造良好社会舆论氛围。

(5)恢复重建和善后工作

一是灾后恢复重建成效显著,二是善后处置积极稳妥,三是事故调查处理严肃认真,四是案例分析评估不断强化。

(6)培训宣教和国际交流合作

一是加强教育培训。各地区、各部门积极推动应急管理示范基地和培训基地建设,多途径、多形式、多层次地培训各级干部和应急管理人员。二是大力开展科普宣教。以"防灾减灾日""国际减灾日""安全生产月""110宣传日""119消防宣传日""安全用药,关注青少年""舟曲一周年纪念"等活动为契机,各有关地区和部门大力开展形式多样的宣传活动。三是积极开展国际合作交流。

3. 全国应急管理工作存在的主要问题和完善对策

为进一步提高突发事件防范处置能力,切实保护国家安全、保障人民群众生命财产安全,今后应重点抓好以下几个方面的工作:一是继续推进突发事件预防预警体系建设。二是着力落实基层基础应急管理工作。三是积极稳妥做好突发事件舆论引导工作。四是全面提升涉外应急管理工作水平。五是进一步推动应急科技和产业发展。

(三)全国分类突发事件应急管理工作

1. 自然灾害

2011 年,我国自然灾害以洪涝(含山体滑坡和泥石流)、旱灾为主,风雹、低温冷冻、雪灾、台风、地震、森林和草原火灾、病虫害等灾害均有不同程度发生。全年相继发生南方低温雨雪冰冻灾害、云南盈江 5.8 级地震、长江中下游地区春夏连旱、南方暴雨洪涝灾害、沿海地区台风灾害、华西秋雨灾害、西藏亚东地震灾害等重特大自然灾害,给我国经济社会发展和人民生命财产安全带来较大影响。

经核定,2011 年全国各类自然灾害共造成 4.3 亿人次受灾,1 126 人死亡(含失踪 112 人),939.4 万人次紧急转移安置;农作物受灾面积 3 247.1 万公顷,其中绝收 289.2 万公顷;房屋倒塌 93.5 万间,损坏 331.1 万间;直接经济损失 3 096.4 亿元。与 2010 年相比,2011 年全国因灾死亡(含失踪)人数减少 85.6%,紧急转移安置人次减少 49.5%,农作物受灾面积减少 13.2%,农作物绝收面积减少 40.5%,倒塌房屋数量减少 65.8%,损坏房屋数量减少 50.6%,直接经济损失减少 42%。其中,死亡(含失踪)人口数为 2 000 年以来最少,损坏房屋数量为 2 000 年以来次少。

2. 事故灾难

2011 年生产安全事故主要特点分析:2011 年,全国事故总量、较大事故、重点行业领域和大部分地区事故下降,但是部分行业领域和地区重特大事故上升,全国安全生产形势依然十分严峻。

第一,事故总量、较大、重特大事故下降。全国各类事故起数和死亡人数同比分别减少 16 447 起、4 079 人,下降 4.5%和 5.1%。

第二,大部分重点行业领域事故下降。全国工矿商贸领域事故起数和死亡人数同比分别下降 7.3%和 8.6%,死亡人数首次下降到 1 万人以下;火灾事故(不含森林草原)分别下降 5.4%和 8.2%;道路交通事故分别下降 4.0%和 4.4%。

第三，大部分地区安全生产状况稳定。全国32个省级统计单位中，有23个单位事故起数和死亡人数同比分别下降，有18个单位重特大事故下降或持平。

第四，安全生产总体水平进一步提高。反映安全发展水平的各项主要指标进一步趋好，同比降幅均在10%以上。

第五，因非法违法行为导致的事故时有发生。因非法违法生产经营建设行为导致较大以上事故692起，死亡3 474人，分别占较大以上事故的41.5%和46.0%。

3. 公共卫生事件

2011年，我国内地公共卫生类突发事件整体呈下降趋势。全年共报告突发公共卫生事件1 164起(不含动物疫情)，报告病例42 761例，死亡255人。从公共卫生类突发事件性质、原因以及“三间分布”(时间、空间和人群间分布情况)等客观因素进行深入分析，2011年内地报告的各类公共卫生类突发事件主要呈现以下特点：第一，传染病类突发公共卫生事件报告整体呈下降趋势。第二，食品药品安全事故发生情况整体稳定。第三，动物疫情继续保持总体平稳。第四，境外突发事件对我国公共卫生安全威胁加大。第五，公共卫生类突发事件的社会关注持续上升。

三、全国部分省突发事件应急管理工作情况

(一)自然灾害

各地结合本区域灾害特点和救灾工作需求，切实加强对灾害防范应对工作的组织领导。山西省将自然灾害应对工作作为省政府目标责任考核指标督促落实，做到了组织、人员、职责三明确。各地继续推进基层应急预案建设。截至2011年底，所有省和地市、98%的县制定了应急预案，乡镇(街道)和行政村(社区)应急预案数量分别达到5.6万个、40.8万个，分别占乡镇(街道)和行政村(社区)总数的89.8%和55.4%，全国自然灾害应急预案体系不断完善。各地自然灾害应急队伍建设不断得到强化。各地区进一步加大本级救灾应急物资储备力度。

(二)公共卫生事件

全国所有省份卫生厅局和42.3%的市级卫生行政部门设立了独立编制的卫生应急办公室;初步完成了新的国家药品不良反应监测体系信息化建设项目,333个地市级监测机构建设全部完成,我国药品不良反应监测管理体系已经建成;编制省级突发公共卫生事件风险评估技术方案和培训教材,并在河北、辽宁、江苏、浙江、安徽、湖北、云南、陕西、甘肃试点,每个省份各选择两个地(市)、每个地(市)各选择两个县(区),开展市县级突发事件公共卫生风险评估试点工作。各地按照《卫生部办公厅关于在全国卫生系统开展卫生应急大练兵活动的通知》要求,与日常工作紧密结合,广泛开展了大练兵活动。

各省卫生部门加强玉树地震灾区等重点地区的鼠疫防治工作。有效处置了青海西宁湟源县鼠疫疫情、深圳人感染高致病性禽流感疫情。辽宁、吉林、内蒙古自治区成功处置炭疽疫情,福建应对病毒性脑炎等突发公共卫生事件,积极防范了德国肠出血性大肠杆菌O104疫情,积极应对新疆和田脊灰疫情,全力开展云南不明原因猝死病例流行病学调查和病因学研究。

四、突发事件应急管理的国际比较

瑞士再保险:2011年全球因灾害导致经济损失3 700亿美元[①]

2012年3月28日,瑞士再保险最新一期sigma研究报告显示,2011年自然灾害和人为灾难造成前所未有的经济损失,高达3 700亿美元。虽然保险业由于创纪录的地震和洪水灾害遭受了1 160亿美元的巨额保险损失,同比增长142%,但还是经受住了这一年的严峻考验,并在风险管理和灾后恢复融资方面起到重要作用。2011年,全球因灾害导致的经济损失总额(包括投保和未投保的经济损失额)估计为3 700亿美元,而2010年为2 260亿美元。日本发生该国有史以来震级最高的地震,导致的经济损失占2011年全球损失的57%。全年自然灾害保险损失约1 100亿美元,人为灾难损失约60亿美元,使2011年成为保险业历史上巨灾损失规模第二高的年份。

---

① 《2011年全球因灾害导致经济损失达3700亿美元》,http://news.hexun.com/2012-03-29/139862789.html。

新加坡：安装摄像头预防城市内涝成灾①

新加坡公用事业局2011年11月3日说，将在城市内容易发生内涝的地方安装监控摄像头，以提升在雨季应对暴雨的水平，减少城市内涝造成的灾害和损失。公用事业局说，将在全市范围内容易发生积水的地点安装55个摄像头。地点的选择主要是低洼地带以及一些主要的排水渠。该机构还表示，安装摄像头的做法经过试验，当局试验时在一条路上安装了6个摄像头。这样做可以让渠务部门更快速地应对积水的情形。新加坡在2010年和2011年雨季都发生了暴雨造成商场淹水的事件，因此公用事业局采取措施防止内涝，包括安装可以从地面弹出的防洪闸门、向公众发送预警短信等。

五、学术界重要学术观点摘编

构建突发事件应对问责制度并将之作为应急管理体制的一部分②

马怀德、周慧指出，转变问责观念的直接动因是突发事件应对的现实困境。"问责"的准确内涵在于问责主体对责任主体履职过程的监督、过问，以及责任主体对监督、过问的回应，仅将问责理解为责任追究制，不可避免会带来诸多问题。构建突发事件应对问责制度并将之作为应急管理体制的一部分势在必行。

做好新媒体环境下的政府突发事件舆论引导工作③

林爱珺、孙姣姣指出，新媒体由于技术的革新而被赋予的特殊性能，对危机传播产生了重大影响，也对政府的危机管理能力提出更高要求。面对复杂的新媒体传播环境，政府应完善电子政府建设，加强风险沟通能力，加强网络舆情监测和危机预警，提高运用新媒体的舆论引导能力。

① 《新加坡安装摄像头预防城市内涝成灾》，新华网新加坡11月3日电（记者陈济朋），http://news.xinhuanet.com/2011-11/03/c_122235054.htm。

② 马怀德、周慧：《问责观念转变与突发事件问责——基于突发事件应对的视角》，《中国应急管理》2011年第2期。（马怀德：中国政法大学副校长）

③ 林爱珺、孙姣姣：《新媒体环境下的政府危机管理与舆论引导》，《中国应急管理》2011年第3期。（林爱珺：暨南大学新闻传播学院教授，新闻系主任）

优化应急资源配置以提高应急决策协调的有效性[1]

徐选华、汪叶风指出，可以基于 Malong 协调理论分析非常规突发事件应急决策过程中应急活动对于应急资源的依赖关系，提出应急活动相互依赖关系的协调机制，在此基础上构建应急决策协调过程模型，有助于理解应急活动之间的差异性和对应急资源需求的冲突性，优化应急资源配置以提高应急决策协调的有效性。

应急社会动员模式应从“命令型”向“治理型”转变[2]

王宏伟、董克用指出，在经济转轨、社会转型的背景下，“命令型”应急社会动员模式已经出现失灵，我国应急社会动员模式应从“命令型”向“治理型”转变。应急社会动员模式的转变是一个渐变的过程，需要政府转变观念，也需要提升企业、社会组织参与应急管理的意识以及应急管理网络的构建。

① 徐选华、汪叶风：《非常规突发事件应急决策协调过程建模研究》，《中国应急管理》2011 年第 8 期。（徐选华：中南大学商学院教授，博士生导师）

② 王宏伟、董克用：《应急社会动员模式的转变：从“命令型”到“治理型”》，《国家行政学院学报》2011 年第 5 期。（董克用：中国人民大学公共管理学院院长）